O LIVRO DAS CITAÇÕES

"

O LIVRO DAS CITAÇÕES
Um breviário de idéias replicantes

EDUARDO GIANNETTI

2ª edição
2ª reimpressão

Copyright © 2008 by Eduardo Giannetti

Capa
Kiko Farkas / Máquina Estúdio
Thiago Lacaz / Máquina Estúdio

Preparação
Márcia Copola

Índice onomástico
Luciano Marchiori

Revisão
Marise S. Leal
Valquíria Della Pozza

Dados Internacionais de Catalogação na Publicação (CIP)
(Câmara Brasileira do Livro, SP, Brasil)

Giannetti, Eduardo
O livro das citações : um breviário de idéias replicantes /
Eduardo Giannetti . — São Paulo : Companhia das Letras, 2008.

ISBN 978-85-359-1243-2

1. Citações 2. Máximas 3. Pensamentos I. Título.

08-04307   CDD-808.882

Índice para catálogo sistemático:
1. Citações : Coletâneas : Literatura   808.882

[2008]
Todos os direitos desta edição reservados à
EDITORA SCHWARCZ LTDA.
Rua Bandeira Paulista, 702, cj. 32
04532-002 — São Paulo — SP
Telefone: (11) 3707-3500
Fax: (11) 3707-3501
www.companhiadasletras.com.br

Autores são atores, livros são teatros.
WALLACE STEVENS

Sumário

Da inutilidade dos prefácios 9

I. LER, ESCREVER, SER COMPREENDIDO 13
  1. A mania de citar 15
  2. A leitura dos leitores 19
  3. Contra o excesso de leitura 24
  4. A sedução das palavras 29
  5. O feitiço da linguagem 34
  6. Os mal-entendidos governam o mundo 40
  7. A interpretação dos clássicos 46
  8. O aplauso da multidão 58
  9. Monumentos mais duradouros que o bronze 65

II. FORMAÇÃO DE CRENÇAS E BUSCA DO CONHECIMENTO 77
  1. Com o saber cresce a dúvida 79
  2. A força do acreditar como critério de verdade 85
  3. Os erros dos que nos precederam 92
  4. Familiaridade, assombro e conhecimento 97
  5. O encanto da simplicidade 105
  6. Os meios e os fins da ciência 112
  7. Verdades, mentiras, erros, ilusões 121
  8. As idéias governam o mundo 129
  9. O ponto de vista cósmico 141

III. ÉTICA PESSOAL: VÍCIOS, VIRTUDES, VALORES 149
  1. Autoconhecimento e auto-engano 151
  2. O desconhecimento do outro 162
  3. A vida desde o início *versus* a vida desde o fim 168
  4. A ansiedade do tempo 179
  5. O bálsamo da inconsciência e o elogio do sono 190
  6. Amor, sexo, amizade 199
  7. A vida plena e o medo de ser feliz 210
  8. *Vanitas vanitatum, et omnia vanitas* 224
  9. A inconstância dos homens 234

IV. ÉTICA CÍVICA: ECONOMIA, SOCIEDADE, IDENTIDADES 243
  1. *Auri sacra fames* 245
  2. Ricos, pobres e remediados 255
  3. Trabalho alienado 269
  4. Consumo, lazer e tempo livre 280
  5. Tecnologias de comunicação: meios e fins 296
  6. Identidades nacionais 306
  7. Efeitos morais e intelectuais dos trópicos 318
  8. A civilização entristece 334
  9. O neolítico moral 346

Coda: a arte de terminar 356

Notas 359
Glossário de nomes de pessoas 433
Índice onomástico 449
Sobre o autor 457

Da inutilidade dos prefácios

Um livro que ninguém espera, que não responde a nenhuma pergunta formulada, que o autor não teria escrito se tivesse seguido sua lição ao pé da letra, eis enfim a excentricidade que hoje proponho ao leitor.

GEORGES BATAILLE (1949)

Quem organiza uma antologia escreve sempre um prefácio em que declara o critério adotado. O que sucede de ordinário é que a maioria dos leitores não faz caso do prefácio. Agora sei que os prefácios são inúteis, e entre apanhar e apanhar, antes apanhar sem prefácio.

MANUEL BANDEIRA (1954)

Ainda na juventude, tornei-me ciente de que um vasto abismo separa os autores de seu público, embora, felizmente para ambos os lados, nenhum deles se dê conta disso. Logo percebi também quão inúteis são todos os prefácios, pois, quanto mais tentamos explicar os nossos propósitos, mais confusão criamos. Além disso, um autor pode escrever um prefácio tão longo quanto desejar, que o público continuará a dirigir-lhe as mesmas cobranças que ele havia procurado afastar.

GOETHE (1830)

Este prefácio, apesar de interessante, inútil. Alguns dados. Nem todos. Sem conclusões. Para quem me aceita são inúteis ambos. Os curiosos terão prazer em descobrir minhas conclusões, confrontando obra e dados. Para quem me rejeita trabalho perdido explicar o que, antes de ler, já não aceitou. [...] Prefácio: rojão do meu eu superior. Versos: paisagem do meu eu profundo. [...] Mas todo este prefácio, com todo o disparate das teorias que contém, não vale coisíssima nenhuma.

MÁRIO DE ANDRADE (1922)

Também o prefácio é um sutil medidor de livros. Por isso os mais espertos costumam agora deixar de lado esse traiçoeiro indicador de conteúdo, e os comodistas o fazem porque um bom prefácio é mais difícil que o livro. [...] O prefácio é ao mesmo tempo a raiz e o quadrado do livro e, por conseguinte, acrescento eu, nada outro, senão sua genuína resenha.

NOVALIS (1798)

O meu editor dá a entender que poderia haver alguma utilidade, tanto para mim como para ele, caso eu tratasse de explicar como e por que compus este livro, quais foram os meus objetivos e meios, propósitos e métodos. Um semelhante trabalho crítico teria sem dúvida a possibilidade de deleitar os espíritos apaixonados pela retórica profunda. [...] Porém, analisando melhor as coisas, indaguei: não parece evidente que tal trabalho seria um esforço completamente supérfluo, tanto para uns como para outros, uma vez que

DA INUTILIDADE DOS PREFÁCIOS

os primeiros já sabem ou suspeitam o que tenho a dizer, ao passo que os demais não me compreenderiam jamais?

BAUDELAIRE (1865)*

O autor tem direito ao prefácio; mas ao leitor pertence o posfácio.

NIETZSCHE (1877)

* Prefácio descartado para a terceira edição de *Flores do mal*.

I
LER, ESCREVER, SER COMPREENDIDO

1. A mania de citar

Não importa qual fosse o livro que eu estivesse lendo, adquiri o hábito de anotar por escrito sentenças isoladas ou passagens curtas que me parecessem dignas de atenção. Fazia isso tendo em vista o meu próprio uso ou para simples desfrute, como dizem os advogados, sem intenção alguma de publicar. Até que mais recentemente me ocorreu que pelo menos uma parte dessas citações — já na casa dos milhares — poderia despertar o interesse de outras pessoas. Daí este livro.

VISCOUNT SAMUEL (1947)

Não me inspiro nas citações; valho-me delas para corroborar o que digo e que não sei tão bem expressar, ou por insuficiência da língua ou por fraqueza do intelecto. Não me preocupo com a quantidade e sim com a qualidade das citações. Se houvesse desejado que fossem avaliadas pela quantidade teria podido reunir o dobro.

MONTAIGNE (1592)

Alguns, em nome da fama, com farrapos de erudição se besuntam, e imortais se crêem tornar à medida que citam.

EDWARD YOUNG (1728)

1.1. A MANIA DE CITAR

Um autor aparece com mais vantagem nas páginas de outro livro, distinto do seu. No seu próprio, ele é apenas um candidato à espera da aprovação do leitor; no livro de outro autor ele tem a autoridade de quem legisla.

EMERSON (1876)

As citações em meu trabalho são como bandidos de beira da estrada que repentinamente surgem armados e tomam de assalto as convicções dos passantes.

WALTER BENJAMIN (1928)

De um modo geral, quando lemos um estudo crítico erudito, tiramos melhor proveito das citações que dos seus comentários.

W. H. AUDEN (1962)

A autoridade dos mortos não aflige, e é definitiva.

MACHADO DE ASSIS (1897)

ANTÔNIO: O demônio pode citar as Escrituras para o seu propósito. Um espírito maligno que invoca testemunho sagrado é como um vilão com bochechas sorridentes.

SHAKESPEARE (1596)

A mania de citações e de comentário dos filólogos mais antigos, o que era, senão filha da pobreza de livros e do excesso de espírito literário.

NOVALIS (1798)

1.1. A MANIA DE CITAR

Bem ao lado do criador de uma grande frase figura aquele a quem primeiro ocorre citá-la. Muitos lerão um livro antes que alguém pense em citar certa passagem. Mas, assim que isso é feito, aquela linha será citada de leste a oeste. [...] De fato, é tão difícil se apropriar dos pensamentos de outros como inventá-los. Pois sempre alguma transição abrupta, alguma mudança repentina de temperatura ou de ponto de vista trai a inserção do alheio.

EMERSON (1876)

O que quer que um outro disser bem, é meu.

SÊNECA (SÉCULO I D.C.)

O efeito de uma estrada campestre não é o mesmo quando se caminha por ela ou quando a sobrevoamos de avião. De igual modo, o efeito de um texto não é o mesmo quando ele é lido ou copiado. O passageiro do avião vê apenas como a estrada abre caminho pela paisagem, como ela se desenrola de acordo com o padrão do terreno adjacente. Somente aquele que percorre a estrada a pé se dá conta dos efeitos que ela produz e de como daquela mesma paisagem, que aos olhos de quem a sobrevoa não passa de um terreno indiferenciado, afloram distâncias, belvederes, clareiras, perspectivas a cada nova curva [...]. Apenas o texto copiado produz esse poderoso efeito na alma daquele que dele se ocupa, ao passo que o mero leitor jamais descobre os novos aspectos de seu ser profundo que são abertos pelo texto como uma estrada talhada na sua floresta interior, sempre a se fechar atrás de si. Pois o leitor segue os movimentos de sua mente no vôo livre do devaneio, ao passo que o copiador os submete ao seu

1.1. A MANIA DE CITAR

comando. A prática chinesa de copiar livros era assim uma incomparável garantia de cultura literária, e a arte de fazer transcrições, uma chave para os enigmas da China.

WALTER BENJAMIN (1928)

Ah, o quanto me repugna *impingir* a outro meus pensamentos! Como me alegro de todo estado de ânimo e secreta mudança dentro de mim, em que os pensamentos de *outros* prevalecem diante dos meus! De vez em quando, porém, há uma festa ainda maior, quando é permitido *distribuir* seus bens espirituais, à maneira do confessor que se acha sentado no canto, ávido de que *um necessitado* venha e fale da miséria de seus pensamentos, para que ele possa lhe encher a mão e o coração e *aliviar* a alma inquieta!

NIETZSCHE (1881)

Que outros se jactem das páginas que escreveram; a mim me orgulham as que tenho lido.

JORGE LUIS BORGES (1969)

2. A leitura dos leitores

Leia não para contradizer nem para acreditar, mas para ponderar e considerar. Alguns livros são para serem degustados, outros para serem engolidos, e alguns poucos para serem mastigados e digeridos. A leitura torna o homem completo, as preleções dão a ele prontidão, e a escrita torna-o exato.

FRANCIS BACON (1597)

Os leitores podem ser divididos em três classes: o *superficial*, o *ignorante* e o *erudito*. Quanto a mim, adapto minha pena com muita felicidade em prol do gênio e das vantagens de cada um. O leitor *superficial* será curiosamente levado a gargalhar, o que limpa o peito e os pulmões, combate o mau humor e é o mais inocente dos diuréticos. O leitor *ignorante* (cuja diferença do primeiro é sutil em extremo) vai se descobrir inclinado a olhar fixamente, o que é um remédio admirável para olhos cansados, serve para elevar e avivar o espírito, e ajuda de maneira maravilhosa na transpiração. Mas o leitor verdadeiramente *erudito*, aquele para cujo benefício permaneço acordado enquanto os outros dormem, e adormeço quando eles acordam, encontrará aqui material suficiente para exercitar as suas faculdades

1.2. A LEITURA DOS LEITORES

especulativas para o resto da vida. Seria muito desejável, e eu aqui humildemente proponho como um experimento, que cada príncipe do mundo cristão selecionasse sete dos mais profundos eruditos dos seus domínios e os trancafiasse por sete anos em sete gabinetes, com a ordem de escrever sete alentados comentários sobre este abrangente discurso. Aventuro-me a afirmar que, quaisquer que sejam as diferenças encontradas em suas diversas conjecturas, serão todas, sem a menor distorção, manifestamente dedutíveis do texto.

JONATHAN SWIFT (1702)

Muitos autores são ao mesmo tempo seus próprios leitores — à medida que escrevem —, e é por isso que tantos vestígios do leitor aparecem em seus escritos — tantas observações críticas — tanto que pertence à província do leitor e não à do autor. Travessões — palavras em maiúsculas — passagens grifadas — tudo isso pertence à esfera do leitor. O leitor põe a *ênfase* como tem vontade — ele de fato faz de um livro o que deseja. Não é todo leitor um filólogo? Não existe *uma única leitura válida somente*, no sentido usual. A leitura é uma operação livre. Ninguém pode me prescrever como e o que lerei.

NOVALIS (1798)

Aquele que explica uma passagem de um autor "mais profundamente" do que era a intenção da passagem não explica o autor, apenas o torna mais obscuro.

NIETZSCHE (1886)

1.2. A LEITURA DOS LEITORES

Estamos sempre dispostos a atribuir aos escritos dos outros sentidos que favoreçam as nossas opiniões sedimentadas: um ateu se orgulha de fazer com que todos os autores reforcem a causa do ateísmo. Ele envenena com sua própria peçonha o mais inocente pensamento.

MONTAIGNE (1592)

A maioria não tem apreço pelo que entende, e o que não compreendem, veneram. Para serem estimadas, as coisas têm de custar: será celebrado tudo o que não for entendido.

BALTASAR GRACIÁN (1647)

O infortúnio dos escritores agudos e claros é que os consideramos rasos, e por isso não lhes dispensamos maior esforço; e a sorte dos escritores obscuros é que o leitor se ocupa bastante deles e lhes credita o prazer que tem com sua própria diligência.

NIETZSCHE (1878)

Quanto mais bem formuladas estejam as idéias, quanto mais explícitas elas forem, menor será sua eficácia: uma idéia clara é uma idéia sem futuro.

E. M. CIORAN (1957)

Foi pela obscuridade de sua linguagem que Heráclito conquistou a veneração dos ignorantes. Os tolos, com efeito, só estimam e admiram o que se lhes apresenta em termos enigmáticos.

LUCRÉCIO (SÉCULO I A.C.)

1.2. A LEITURA DOS LEITORES

Um romance é como o arco, e a alma do leitor é como o corpo do violino que emite o som.

STENDHAL (1835)

Penso que em toda biblioteca há espíritos. Esses são os espíritos dos mortos que só despertam quando o leitor os busca. Assim, o ato estético não corresponde a um livro. Um livro é um cubo de papel, uma coisa entre coisas. O ato estético ocorre muito poucas vezes, e cada vez em situações inteiramente diferentes e sempre de modo preciso. [...] Detenhamo-nos nesta idéia: onde está a fé do leitor? Por que, para ler um livro, devemos acreditar nele? Se não acreditamos no livro, não acreditamos no prazer da leitura. [...] Acompanhamos a ficção como acontece, de alguma maneira, no sonho.

JORGE LUIS BORGES (1981)

A crença derradeira é acreditar numa ficção, que você sabe ser ficção, nada mais havendo além disso; a espantosa verdade é saber que se trata de uma ficção, e que você acredita nela por vontade própria.

WALLACE STEVENS (1940)

Um em cada dois franceses, ao que parece, não lê; metade da França se encontra em estado de privação — priva-se do prazer do texto. [...] Melhor seria escrever a história penosa, estúpida, trágica de todos os prazeres a que as sociedades fazem objeção ou a que renunciam: existe um obscurantismo do prazer.

ROLAND BARTHES (1973)

1.2. A LEITURA DOS LEITORES

Para alguém que provou de modo profundo a ocupação da escrita, o prazer da leitura é apenas secundário.

STENDHAL (1832)

O prazer de escrever como contrapeso do [prazer] de ler.

NIETZSCHE (1874)

Embora tenha sido um leitor voraz e ardente, não me lembro contudo de nenhum livro que tenha lido, a tal ponto eram minhas leituras estados de minha própria mente, sonhos meus, e mais ainda provocações de sonhos.

FERNANDO PESSOA (1910)

Tu conheces, leitor, o monstro delicado. — Hipócrita leitor, meu igual, meu irmão!

BAUDELAIRE (1857)

3. Contra o excesso de leitura

Existem dois modos distintos de ler os autores: um deles é muito bom e útil, o outro, inútil e até mesmo perigoso. É muito útil ler quando se medita sobre o que é lido; quando se procura, pelo esforço da mente, resolver as questões que os títulos dos capítulos propõem, mesmo antes de se começar a lê-los; quando se ordenam e comparam as idéias umas com as outras; em suma, quando se usa a razão. Ao contrário, é inútil ler quando não entendemos o que lemos, e perigoso ler e formar conceitos daquilo que lemos quando não examinamos suficientemente o que foi lido para julgar com cuidado, sobretudo se temos memória bastante para reter os conceitos firmados e imprudência bastante para concordar com eles. O primeiro modo de ler ilumina e fortifica a mente, aumentando o seu entendimento. O segundo diminui o entendimento e gradualmente o torna fraco, obscuro e confuso. Ocorre que a maior parte daqueles que se vangloriam de conhecer as opiniões dos outros estuda apenas do segundo modo. Quanto mais lêem, portanto, mais fracas e mais confusas se tornam suas mentes.

MALEBRANCHE (1674)

1.3. CONTRA O EXCESSO DE LEITURA

Pois, tendo resolvido examinar o entendimento humano e os caminhos do conhecimento, não pelas opiniões dos outros, mas pelo que pudesse reunir eu mesmo com base em minhas próprias observações, eu deliberadamente evitei a leitura de todos os livros que tratassem de alguma maneira do meu tema, de modo que nada pudesse enviesar-me de alguma forma.

JOHN LOCKE (1685)*

Não devemos ler escritos sobre a matéria acerca da qual estamos refletindo, do contrário atamos o gênio.

KANT (1780)

Muitos homens fracassam em se tornar pensadores somente porque a sua memória é demasiadamente boa.

NIETZSCHE (1886)

A tradição de todas as gerações mortas oprime como um pesadelo o cérebro dos vivos.

MARX (1852)

Alfred North Whitehead foi citado dizendo que "uma boa dose de confusão é uma condição que precede o pensamento independente". Tal é certamente a minha experiência. Foi porque eu não me recordava de respostas que para outros poderiam parecer óbvias que fui com freqüência forçado a elaborar uma solução nova para um pro-

---

* Carta a Edward Clarke, amigo pessoal do filósofo.

1.3. CONTRA O EXCESSO DE LEITURA

blema que não existia para aqueles que possuem uma mente mais ordenada. Que a existência desse tipo de conhecimento não é de todo estranha aparece no dito, em parte jocoso, segundo o qual uma pessoa educada é aquela que já esqueceu muita coisa.

F. A. HAYEK (1975)

Acredito que algumas das maiores mentes que até hoje existiram não tenham lido nem a metade e soubessem consideravelmente menos do que alguns de nossos medíocres *scholars*. Creio que alguns de nossos *scholars* realmente medíocres poderiam ter chegado a ser homens mais grandiosos caso não tivessem lido em demasia.

GEORG LICHTENBERG (SEM DATA)

O excesso de leitura priva a mente de toda a elasticidade, assim como a contínua pressão de um peso afrouxa uma mola. A maneira mais segura de jamais ter sequer um pensamento próprio é apanhar um livro toda vez que se tem um tempo livre. A prática desse hábito é a razão por que a erudição torna a maioria dos homens mais enfadonhos e tolos do que são por natureza, e priva os seus escritos de toda efetividade. Nas palavras de Pope, eles estão "para sempre lendo, jamais sendo lidos". [...] O homem que pensa por si mesmo busca as opiniões das autoridades só depois de ter adquirido suas próprias opiniões e meramente como confirmação delas, ao passo que o filósofo livresco começa com as autoridades e constrói suas opiniões coletando as opiniões dos outros: sua mente está para a do primeiro assim como um autômato está para um homem vivo. Uma verdade que foi apenas aprendida adere a nós somente como um membro artificial,

1.3. CONTRA O EXCESSO DE LEITURA

um dente falso, um nariz de cera ou, no máximo, uma pele transplantada. Mas uma verdade conquistada pelo próprio pensamento é como um membro natural: só ela realmente nos pertence. Isso define a diferença entre um pensador e um *scholar*.

SCHOPENHAUER (1851)

Não somos daqueles que só em meio aos livros, estimulados por livros, vêm a ter pensamentos — é nosso hábito pensar ao ar livre, andando, saltando, subindo, dançando, preferivelmente em montes solitários ou próximo ao mar, onde mesmo as trilhas se tornam pensativas. [...] Nós lemos pouco, mas por isso não lemos pior [...]. No livro de um erudito há quase sempre algo opressivo, oprimido: em algum lugar vem à luz o "especialista", seu zelo, sua gravidade, sua ira, sua sobrestimação do canto no qual fica e tece, sua corcunda — todo especialista tem sua corcunda. Um livro erudito sempre espelha igualmente uma alma entortada: todo ofício entorta.

NIETZSCHE (1882)

Como pode alguém tornar-se um pensador sem passar pelo menos um terço do dia sem paixões, pessoas e livros?

NIETZSCHE (1886)

Os *scholars* que, no fundo, pouco mais fazem hoje em dia a não ser manusear livros, acabam por fim perdendo inteiramente a capacidade de pensar por si mesmos. Quando não manuseiam, não pensam. Eles *respondem* a um estímulo (um pensamento que leram) sempre que pensam — nada fazem, por fim, exceto reagir. [...] Tenho visto isso

1.3. CONTRA O EXCESSO DE LEITURA

com os meus olhos: naturezas talentosas, dotadas de uma disposição livre e generosa, arruinadas pelo excesso de leitura já na meia-idade — meros palitos de fósforo que necessitam ser riscados para emitir faíscas — "pensamentos". De manhã bem cedo, quando o dia apenas desponta e tudo ainda é fresco, na aurora de nossa força — *ler um livro* nessa hora chega a ser simplesmente obsceno.

NIETZSCHE (1888)

Se eu tivesse sabido [na juventude], tão claramente como sei hoje em dia, quantas coisas excelentes têm existido por séculos e milênios, eu jamais teria escrito uma única linha [de poesia], e teria me dedicado a algo bem diverso na vida.

GOETHE (1826)

A literatura estragou tuas melhores horas de amor.

CARLOS DRUMMOND DE ANDRADE (1940)

A carne é triste, sim, e eu li todos os livros.

MALLARMÉ (1887)

4. A sedução das palavras

As palavras pertencem metade a quem fala, metade a quem ouve.

MONTAIGNE (1592)

Embora julguemos governar nossas palavras e recomendemos "falar como falam as pessoas comuns, pensar como pensam os sábios", na verdade é certo que as palavras, como o bumerangue de um tártaro, de fato retornam e se voltam contra o entendimento dos mais sábios, dificultando e pervertendo o discernimento.

FRANCIS BACON (1605)

Algumas vezes uma expressão tem de ser retirada da linguagem e submetida a um processo de limpeza — só então ela pode ser recolocada em circulação.

WITTGENSTEIN (1940)

É necessário mais espírito para prescindir de uma palavra do que para empregá-la.

PAUL VALÉRY (SEM DATA)

1.4. A SEDUÇÃO DAS PALAVRAS

As palavras são como as moedas. Os *shillings* e as meias coroas permanecem basicamente os mesmos em peso e tamanho. Mas a constância na forma aparente esconde de nós a perpétua variação no seu poder de compra.

F. M. CORNFORD (1950)

É em grande medida por causa de suas ambigüidades que meras palavras são capazes de uma ação independente como forças na história. Uma palavra, uma frase, uma fórmula que entre em voga ou ganhe aceitação devido a um de seus significados ou às idéias que sugere, e que é compatível com as crenças, padrões de valor e gostos prevalecentes em determinada época, pode ajudar a alterar crenças, padrões de valor e gostos, porque outros significados ou implicações sugeridas, não distinguidas claramente pelos que a empregam, gradualmente se tornam os elementos dominantes de seu significado.

ARTHUR O. LOVEJOY (1964)

Onde quer que os homens antigos afixassem uma palavra eles acreditavam que tinham feito uma descoberta. Como é diferente a verdade! — eles haviam tocado num problema e, ao supor que o tinham solucionado, haviam criado um obstáculo para a solução. — Agora, a cada porção de conhecimento com que nos deparamos temos de tropeçar em palavras mortas e petrificadas, e é mais fácil quebrarmos uma perna do que uma palavra.

NIETZSCHE (1881)

A metafísica tem usualmente seguido um tipo de busca um tanto primitivo. Sabe-se como os homens sempre se sentiram atraídos pela

1.4. A SEDUÇÃO DAS PALAVRAS

magia proibida, e sabe-se do enorme papel que *palavras* sempre desempenharam na magia. Se você possuir o nome certo, ou a fórmula do encantamento que o amarra, você poderá controlar o espírito, gênio, demo ou o poder que for. Salomão conhecia os nomes de todos os espíritos e, de posse dos nomes, mantinha-os sob sua vontade. Assim o universo tem sempre se afigurado para a mente natural como uma espécie de enigma cuja chave deve ser buscada na forma de alguma palavra ou nome iluminador ou alavancador de poder. Tal palavra nomeia o *princípio* do universo, e possuí-la significa, a seu modo, possuir o próprio universo. "Deus", "Matéria", "Razão", "o Absoluto", "Energia" são todos nomes-solução. Se você os possui, poderá então descansar. Você chegou ao fim de sua busca metafísica.

WILLIAM JAMES (1907)

Uma teologia que insiste no uso de *determinadas* palavras e frases, ao passo que proíbe outras, em nada torna as coisas mais claras. [...] Ela gesticula com palavras, como se poderia dizer, porque deseja dizer algo e não sabe como expressá-lo. A *prática* dá às palavras o seu significado.

WITTGENSTEIN (1950)

Quanto mais de perto se encara uma palavra, com mais distância ela nos encara de volta.

KARL KRAUS (1932)

Os homens tomam as palavras como sendo as marcas regulares e constantes de noções aceitas, quando na verdade elas não são mais que

1.4. A SEDUÇÃO DAS PALAVRAS

sinais voluntários e instáveis de suas próprias idéias. [...] Esse abuso, que leva a confiar cegamente nas palavras, não foi em nenhum lugar tão disseminado, nem ocasionou tantos efeitos maléficos, como entre homens de letras. A multiplicação e obstinação das disputas que têm devastado o mundo intelectual se deve tão-só a esse mau uso das palavras. Pois, ainda que em geral se acredite existir grande diversidade de opiniões nos volumes e variedade das controvérsias que agitam o mundo, o máximo que posso constatar é que, ao discutirem entre si, os doutos em contenda nas diferentes facções falam línguas distintas.

JOHN LOCKE (1689)

Numa peça teatral ou romance, uma palavra imprópria é apenas uma palavra: e a impropriedade, seja ou não percebida, não acarreta conseqüência alguma. Num código legal — especialmente composto de leis tidas como constitucionais e fundamentais — uma palavra imprópria pode ser uma calamidade nacional: e a guerra civil, a conseqüência disso. De uma palavra tola podem irromper mil punhais.

BENTHAM (1796)

E se o significado de todas as palavras, especialmente de todas as palavras pertencentes ao campo da ética, [...] algum dia vier a ser fixado? Que fonte de perplexidade, de erro, de discórdia, e até mesmo de derramamento de sangue não seria estancada!

BENTHAM (1817)

Parecemos estupefatos ao ver a multidão ser conduzida por meros sons, mas devemos lembrar que, se os sons operam milagres, é sempre

1.4. A SEDUÇÃO DAS PALAVRAS

graças à ignorância. A influência dos nomes está na proporção exata da falta de conhecimento. De fato, até onde tenho observado, na política, mais que em qualquer outra área, quando os homens carecem de alguns princípios fundamentais e científicos aos quais recorrer, eles se tornam aptos a ter o seu entendimento manipulado por frases hipócritas e termos desprovidos de sentido, dos quais todos os partidos em qualquer nação têm um vocabulário.

WILLIAM PALEY (1785)

Lutar com palavras é a luta mais vã. Entanto lutamos mal rompe a manhã. São muitas, eu pouco. Algumas, tão fortes como o javali. Não me julgo louco. Se o fosse, teria poder de encantá-las. Mas lúcido e frio, apareço e tento apanhar algumas para meu sustento num dia de vida. Deixam-se enlaçar, tontas à carícia e súbito fogem e não há ameaça e nem há sevícia que as traga de novo ao centro da praça.

CARLOS DRUMMOND DE ANDRADE (1942)

Deveríamos nos livrar, de uma vez por todas, da sedução das palavras!

NIETZSCHE (1886)

5. O feitiço da linguagem

A filosofia é uma batalha contra o enfeitiçamento da nossa inteligência por meio da linguagem.

WITTGENSTEIN (1953)

É terrível observar como uma única idéia obscura, uma única fórmula desprovida de significado que permaneça latente na cabeça de um jovem atuará por vezes como uma obstrução de matéria inerte numa artéria, prejudicando a nutrição do cérebro e condenando sua vítima a definhar na plenitude do seu vigor mental e em meio à prosperidade intelectual.

CHARLES PEIRCE (1878)

Por meio das palavras e dos conceitos nós somos continuamente tentados a pensar nas coisas como sendo mais simples do que são, como separadas umas das outras, como indivisíveis, cada uma existindo por e para si mesma. Existe uma mitologia filosófica escondida na *linguagem*, que a todo momento irrompe novamente, por mais cautelosos que sejamos.

NIETZSCHE (1886)

1.5. O FEITIÇO DA LINGUAGEM

A palavra *verde* não poderia ter originalmente sido, como supomos ter sido o caso da palavra *caverna*, o nome de um objeto singular que depois se tornou, por meio daquilo que os gramáticos chamam antonomásia, o nome de uma espécie. A palavra *verde*, denotando não o nome de uma substância, mas a qualidade peculiar de uma substância, teve de ser desde o início uma palavra geral, e considerada como igualmente aplicável a qualquer outra substância possuidora da mesma qualidade. [...] A pessoa que primeiro inventou essa designação [*verde*] teve de distinguir a qualidade do objeto ao qual esta pertencia e teve de conceber o objeto como capaz de subsistir sem a qualidade. A invenção, portanto, até mesmo do mais simples adjetivo precisou de mais metafísica do que estamos aptos a estar cientes. As diferentes operações mentais de arranjo ou classificação, de comparação e de abstração precisaram todas ser empregadas antes que até mesmo os nomes das diferentes cores, os menos metafísicos dos adjetivos, pudessem ser instituídos.

ADAM SMITH (1761)

Toda uma mitologia está depositada em nossa linguagem.

WITTGENSTEIN (1931)

A linguagem pertence em sua origem à era da mais rudimentar psicologia: nós nos encontramos em meio a um rude fetichismo quando contemplamos os pressupostos básicos da metafísica da linguagem — quer dizer, da *razão*. É essa metafísica que vê em toda parte ação e ator, é ela que acredita na vontade como causa em geral, é ela que acredita no "eu", no eu como ser, no eu como substância, e que *projeta* sua crença

1.5. O FEITIÇO DA LINGUAGEM

no eu-substância sobre todas as coisas — só assim ela cria a noção de "coisa" [...]. O erro fatal que se insinua desde o princípio é o de que a vontade é algo que *produz um efeito* — que a vontade é uma *faculdade*. Hoje sabemos que é apenas uma palavra. [...] Eu temo que não nos desvencilharemos de Deus porque ainda acreditamos na gramática.

NIETZSCHE (1889)

Os filósofos metafísicos são músicos sem habilidade musical.

RUDOLF CARNAP (1932)

Há filósofos que são, em resumo, tenores desempregados.

MACHADO DE ASSIS (1900)

A linguagem fala. [...] Em oposição a uma caracterização do sentido das palavras exclusivamente como conceitos, trata-se de trazer para o primeiro plano o caráter simbólico e figurativo da linguagem. A biologia e a antropologia filosófica, a sociologia e a psicopatologia, a teologia e a poética — todas elas devem ser mobilizadas a fim de descrever e explicar os fenômenos lingüísticos de modo mais abrangente.

HEIDEGGER (1950)

Quando chegamos aos átomos, a linguagem só pode ser usada como na poesia.

NIELS BOHR (1962)

O curioso ar de família de todo filosofar indiano, grego e alemão tem uma explicação simples. Onde há parentesco lingüístico é inevi-

1.5. O FEITIÇO DA LINGUAGEM

tável que, graças à comum filosofia da gramática — quero dizer, graças ao domínio e direção inconsciente das mesmas funções gramaticais —, tudo esteja predisposto para uma evolução e uma seqüência similares dos sistemas filosóficos: do mesmo modo que o caminho parece interditado a certas possibilidades outras de interpretação do mundo.

NIETZSCHE (1886)

Sobre as minhas aspirações, eu gostaria de dizer que tentarei ensinar a filosofia a falar alemão.

HEGEL (1805)*

O que devem pensar os ingleses e os franceses da linguagem dos nossos filósofos, quando nem mesmo nós, alemães, a compreendemos!

GOETHE (1827)

Por que o livro [tradução inglesa de *Origem e meta da história*, de Karl Jaspers] é tão longo e o seu público potencial, talvez, não menos vasto e solene? A resposta ao enigma reside sem dúvida na linguagem. A tradução, que deve ter sido penosa de fazer, é também árdua de ler, além de desnecessariamente bárbara e verbalmente feia. Mas ela pode ser lida, não sem uma suspensão do juízo, de tal modo que comece a agir como uma espécie de narcótico. A verbosidade contorcida de Jaspers pode transmitir a vaga excitação de uma gritaria confusa ou envolver o leitor como se ele adentrasse numa nuvem de vapor suavemente ine-

---

* Carta a Johann Heinrich Voss, tradutor de Homero para o alemão.

1.5. O FEITIÇO DA LINGUAGEM

briante. Em certos estágios da intoxicação pensamentos nada fora do comum podem dar a impressão de oferecer a chave do universo [...]. Esse livro não terá nenhuma serventia para leitores que não são suscetíveis a esse tipo de embriaguez; há também modos mais aprazíveis de alcançar tal estado. Mas, para aqueles (e sem dúvida são muitos) capazes de tomar essa poção com prazer, será então possível ter a sensação, por alguns instantes ao menos, de que finalmente o painel da História do Homem foi examinado por uma visão aguda e penetrante. Ao lerem que "o múltiplo está sujeito ao imperativo do Único", [...] não é impossível que tenham a sensação de que algum segredo está prestes a ser, ou até mesmo já foi, desvendado.

G. J. WARNOCK (1954)

Se as elucubrações dos filósofos fossem traduzidas para uma linguagem normal, o que restaria delas? A operação [sugere Valéry] seria devastadora para a maioria deles. Mas devemos acrescentar que o seria também, em quase igual medida, para qualquer escritor, e particularmente para Valéry: se despojássemos o brilho de sua prosa, se reduzíssemos qualquer de seus pensamentos a seu contorno esquelético, o que sobraria deles?

E. M. CIORAN (1977)

Uma nota diplomática é semelhante a uma mulher da moda. Só depois de se despojar uma elegante de todas as fitas, rendas, jóias, saias e corpetes, é que se encontra o exemplar *não correto nem aumentado* da edição da mulher, conforme saiu dos prelos da natureza. É preciso desataviar uma nota diplomática de todas as frases, circunlo-

1.5. O FEITIÇO DA LINGUAGEM

cuções, desvios, adjetivos e advérbios, para tocar a idéia capital e a intenção que lhe dá origem.

MACHADO DE ASSIS (1865)

O costume na Europa moderna tem sido, na maior parte das vezes, regular o pagamento de advogados e membros do judiciário de acordo com o número de páginas que eles têm ocasião de redigir, com os tribunais determinando, contudo, o número de linhas por página e o número de palavras por linha. Com o intuito de aumentar seus vencimentos, os advogados e juristas inventaram artifícios para multiplicar as palavras para além de toda a necessidade, tendo como conseqüência a deturpação da linguagem jurídica em, segundo creio, todos os tribunais de justiça da Europa.

ADAM SMITH (1776)

Goethe dizia: "As frases que os homens estão acostumados a repetir incessantemente acabam se tornando convicções e ossificando os órgãos da inteligência".

GEORGE LEWES (1855)

Cada um traz dentro de si todo um reservatório de frases, epítetos e locuções prontas que resultam de pura imitação. Elas nos livram do trabalho de pensar porque as tomamos como soluções válidas e apropriadas. Na maior parte das vezes, reagimos ao que nos acontece usando palavras que não são nossas. Não somos os seus reais autores. [...] É por isso que não devemos acreditar rápido demais *em nossas próprias palavras*.

PAUL VALÉRY (1935)

6. Os mal-entendidos governam o mundo

SÓCRATES: Você sabe, Fedro, esta é a singularidade do escrever, que o torna verdadeiramente análogo ao pintar. As obras de um pintor mostram-se a nós como se estivessem vivas; mas, se as questionamos, elas mantêm o mais altivo silêncio. O mesmo se dá com as palavras escritas: parecem falar conosco como se fossem inteligentes, mas, se lhes perguntamos qualquer coisa com respeito ao que dizem, por desejarmos ser instruídos, elas continuam para sempre a nos dizer exatamente a mesma coisa. E, uma vez que algo foi escrito, a composição, seja qual for, espalha-se por toda parte, caindo em mãos não só dos que a compreendem mas também dos que não têm relação alguma com ela; não sabe como dirigir-se às pessoas certas e não se dirigir às erradas. E, quando é maltratada ou injustamente ultrajada, precisa sempre que seu pai lhe venha em socorro, sendo incapaz de defender-se ou cuidar de si mesma.

PLATÃO (SÉCULO IV A.C.)

Não é tão fácil como se pensa transmitir o conceito da mente de um homem para a de outro sem perda ou erro, especialmente em se tratando de noções novas e diferentes daquelas que estão estabelecidas.

FRANCIS BACON (1626)

1.6. OS MAL-ENTENDIDOS GOVERNAM O MUNDO

Mesmo que tudo o que está dito no texto seja infalivelmente verdadeiro, o leitor ainda assim pode ser, ou melhor, não tem outra escolha além de ser falível na compreensão do mesmo.

JOHN LOCKE (1689)

Os filósofos, já tive ocasião de dizer, raramente, se é que alguma vez, convencem uns aos outros, e uma discussão entre dois filósofos lembra quase invariavelmente um diálogo de surdos.

ALEXANDRE KOYRÉ (1957)

A história da filosofia e de todas as fases da reflexão humana é, em grande medida, uma história da confusão das idéias. [...] O registro adequado até mesmo das confusões de nossos antepassados pode ajudar não apenas a esclarecer essas confusões mas a suscitar uma dúvida salutar quanto a sermos totalmente imunes a confusões diferentes porém igualmente consideráveis. Pois, embora disponhamos de mais informações empíricas, não possuímos mentes diferentes ou melhores.

ARTHUR O. LOVEJOY (1964)

Toda filosofia também *esconde* uma filosofia, toda opinião é também um esconderijo, toda palavra também uma máscara. [...] Todo pensador profundo tem mais receio de ser compreendido que de ser malcompreendido.

NIETZSCHE (1886)

Interpretar as interpretações emprega mais trabalho do que interpretar os textos, e existem mais livros sobre livros do que sobre qualquer

1.6. OS MAL-ENTENDIDOS GOVERNAM O MUNDO

outro assunto: tudo o que fazemos é glosar uns aos outros. Há abundância de comentários, mas escassez de autores. Aprender a entender os entendidos se tornou o principal e mais celebrado aprendizado da nossa época; não reside nisso o fim último dos nossos estudos?

MONTAIGNE (1592)

A escola e a universidade deveriam servir para fazer entender que nenhum livro que fala de outro livro diz mais sobre o livro em questão; mas fazem de tudo para que se acredite no contrário.

ITALO CALVINO (1981)

Comentários geram comentários, e explicações dão novos motivos para explicações. [...] Não ocorre com freqüência que um homem de capacidade comum entenda muito bem um texto ou uma lei que ele lê até que vá consultar um comentarista ou procure conselheiros, os quais, quando tiverem terminado de lhe explicar, fazem as palavras não significar coisa alguma ou significar o que ele desejar?

JOHN LOCKE (1689)

Hás de concordar comigo, creio, que não existe coisa alguma em que os homens mais se enganam e desencaminham outros do que na leitura e escrita de livros, [mas] não discutirei se os escritores desencaminham os leitores ou vice-versa: pois parecem ambos dispostos a enganar e ser enganados.

JOHN LOCKE (1697)

1.6. OS MAL-ENTENDIDOS GOVERNAM O MUNDO

Se fôssemos buscar entre os pensamentos registrados dos homens as manifestações mais consumadas de imbecilidade e preconceito, nossos espécimes seriam na sua maior parte retirados das opiniões que eles têm sobre as opiniões uns dos outros. As imputações de conseqüências tenebrosas não deveriam influir no julgamento de nenhum indivíduo capaz de pensamento independente.

JOHN STUART MILL (1875)

Todos nós despendemos metade do nosso tempo em mal-entender o nosso vizinho, e na maioria das controvérsias o mal-entendido é a linha divisória entre as facções em disputa.

R. W. LIVINGSTONE (1916)

A primeira coisa a ser observada com respeito a todas as controvérsias entre grupos científicos é o grande número de mal-entendidos mútuos que ocorrem. Esse elemento não se faz ausente nem mesmo nas ciências mais avançadas, nas quais se poderia esperar que o aprendizado homogêneo, hábitos de expressar-se com exatidão e um alto nível de competência geral o excluíssem. Mas nos casos como o da economia, em que as condições em todos esses aspectos são imensamente menos favoráveis do que na matemática e na física, com freqüência se possui apenas uma noção inadequada do que realmente preocupa a outra pessoa. Assim, grande parte da luta é direcionada contra posições que são verdadeiramente fortalezas hostis na imaginação do guerreiro mas que, bem examinadas, revelam ser apenas moinhos de vento.

JOSEPH SCHUMPETER (1954)

1.6. OS MAL-ENTENDIDOS GOVERNAM O MUNDO

Todo confronto é fruto de mal-entendido; se as partes em disputa se conhecessem uma à outra, o confronto cessaria. Nenhum homem, no fundo, tenciona a injustiça; é sempre por uma imagem distorcida e obscura de algo moralmente correto que ele batalha: uma imagem obscura, difratada, exagerada da forma mais assombrosa pela natural obtusão e egoísmo, uma imagem que se distorce dez vezes mais pelo acirramento da contenda, até tornar-se virtualmente irreconhecível, mas ainda assim a imagem de algo moralmente correto. Se um homem pudesse admitir perante si próprio que aquilo pelo que ele luta é errado e contrário à eqüidade e à lei da razão, admitiria também, por conta disso, que sua causa ficou condenada e desprovida de esperança; ele não conseguiria continuar lutando por ela.

THOMAS CARLYLE (1839)

Um jornalista é um homem que sabe explicar aos outros o que ele próprio não entende.

OTTO MARIA CARPEAUX (1967)

SENHOR: Não seja um adulador relutante nem um censor avinagrado. Apenas conte as coisas como elas são. JACQUES: Não é fácil. Afinal, não temos cada um de nós o seu próprio caráter, os seus próprios interesses, gostos e paixões, de acordo com os quais ou exageramos ou atenuamos todas as coisas? "Contar as coisas como elas são", você diz! É possível que isso não ocorra nem sequer duas vezes por dia em toda uma grande cidade. E por acaso a pessoa que escuta está mais bem preparada para ouvir do que a que fala? Não. É por isso que é difícil acontecer duas vezes num mesmo dia, em toda uma grande cidade, de

1.6. OS MAL-ENTENDIDOS GOVERNAM O MUNDO

as palavras de alguém serem compreendidas do mesmo modo que foram ditas. [...] A vida, meu caro senhor, é uma seqüência de mal-entendidos. Existem os mal-entendidos do amor, os mal-entendidos da amizade, os mal-entendidos da política, das finanças, da Igreja, do direito, do comércio, das mulheres, maridos...

DIDEROT (1784)

E para quê exprimir? O pouco que se diz melhor fora ficar não dito. [...] Porque tu não amas o que eu digo com os ouvidos com que me ouço dizê-lo. Eu próprio se me ouço falar alto, os ouvidos com que me ouço falar alto não me escutam do mesmo modo que o ouvido íntimo com que me ouço pensar palavras. Se eu me erro, ouvindo-me, e tenho que perguntar, tantas vezes, a mim próprio o que quis dizer, os outros quanto me não entenderão! De quão complexas inteligências não é feita a compreensão dos outros de nós.

BERNARDO SOARES/FERNANDO PESSOA (1935)

A ilusão do autor é um dos mais finos estratagemas da Criação.

JOAQUIM NABUCO (1900)

O mundo funciona somente graças ao mal-entendido. É mediante o mal-entendido universal que todos concordam. Pois, se, por falta de sorte, as pessoas se compreendessem umas às outras, jamais concordariam.

BAUDELAIRE (1867)

7. A interpretação dos clássicos

A fama é a quintessência dos mal-entendidos que se juntam a um nome.

RILKE (1902)

De minha parte, declaro resolutamente e de todo o coração que, se me fosse pedido que escrevesse um livro para ser investido da mais alta autoridade, eu preferiria escrevê-lo de modo a que um leitor pudesse encontrar, ressoando em minhas palavras, quaisquer verdades que ele fosse capaz de apreender. Preferiria escrever dessa maneira a impor um único significado verdadeiro tão explicitamente que excluísse todos os demais, ainda que eles não contivessem falsidade alguma que me pudesse desagradar.

SANTO AGOSTINHO (SÉCULO IV D.C.)

Quando uma filosofia sobrevive apenas mediante fragmentos, há mais desculpas para o malogro em captar a essência do seu autor. Não obstante, ainda assim, a diversidade de opiniões sobre Heráclito (por exemplo) é pouco menos que escandalosa. Heráclito tem sido considerado um panteísta, um pansoísta e um panlogista; um sensualista e empiricista (por Schuster); um racionalista e idealista (por Lassalle);

1.7. A INTERPRETAÇÃO DOS CLÁSSICOS

um otimista (por Pfleiderer) e um pessimista (por Mayer). Ele não teria compreendido a maior parte desses epítetos, e os epítetos que ele poderia ter usado em resposta seriam mais simples, mas não menos impressionantes.

F. M. CORNFORD (1950)

Arme-se com um robusto par de viseiras e uma quantidade suficiente mas não excessiva de erudição, e, fazendo uma seleção conveniente de textos, você poderá provar que Platão foi quase tudo o que você quiser que ele tenha sido. Com o uso hábil desse método, revelou-se em períodos diversos que Platão foi um perfeito cético e um perfeito místico, discípulo de Hegel e discípulo de Aquino, um platônico de Cambridge e um seguidor da Natureza de Balliol, um cristão precoce e um nazista muito precoce. Cada um desses Platões sectários possui seus títulos de propriedade e cada um deles pode apresentar a você uma antologia adequada de textos para provar sua pretensão a existir: pois todos esses *homunculi* artificiais foram construídos com fragmentos tirados do próprio Platão.

E. R. DODDS (1947)

Que me dêem somente alguém que compreenda o que escrevi; que me dêem um homem honesto e inteiro, que tenha o desejo de entender, e não a idéia preconcebida da calúnia.

ERASMO DE ROTTERDAM (1515)*

---

* Carta a Martim Dorpius, em resposta a críticas dirigidas pelo teólogo ao *Elogio da loucura*.

1.7. A INTERPRETAÇÃO DOS CLÁSSICOS

Sobre alguém tão grandioso como Shakespeare é provável que nunca possamos estar certos; e, se nunca podemos estar certos, seria melhor que pudéssemos, de tempos em tempos, mudar a nossa maneira de estar errados. Se a Verdade finalmente prevalece é duvidoso, e nunca foi provado; o que é certo, contudo, é que nada se revela mais eficaz na expulsão do erro do que um novo erro.

T. S. ELIOT (1927)

Creio que todo aquele que tenha escrito sobre Espinosa e tentado interpretar o conjunto do seu pensamento tenha ficado [...] desconfortavelmente ciente de alguma parcialidade em sua interpretação quando retorna das suas palavras ao texto original. Seguramente, essa é a minha situação. Quando se reexamina historicamente o estudo de Espinosa, percebe-se que cada comentador, inconscientemente fiel a sua própria época e cultura filosófica, abraçou algum elemento particular do pensamento de Espinosa e então passou a desenvolver toda a sua filosofia a partir desse único centro. Espinosa como o crítico do cartesianismo; Espinosa como o livre-pensador e demolidor da teologia judaico-cristã; Espinosa como o metafísico dedutivo puro; Espinosa como o quase-místico, que imagina um nível de entendimento para além da razão discursiva; e, finalmente, Espinosa como o determinista científico, precursor dos materialistas mais crassos do século XIX [...]. Essas máscaras foram todas fixadas nele, e cada uma delas se ajusta até certo ponto. Porém, elas permanecem sendo máscaras, e não o rosto vivo. Elas não deixam entrever as tensões moventes e os conflitos não resolvidos na *Ética* de Espinosa.

STUART HAMPSHIRE (1960)

1.7. A INTERPRETAÇÃO DOS CLÁSSICOS

Quando uma pessoa sensata compreende mal o que eu quis dizer, reconheço que me zango, mas apenas comigo mesmo: por haver expressado o meu pensamento tão mal que dei ensejo ao erro.

DAVID HUME (1754)*

O *Contrato social* [de Rousseau] se tornou a bíblia da maioria dos líderes na Revolução Francesa, mas, sem dúvida, como é o destino das bíblias, ele não foi cuidadosamente lido e foi menos ainda compreendido por muitos dos seus discípulos.

BERTRAND RUSSELL (1946)

Que Deus nos proteja de nossos amigos, pois dos nossos inimigos podemos tentar nos proteger nós mesmos. [...] Existem amigos que visam o nosso bem, mas que agem de forma errada ou desastrada na defesa dos nossos objetivos.

KANT (1799)

Emblemática da reação anti-hegeliana que se iniciou imediatamente [após a morte de Hegel] é a história apócrifa, que logo se espalhou e foi repetida por toda a Alemanha, segundo a qual Hegel, em seu leito de morte, tinha declarado que ninguém jamais o compreendera, exceto um único homem, mas mesmo este não o havia compreendido. [...] Em poucos anos, o seu sistema foi vergonhosamente adulterado por comentadores grosseiros que o reduziram à noção banal de

---

* Carta a John Stewart, em resposta a críticas dirigidas pelo físico ao *Tratado da natureza humana*.

1.7. A INTERPRETAÇÃO DOS CLÁSSICOS

que todo desenvolvimento segue uma assim chamada lei dialética de tese, antítese e síntese (uma adulteração do seu pensamento que continua a ser ensinada até nossos dias).

TERRY PINKARD (2000)

Serei eu tão difícil de ser entendido e tão fácil de ser mal-entendido em todas as minhas intenções, planos e amizades? Ah, nós, solitários e espíritos livres — sempre nos fazem de algum modo perceber que parecemos constantemente diferentes daquilo que pensamos. Embora aspiremos a nada mais que sermos verdadeiros e diretos, somos cercados por uma teia de mal-entendidos e, apesar dos nossos ardentes desejos, não conseguimos evitar que nossas ações sejam turvadas por uma nuvem de falsa opinião, acordos precários, quase-concessões, silêncio caridoso e interpretações errôneas.

NIETZSCHE (1875)*

O movimento filosófico conhecido como pragmatismo é, em grande medida, o resultado do mau entendimento de [Charles] Peirce por parte de [William] James.

W. B. GALLIE (1952)

Estou espantado por constatar quão pouco os outros filósofos me compreendem.

BERTRAND RUSSELL (1943)**

---

* Carta-desabafo do filósofo a sua irmã, Elisabeth.
** Carta do filósofo a sua ex-amante, Constance Malleson (Colette).

1.7. A INTERPRETAÇÃO DOS CLÁSSICOS

Monitorando conversas, particularmente entre os entusiastas do livro [*A estrutura das revoluções científicas*], por vezes me pareceu difícil acreditar que todos os grupos participantes da discussão estivessem tratando da mesma obra. Parte do motivo do sucesso do livro, tenho lamentavelmente de concluir, decorre do fato de que ele pode ser quase todas as coisas para todas as pessoas.

THOMAS KUHN (1974)

Não é exagero dizer que é impossível entender a evolução e a importância da civilização liberal ocidental sem saber alguma coisa sobre economia política clássica. Mas, apesar disso, ela é muito pouco compreendida. [...] De fato, a situação é bem pior. O que se escreve vulgarmente a esse respeito está abaixo de zero em termos de conhecimento ou simples decência. Nesse plano, não só o verdadeiro entendimento dos autores clássicos é inexistente, mas ainda por cima o lugar destes foi tomado por um conjunto de figuras mitológicas chamadas pelos mesmos nomes mas não raro dotadas de atitudes que são quase exatamente opostas às que os originais adotavam. Essas falsificações são realmente criaturas muito malignas.

LIONEL ROBBINS (1952)

As obras de economistas falecidos há muito tempo permitem ao leitor um grau de distanciamento que provavelmente é impossível de obter com autores vivos. Uma característica surpreendente ensinada pela história intelectual é a persistência da incerteza quanto ao que um autor realmente quis dizer. Poderíamos pensar que competência intelectual e boa vontade constituem tudo o que é preciso para com-

1.7. A INTERPRETAÇÃO DOS CLÁSSICOS

preender o que um autor quer dizer, mas o estudo de qualquer pensador importante do passado mostrará que essa idéia é muito ingênua. [...] Jacob Viner, cuja vasta e honesta erudição tem sido há tempos o meu desespero, disse-me certa vez que a referência moderna média sobre os economistas clássicos é de uma ignorância tão vulgar que não merece atenção, e muito menos refutação.

GEORGE STIGLER (1988)

— Que homem extraordinário é Pitt — ele me faz compreender minhas próprias idéias melhor do que antes.

ADAM SMITH (1787)*

Para lá de qualquer possibilidade de comparação, Turgot e Adam Smith foram guias mais sinceros para a prosperidade mundana do que são Paulo. Se eles pudessem ter antevisto a história da aplicação prática dos seus princípios na Inglaterra no século XIX, teriam recuado de horror, assim como Karl Marx teria recuado se tivesse antevisto o que aconteceu na Rússia de 1917 a 1921, graças à ação de homens hábeis e devotos que fizeram dos seus escritos a bíblia.

BERNARD SHAW (1928)

Duvido que o emprego de qualquer termo teria tornado o assunto inteligível para algumas mentes, por mais claro que ele o seja para

---

* Comentário feito após um jantar em que, tendo Adam Smith como ouvinte, o então primeiro-ministro inglês, William Pitt, discorreu longamente sobre *A riqueza das nações*.

1.7. A INTERPRETAÇÃO DOS CLÁSSICOS

outras; pois não vemos, mesmo hoje em dia, a teoria da população de Malthus ser absurdamente mal compreendida? Essa reflexão sobre Malthus muitas vezes tem me confortado quando me exaspero com tal desvirtuação de meu pensamento. [...] Começo a perder as esperanças até mesmo de fazer com que a maioria compreenda minhas idéias.

DARWIN (1866)*

É verdade, como observa o sr. [Richard] Jones, que não tenho tido sorte com meus seguidores. Creio que ele sabe que as conclusões gerais e práticas que eu próprio extraí de meus princípios sobre a população e a renda de modo algum têm o aspecto desalentador que lhes foi dado por muitos de meus leitores.

MALTHUS (1831)**

— *Ce qu'il y a de certain c'est que moi, je ne suis pas marxiste* [O que há de certo é que eu próprio não sou marxista].

MARX (1882)***

O que sinto com respeito a *O capital* é o mesmo que sinto com respeito ao Alcorão. Sei que é historicamente importante e sei que muitas pessoas, nem todas elas idiotas, julgam-no uma espécie de oráculo

---

* Carta ao biólogo Alfred Russell Wallace, co-descobridor da teoria da evolução.
** Carta ao filósofo da ciência e economista William Whewell.
*** Declaração feita ao militante francês e genro de Marx, Paul Lafargue, em reação ao que se entendia por marxismo na França. A frase foi registrada por Engels em carta a Eduard Bernstein.

1.7. A INTERPRETAÇÃO DOS CLÁSSICOS

e fonte de inspiração. Mas, quando examino a obra, é inexplicável para mim que ela possa produzir tal efeito. Seu polemismo enfadonho, ultrapassado e acadêmico parece extraordinariamente inadequado como material para esses fins. Por outro lado, como já disse, sinto exatamente o mesmo com relação ao Alcorão. Como é que qualquer um desses livros pôde levar o fogo e a espada a metade do planeta? Não consigo entender. Está claro que existe algum defeito em minha compreensão.

JOHN MAYNARD KEYNES (1934)*

As teorias econômicas e sociais usadas por aqueles que participam da luta social precisam ser julgadas não por seu valor objetivo, mas primordialmente por sua eficácia para despertar emoções. A refutação científica que se possa fazer das mesmas é inútil, por mais correta que possa ser objetivamente. Isso não é tudo. Quando lhes convém, os homens podem acreditar numa teoria da qual conhecem tão-somente o nome. Esse é um fenômeno comum a todas as religiões. A maioria dos socialistas marxistas não leu as obras de Marx. Em alguns casos específicos existem provas decisivas disso. Por exemplo, antes de essas obras terem sido traduzidas para o francês e o italiano, os socialistas franceses e italianos que não sabiam alemão certamente não as poderiam ter lido. As últimas partes de *O capital* foram traduzidas para o francês na época em que o marxismo começou a declinar na França. Todos os debates científicos a favor do livre-comércio ou contra ele

---

* Carta a Bernard Shaw, em resposta à sugestão de que a leitura de *O capital* poderia ajudá-lo em seu trabalho teórico.

1.7. A INTERPRETAÇÃO DOS CLÁSSICOS

não tiveram influência, ou tiveram uma influência reduzida, sobre a prática do livre-comércio ou protecionismo.

VILFREDO PARETO (1927)

Que me importa aquilo que Cervantes tinha ou não intenção de pôr nele [*Dom Quixote*], e o que de fato pôs lá? O que está vivo nele é o que eu próprio descobri nele, tenha ou não Cervantes posto lá, aquilo que eu mesmo pus dentro, abaixo e sobre ele, aquilo que todos pomos nele. Eu queria encontrar a *nossa* filosofia nele.

MIGUEL DE UNAMUNO (1912)

Sei que eu quis dizer exatamente o que você explica, mas não expliquei o que quis dizer tão bem como você. Você me entende tão bem quanto eu próprio me entendo, mas me expressa melhor do que fui capaz de me expressar. Peço que aceite meu mais sincero reconhecimento.

ALEXANDER POPE (1734)*

Pensei que se discutiriam as minhas idéias (que nem são minhas): discutiram minhas intenções.

MÁRIO DE ANDRADE (1922)

Ao ler as obras de um pensador importante, procure primeiro os absurdos aparentes no texto e se pergunte como uma pessoa sensata os teria escrito. Quando encontrar uma resposta, [...] quando entender essas passagens, você talvez descubra que as passagens mais

---

* Carta ao teólogo e futuro testamenteiro literário do poeta, William Warburton.

1.7. A INTERPRETAÇÃO DOS CLÁSSICOS

importantes, aquelas que você antes pensava ter entendido, mudaram de significado.

THOMAS KUHN (1977)

Diga aquilo que você pensa hoje com palavras duras e diga amanhã o que pensar amanhã com palavras duras de novo, embora contradiga tudo o que você disse hoje. — "Ah, então não é seguro que você será mal-entendido?" — Mas será afinal tão ruim ser mal-entendido? Pitágoras foi mal-entendido, assim como Sócrates e Jesus e Lutero e Copérnico e Galileu e Newton, e todo e qualquer espírito sábio e puro que se fez carne. Ser grande é ser mal-entendido.

EMERSON (1841)

Em algum lugar da Holanda vivia um homem culto. Ele era um orientalista e era casado. Um dia, embora tivesse sido chamado, não veio para o almoço. Sua esposa o espera desejosa, olhando para a comida, e quanto maior a demora menos ela consegue compreender o seu não-aparecimento. Finalmente, ela resolve ir até o seu gabinete de estudo e exortá-lo a vir. Lá está ele sentado, solitário, em seu lugar de trabalho, sem ninguém com ele — absorto em seus estudos orientais. Posso visualizar a cena. Ela se debruça sobre ele, põe o braço sobre os seus ombros, espia o livro embaixo e, em seguida, olha para ele e diz: "Caro amigo, por que você não vem comer?". O estudioso mal atina, talvez, o que foi dito, mas, olhando para a esposa, responde: "Bem, minha menina, almoçar agora está fora de questão: veja esta vocalização que eu nunca vi antes. Várias vezes já deparei com citações desta mesma passagem, mas nunca assim, e a minha edição é uma

1.7. A INTERPRETAÇÃO DOS CLÁSSICOS

excelente edição holandesa. Olhe para este ponto aqui. É o bastante para levar qualquer um à loucura". Posso imaginar que a esposa o fita com um meio sorriso, como a reprovar o fato de que um ponto tão minúsculo pudesse perturbar a ordem doméstica. Então ela responde: "Mas isto é coisa para levar tão a sério? Não vale a pena perder o fôlego com isso". Dito e feito. Ela dá um pequeno sopro, e, vejam, a vocalização desaparece, pois o ponto notável não passava de um grão de rapé. Radiante, o orientalista corre para a mesa de refeição — feliz pelo sumiço da vocalização, e mais feliz ainda com a esposa.

KIERKEGAARD (1843)

8. O aplauso da multidão

Para mim um único homem é dez mil, se ele for o melhor.

HERÁCLITO (SÉCULO V A.C.)

Uma coisa preferem os melhores homens em relação a tudo o mais: a glória eterna aos bens mortais; mas a maioria se empanturra como o gado.

HERÁCLITO (SÉCULO V A.C.)

O mundo precisa eternamente da verdade, e, assim, precisa eternamente de Heráclito, embora ele não careça do mundo. O que lhe importa sua glória! "A glória no meio dos mortais que passam sem cessar!", como ele exclama desdenhosamente. Isto é algo para cantores e poetas, e também para aqueles que, antes dele, foram conhecidos como "homens sábios" — estes podem degustar o bocado mais saboroso do seu amor-próprio, para ele tal refeição era vulgar demais.

NIETZSCHE (1872)

AGATÃO: Que é isso, Sócrates? Certamente você não supõe que eu esteja enfeitiçado pelo teatro a ponto de ignorar que para um homem

1.8. O APLAUSO DA MULTIDÃO

sensato um pequeno número de sábios impõe maior respeito que uma multidão de ignorantes. SÓCRATES: Realmente, Agatão, eu não faria bem em formar uma opinião depreciativa a seu respeito; bem sei que, caso você se encontrasse com pessoas sábias, você se preocuparia mais com o que elas pensam do que com a multidão.

PLATÃO (SÉCULO IV A.C.)

O homem magnânimo deseja ocupar-se de apenas poucas coisas, e estas têm de ser verdadeiramente grandes a seus próprios olhos, e não porque outros assim pensem. Para o homem dotado de uma alma grande, a opinião solitária de um único homem bom conta mais que a opinião de uma multidão. Foi o que disse Antífon, após a sua condenação, quando Agatão o cumprimentou pelo brilho de sua autodefesa.

ARISTÓTELES (SÉCULO IV A.C.)

Dou tanta importância ao seu espírito quase celeste, à sua erudição inigualável, ao seu julgamento tão eminentemente perspicaz, que o sufrágio único de Dorpius tem para mim mais valor que mil outros.

ERASMO DE ROTTERDAM (1515)*

HAMLET (para um dos atores): Portanto, nada de contenção exagerada. O seu discernimento deve ser o seu guia. Ajuste o gesto à palavra, a palavra ao gesto, e cuide de não perder a simples naturalidade. Pois tudo o que é forçado foge do propósito da atuação, cuja finali-

---

* Carta a Martim Dorpius, em resposta a críticas dirigidas pelo teólogo ao *Elogio da loucura*.

1.8. O APLAUSO DA MULTIDÃO

dade, tanto na origem como agora, era e é erguer um espelho diante da natureza. Mostrar à virtude suas feições; ao orgulho, o desprezo, e a cada época e geração, sua figura e estampa. O exagero e a imperícia podem divertir os incultos, mas causam apenas desconforto aos judiciosos; àqueles cuja censura, ainda que de um só, deve pesar mais em sua estima que toda uma platéia de ignorantes.

SHAKESPEARE (1604)

Para um homem verdadeiramente sábio, a aprovação judiciosa e ponderada de um único sábio proporciona mais satisfação sincera do que todos os ruidosos aplausos de dez mil admiradores ignorantes, ainda que entusiásticos.

ADAM SMITH (1759)

Meu caro sr. [Adam] Smith, tenha paciência. Restaure a sua tranqüilidade, mostre que você é um filósofo na prática, assim como por profissão. Pense na vacuidade, rusticidade e futilidade dos julgamentos comuns dos homens: quão pouco eles são regulados pela razão em qualquer assunto, quanto mais em assuntos filosóficos, que tanto ultrapassam a compreensão do vulgo. [...] O império de um homem sábio é o seu próprio peito. Ou, se ele chega a olhar mais além, ele o fará apenas em deferência ao julgamento de um seleto e pequeno grupo, livre de preconceitos e apto a avaliar seu trabalho. Nada de fato pode ser mais indicativo de falsidade do que a aprovação da multidão, e Fócion, como você sabe, sempre desconfiava ter cometido algum equívoco quando era acolhido com aplausos pelo povo. Supondo, portanto, que você tenha se preparado devidamente para o pior

1.8. O APLAUSO DA MULTIDÃO

mediante todas essas reflexões, prossigo para relatar a você a melancólica notícia do infortúnio do seu livro: pois o público parece disposto a aplaudi-lo em extremo. Ele foi aguardado pelas pessoas tolas com alguma impaciência, e a corja dos literatos já começa a se tornar estridente nos elogios.

DAVID HUME (1759)*

O pensador não necessita da aprovação e dos aplausos, desde que esteja seguro de seus próprios aplausos: desses não pode prescindir. Existirão pessoas que dispensem esta ou qualquer espécie de aprovação? Duvido; e mesmo dos mais sábios dizia Tácito, que não era nenhum difamador de homens sábios: "ainda para os sábios o desejo de glória é o último de que desistem" — o que nele significa: nunca.

NIETZSCHE (1882)

O *talento* é capaz de alcançar o que está além da capacidade dos outros de alcançar, mas não além da sua capacidade de apreensão; portanto, logo encontra quem o aprecie. Já aquilo que o *gênio* alcança transcende não apenas a capacidade dos outros de alcançar, mas também a sua capacidade de apreensão; portanto, os demais não se dão conta dele imediatamente. O talento é como o arqueiro que acerta um alvo que outros não atingem; o gênio é como o arqueiro que acerta um alvo que os demais nem sequer conseguem ver. [...] Como diz Chamfort: "O que se dá com os homens é o mesmo que acontece com

---

* Carta ao autor da recém-publicada *Teoria dos sentimentos morais*, informando-o do inesperado sucesso do livro nos círculos literários londrinos.

1.8. O APLAUSO DA MULTIDÃO

os diamantes, que até um certo grau de tamanho, pureza e perfeição possuem um preço fixo e definido, ao passo que a partir de um certo grau permanecem sem preço e não encontram compradores". Bacon expressa o mesmo: "As virtudes inferiores recebem o aplauso das pessoas comuns; as intermediárias, admiração, e as mais elevadas nenhuma apreciação".

SCHOPENHAUER (1844)

A glória pessoal não é mais que o resultado da acomodação de um espírito à imbecilidade de um povo.

BAUDELAIRE (1867)

Reparem como nós cochichamos o ditirambo e berramos o ultraje. Por coincidência, só ultrajamos os melhores. Eu diria ainda que a nossa reputação é a soma dos palavrões que inspiramos nas esquinas, salas e botecos.

NELSON RODRIGUES (1968)

A opinião pública não passa de um anêmico tirano se comparada à nossa própria opinião privada. Aquilo que um homem pensa de si mesmo — é isso que determina, ou antes indica, o seu destino.

HENRY THOREAU (1854)

Foi um ano de atividade e de expansão único em minha vida esse de 1879, em que fiz minha estréia parlamentar. Posso dizer que ocupei a tribuna todos os dias, tomando parte em todos os debates, em todas as questões. O favor com que era acolhido, os aplausos da Câmara e

1.8. O APLAUSO DA MULTIDÃO

das galerias, a atenção que me prestavam, eram para embriagar facilmente um estreante. Como hoje seria diverso, e quanto tudo aquilo está desvalorizado para mim como prazer do espírito! Hoje é a gota cristalina que mana da rocha do ideal — fonte oculta que todos temos em nós — e não os grandes chafarizes e aquedutos da praça pública, que única me desaltera.

JOAQUIM NABUCO (1900)

Para aqueles que se habituaram à posse de admiração pública, ou mesmo à esperança de conquistá-la, todos os demais prazeres empalidecem e definham.

ADAM SMITH (1759)

Tudo o que é grande e habilidoso reside nas minorias. Houve ministros que tiveram tanto o rei como o povo contra si e realizaram sozinhos seus grandes planos. Não devemos imaginar que a razão possa jamais ser popular. Paixões e sentimentos podem se tornar populares, mas a razão sempre permanece algo restrito a poucos.

GOETHE (1829)

Como se a multidão ou os mais sábios em nome da multidão não estivessem prontos a dar passagem muito mais àquilo que é popular e superficial do que ao que é substancial e profundo; pois a verdade é que o tempo parece ter a natureza de um rio ou correnteza, que carrega até nós tudo o que é leve e inflado, mas afunda e afoga tudo aquilo que tem peso e solidez.

FRANCIS BACON (1605)

1.8. O APLAUSO DA MULTIDÃO

Dada a natureza competitiva das vendas no mercado, o *público* é necessariamente o juiz dos produtos do trabalho. Mas o público não dispõe de nenhum conhecimento especializado particular e julga de acordo com a *aparência* de qualidade. Como resultado, a arte de produzir aparências (e talvez o gosto) está fadada a avançar sob o domínio do mercado competitivo, enquanto a qualidade dos produtos declina.

NIETZSCHE (1886)

Se é arte, não é para todos; e, se é para todos, não é arte.

ARNOLD SCHOENBERG (SEM DATA)

— Eles me aplaudem porque me entendem, e o aplaudem porque ninguém o entende.

CHARLES CHAPLIN (1931)*

Não é meu coração sagrado e pleno de mais bela vida desde que amo? Então por que mais me estimáveis quando eu era mais orgulhoso, agitado e bravio, transbordante em palavras mas vazio na essência? A multidão prefere o que vende no mercado, e só a força ruidosa conquista o respeito de um escravo. No divino só crêem aqueles que o são.

HÖLDERLIN (1799)

---

* Comentário feito por Chaplin a Albert Einstein no momento em que ambos eram aplaudidos pelo público ao ingressar na sala de cinema, em Los Angeles, onde ocorreria a estréia de *Luzes da cidade*.

9. Monumentos mais duradouros que o bronze

DIOTIMA: Qual é, Sócrates, na sua opinião, a causa deste amor, deste desejo? Você já observou em que estranha crise se encontram todos os animais, os que voam e os que marcham, quando são tomados pelo desejo de procriar? Como ficam doentes e possuídos de desejo, primeiro no momento de se ligarem, depois, quando se torna necessário alimentar os filhos? [...] Tanto no caso dos humanos como no dos animais, a natureza mortal busca, na medida do possível, perpetuar-se e imortalizar-se. Apenas desse modo, por meio da procriação, a natureza mortal é capaz da imortalidade, deixando sempre um jovem no lugar do velho. [...] Pois saiba, Sócrates, que o mesmo vale para a ambição dos homens. Você ficará assombrado com a sua misteriosa irracionalidade, a não ser que compreenda o que eu disse, e reflita sobre o que se passa com eles quando são tomados pela ambição e pelo desejo de glória eterna. É pela fama, mais ainda que por seus filhos, que eles se dispõem a encarar todos os riscos, suportar fadigas, esbanjar fortunas e até mesmo sacrificar suas vidas. [...] Aqueles cujo instinto criador é físico recorrem de preferência às mulheres e revelam seu amor dessa maneira, acreditando que pela geração de filhos podem se assegurar da imortalidade e de uma

1.9. MONUMENTOS MAIS DURADOUROS QUE O BRONZE

recordação perene de si. Mas existem alguns cujo instinto criador se aloja na alma e que desejam procriar não pelo corpo, mas espiritualmente, gerando filhos que são próprios da natureza da alma conceber e dar à luz. E o que é próprio da natureza da alma procriar? A sabedoria e as virtudes em geral, cujos progenitores são os poetas e os criadores fecundos.

PLATÃO (SÉCULO IV A.C.)

O anseio de continuar existindo é a mais antiga e a mais grandiosa de todas as formas de eros.

PLUTARCO (SÉCULO I D.C.)

A consciência da mortalidade estimula o desejo de gerar valor.

MARTHA NUSSBAUM (1994)

Quando morremos, existem duas coisas que podemos deixar depois de nós: genes e memes. Nós fomos construídos como máquinas de genes, criados para passar adiante nossos genes. Mas esse aspecto nosso estará esquecido em três gerações. O seu filho, ou mesmo seu neto, pode apresentar alguma semelhança com você, em traços faciais talvez, no talento para a música, na cor dos cabelos. Mas, a cada geração que passa, a contribuição dos seus genes é cortada pela metade. Não demora muito até que chegue a proporções negligenciáveis. [...] Mas, se você contribuir para a cultura mundial, se tiver uma boa idéia, compor uma melodia, inventar um artefato tecnológico, escrever um poema, isso poderá prosseguir vivendo, incólume, até muito tempo depois que seus genes tiverem se dissolvido no reservatório

1.9. MONUMENTOS MAIS DURADOUROS QUE O BRONZE

comum. Sócrates pode ou não ter um ou dois genes hoje ainda vivos no mundo, mas quem se importa? Os feixes de memes de Sócrates, Leonardo, Copérnico e Marconi continuam vigorosamente ativos.

RICHARD DAWKINS (1976)

No coito, o homem se rebaixa ao nível do animal, não porque tem prazer, mas porque obedece ao instinto de reprodução. Existe um meio de escapar a esse triste destino. É a filosofia. Se a maioria dos filósofos era solteira, foi para testemunhar que o fim último da humanidade não é reproduzir-se. Nós não somos cães, não somos paramécios, não somos coelhos. A filosofia é a afirmação de que existe uma maneira não sexual de se perpetuar. As heranças filosóficas dispensam os genes.

JEAN-BAPTISTE BOTUL/PAGÈS (1999)

Libri aut liberi [Livros ou filhos].

MÁXIMA ROMANA

Com que pensamento em suas mentes suporíamos que esta tropa de homens ilustres perdeu a vida pelo bem público? Seria para que seu nome ficasse restrito aos limites estreitos de sua vida? Ninguém jamais teria se exposto à morte pelo seu país sem uma boa esperança de alcançar a imortalidade. Temístocles poderia ter levado uma vida tranqüila [...] e eu poderia ter feito o mesmo. Mas acontece que, de algum modo, foi implantado na mente dos homens um pressentimento profundamente arraigado sobre as eras futuras, e tal sentimento se torna mais forte e mais patente nos homens dotados de gênio e espírito mais ele-

1.9. MONUMENTOS MAIS DURADOUROS QUE O BRONZE

vado. Retire tal sentimento, e quem seria louco de passar a vida em constante perigo e labuta? Até aqui falei de estadistas, mas e os poetas? Não possuem eles desejo algum de fama após a morte? [...] Mas por que parar nos poetas? Os artistas anseiam tornar-se famosos após a morte. Ou então por que Fídias inseriu uma silhueta sua no escudo de Minerva, embora não lhe tenham permitido inscrever o seu nome nele? E os filósofos? Não inscrevem eles seus próprios nomes nos livros que escrevem sobre o desprezo da fama?

CÍCERO (SÉCULO I A.C.)

Alguns dos filósofos menos devotos da religião e que mais negavam a imortalidade da alma chegaram, não obstante, ao ponto de acreditar que quaisquer movimentos que o espírito do homem pudesse realizar sem os órgãos do corpo poderiam permanecer existindo após a morte, desde que fossem frutos do intelecto, e não dos afetos; isso revela quão imortal e incorruptível o conhecimento lhes parecia ser.

FRANCIS BACON (1605)

Há homens que entregaram voluntariamente a vida visando adquirir, após a morte, um renome do qual não mais poderiam desfrutar. Sua imaginação, entrementes, antecipava a fama que lhes seria concedida em tempos vindouros. Os aplausos que jamais ouviriam soar em seus ouvidos e os pensamentos daquela admiração, cujos efeitos jamais sentiriam, brincaram em torno de seus corações, baniram dos seus peitos o mais forte dos medos naturais e levaram-nos a realizar ações que pareceriam quase fora do alcance da natureza humana.

ADAM SMITH (1759)

1.9. MONUMENTOS MAIS DURADOUROS QUE O BRONZE

Dois caminhos conduzem à fama alcançada pela realização de feitos extraordinários: *ações* e *obras*. Um grande coração é a qualificação especial para o caminho das *ações*, e uma grande mente, para o das *obras*. Cada um dos caminhos tem suas vantagens e deficiências, e a principal diferença entre eles é que as ações passam enquanto as obras permanecem. Das ações permanece apenas a memória, que se torna cada vez mais tíbia, distorcida e insignificante, e que deve gradualmente desaparecer, a não ser que a história a retome e transmita à posteridade em estado petrificado. As obras, por outro lado, são em si mesmas imortais e, especialmente as escritas, podem atravessar os tempos. A mais nobre ação possui uma influência apenas temporária, ao passo que a obra de um gênio vive e tem um efeito benéfico e edificante por todo o tempo. De Alexandre, o Grande, apenas o nome e a memória vivem, ao passo que Platão e Aristóteles, Homero e Horácio ainda existem em si mesmos, ainda vivem e exercem um efeito imediato.

SCHOPENHAUER (1851)

Ergui um monumento mais duradouro que o bronze, mais elevado que as pirâmides dos reis. Nem a chuva cortante nem o vento devastador; nem a seqüência inumerável dos anos nem a passagem das eras conseguirão destruí-lo. Não morrerei de todo, pois de Libitina [deusa da morte] grande parte de mim escapará.

HORÁCIO (SÉCULO I A.C.)

Acabo de concluir uma obra que nem a ira de Júpiter, nem o fogo, nem o ferro, nem o tempo devorador poderão abolir.

OVÍDIO (SÉCULO I A.C.)

1.9. MONUMENTOS MAIS DURADOUROS QUE O BRONZE

Esforce-se, meu coração, em querer somente flores de escudo: são as flores de Deus. Que fará meu coração? Será em vão que viemos e passamos pela Terra? Assim como as flores que perecem, de igual maneira partirei. Nada restará então de minha fama algum dia? Nada do meu nome permanecerá sobre a Terra? Ao menos flores, ao menos cantos! Que fará meu coração? Será em vão que viemos e passamos pela Terra?

CUETZPALTZIN (SÉCULO XVI)

Não seria sem uma real angústia que eu entraria na Desaparição suprema se não houvesse terminado a minha obra, que é a Obra, a Grande Obra, como dizem nossos antepassados alquimistas.

MALLARMÉ (1867)*

Sempre sonhei e busquei outra coisa, com uma paciência de alquimista, disposto a sacrificar toda a vaidade e toda a satisfação, como se queimavam antigamente os móveis e as vigas do telhado para alimentar o forno da Grande Obra. Qual a minha intenção? É difícil expressá-lo: simplesmente um livro arquitetônico e deliberado, e não uma coleção de inspirações fortuitas, ainda que maravilhosas. [...] Vou mais longe, e digo: o Livro, convencido de que no fundo não há mais que um.

MALLARMÉ (1885)**

---

* Carta a Henri Cazalis.
** Carta a Paul Verlaine.

1.9. MONUMENTOS MAIS DURADOUROS QUE O BRONZE

Se um homem pudesse escrever um livro de ética que fosse realmente um livro de ética, esse livro destruiria, como uma explosão, todos os outros livros do mundo.

WITTGENSTEIN (1930)

Este último *bocado de vida* foi o mais difícil que já tive de mastigar, e ainda é possível que engasgue nele. [...] Estou estirando cada fibra do meu autocontrole, mas vivi por demasiado tempo sozinho, alimentei-me em excesso de minha própria gordura, de modo que agora estou sendo dilacerado na roda de minhas próprias paixões como ninguém mais poderia ser. [...] Se eu não descobrir o truque dos alquimistas para transformar em ouro até mesmo essa imundície, estou perdido.

NIETZSCHE (1882)*

Os livros não são coisas completamente mortas, mas contêm em si uma potência de vida capaz de torná-los tão ativos quanto as almas daqueles que são seus progenitores. Mais que isso: eles preservam, como que numa pipeta, o mais puro efeito e condensação daquele intelecto vivo que os gerou.

MILTON (1644)

Para mim, a existência eterna de minha alma é demonstrada por minha idéia de atividade. Se eu trabalhar incessantemente até minha

---

* Carta-desabafo ao amigo Franz Overbeck, escrita poucos dias após o rompimento definitivo do filósofo com Lou Salomé.

1.9. MONUMENTOS MAIS DURADOUROS QUE O BRONZE

morte, a natureza estará fadada a me conceder outra forma de existência, quando a atual não mais puder sustentar o meu espírito.

GOETHE (1829)

Não há consolo mais refinado na velhice do que a sensação de ter concentrado toda a força de nossa juventude em *obras* que jamais envelhecerão.

SCHOPENHAUER (1851)

O pensador ou artista que guardou o melhor de si em suas obras sente uma alegria quase maldosa, ao olhar seu corpo e seu espírito sendo alquebrados e destruídos pelo tempo, como se de um canto observasse um ladrão a arrombar seu cofre, sabendo que ele está vazio e que os tesouros estão salvos.

NIETZSCHE (1878)

A mente se delicia na imensidão do tempo. [...] Mas que são as delícias proporcionadas pelo que é vasto, forte e permanente senão aproximações e semelhanças do que na vida é inteiro e suficiente, criativo e auto-sustentado? Pois o Criador é fiel à palavra dada. Estes objetos de vida longa e duradoura permanência são, para nós, apenas símbolos de algo dotado de ainda mais longa vida em nós. Nossas paixões e nossos esforços terão algo de ridículo e escarnecedor se tivermos um fim tão ligeiro. Se não para *ser*, quão semelhante ao sino dos tolos é a trombeta da fama! Diferentemente da imperatriz Ana, da Rússia, a natureza não reúne todos os gênios arquitetônicos do império para construir e ornar um palácio de neve que se desfaz em água no pri-

1.9. MONUMENTOS MAIS DURADOUROS QUE O BRONZE

meiro degelo. Você educaria seus filhos e os habilitaria nas diferentes artes, com enormes custos e sacrifícios, para chamar um pelotão de soldados e fuzilá-los tão logo estivessem aptos a produzir uma obra-prima?

EMERSON (1876)

O corpo de Benjamin Franklin, gráfico, como a capa de um velho livro, com o miolo desfolhado e o título esgarçado, jaz aqui, alimento para os vermes. A obra, porém, não será perdida, pois reaparecerá em nova e mais elegante edição, corrigida e aprimorada pelo autor.

BENJAMIN FRANKLIN (1790)*

"O homem é um ser perecível. É possível que assim seja; mas resistamos ao nosso perecimento e, se for mesmo o nada que nos aguarda, não nos permitamos agir como se esse fosse um destino justo" [Sénancour]. Altere a sentença da forma negativa para a positiva — "e, se for mesmo o nada que nos aguarda, ajamos de modo que esse seja um destino injusto" —, e você obterá a mais firme base de ação para o homem que não pode ou não deseja ser um dogmático.

MIGUEL DE UNAMUNO (1912)

Os homens daquele tempo [artistas e pensadores medievais] criam plenamente e de fato pensavam que valia a pena renunciar a todas as alegrias da vida com o intuito de se entregar de forma absoluta a sua grande tarefa de construir e de escrever. Pense no espírito em que

---

* Epitáfio composto por Benjamin Franklin para o seu próprio túmulo.

1.9. MONUMENTOS MAIS DURADOUROS QUE O BRONZE

deve ter trabalhado Duns Scotus, ao escrever seus treze volumes in-fólio, antes de completar trinta e quatro anos, num estilo tão denso como as partes mais densas de Aristóteles. [...] Seu trabalho não foi concebido para expressar *suas* idéias, mas a verdade universal. Nada deveria constar dele, não importa quão insignificante, que não tivesse o suporte de uma autoridade; e, se alguma originalidade transparecesse, só poderia ser daquele tipo inato que satura alguém de tal modo que ele não a percebe. O indivíduo sente o quanto está aquém de sua tarefa e não ousa introduzir sua vaidade na realização dela. Não há nada feito mecanicamente, nenhuma repetição irrefletida. Cada parte é elaborada por si mesma, como um problema separado, não importa quão análoga possa ser a alguma outra parte. E, não importa quão diminuto ou oculto seja algum detalhe, ele foi conscienciosamente estudado, como se fosse projetado para o olho de Deus.

CHARLES PEIRCE (1871)

Longfellow: "Nos dias mais remotos da arte os arquitetos trabalhavam com o máximo de cuidado cada detalhe da obra, por mínimo que fosse, pois os deuses estão por toda parte". (Isso poderia me servir como um lema.)

WITTGENSTEIN (1938)

A ambição de um autor deveria ser [...] trocar cem leitores contemporâneos por dez leitores daqui a dez anos, e por um leitor daqui a cem anos.

ARTHUR KOESTLER (1951)

1.9. MONUMENTOS MAIS DURADOUROS QUE O BRONZE

Alguns livros são imerecidamente esquecidos; nenhum é imerecidamente lembrado.

W. H. AUDEN (1962)

E como ficou chato ser moderno, agora serei eterno.

CARLOS DRUMMOND DE ANDRADE (1954)

"Eu não encontrarei reconhecimento algum como compositor durante o meu tempo de vida", [Gustav Mahler] disse a um crítico em 1906. "Enquanto eu for o 'Mahler' circulando entre vocês, um 'homem entre os homens', devo me contentar com uma recepção 'demasiado humana' como criador. Apenas quando eu tiver chacoalhado este pó mundano a justiça será feita. Eu sou aquilo que Nietzsche chama de um 'extemporâneo'. O verdadeiro 'homem do momento' é Richard Strauss. É por isso que ele já desfruta da imortalidade aqui na Terra." Numa carta a Alma [mulher do compositor austríaco], Mahler falou de sua relação com Strauss em termos tomados da profecia de são João Batista sobre a vinda de Jesus Cristo: "Aproxima-se o tempo em que os homens verão o trigo separado do joio — e o meu tempo chegará no momento em que o dele [Strauss] acabar".

ALEX ROSS (2007)

A morte é, com freqüência, um bom passo na carreira para um autor.

NASSIM TALEB (2007)

Saint-Marc Girardin teve uma expressão que desafiará o tempo: "Sejamos medíocres!". Comparemos essa declaração com a de Robespierre: "Os que não crêem em sua imortalidade fazem justiça a si mesmos!".

BAUDELAIRE (1867)

A posteridade está para o filósofo assim como o outro mundo está para o religioso.

DIDEROT (1765)

II
FORMAÇÃO DE CRENÇAS E BUSCA DO CONHECIMENTO

1. Com o saber cresce a dúvida

Devo ensinar-lhe, Tzu-lu, no que consiste o conhecimento? Quando você sabe alguma coisa, reconhecer que sabe; e, quando você não sabe alguma coisa, reconhecer que não sabe. Isso é conhecimento.

CONFÚCIO (SÉCULO IV A.C.)

SÓCRATES: De minha sabedoria, se de fato se trata de sabedoria, e de sua natureza, invocarei como testemunha, diante de todos vocês, o próprio deus de Delfos. Todos conhecem Querefonte. Era meu amigo desde o tempo da juventude e também amigo de muitos aqui presentes, com quem partilhou o exílio e o retorno. Querefonte, como sabem, era um homem resoluto em tudo o que fazia. Certa feita, dirigiu-se a Delfos e atreveu-se a perguntar ao oráculo se existia alguém mais sábio que eu. A pitonisa respondeu que não existia ninguém. [...] Quando ouvi a resposta do oráculo, perguntei a mim mesmo: "Que pretende o deus dizer? Qual é o significado oculto do enigma? Tendo em vista que eu não me considero sábio, que quer dizer o deus ao afirmar que sou o mais sábio dos homens? Com certeza não mente, pois ele não pode mentir". E longamente alimentei essa dúvida até que por fim, ao arrepio de minha vontade, comecei a investigar

II.1. COM O SABER CRESCE A DÚVIDA

isso. [...] Essa investigação me levou a fazer muitos inimigos da mais terrível e perigosa espécie, além de suscitar inúmeras calúnias contra mim. Fui chamado sábio, pois os que me ouvem sempre imaginam que eu próprio possuo a sabedoria que mostro faltar aos demais. Mas a verdade, homens de Atenas, é que somente o deus é sábio. Em sua resposta, ele visa mostrar que a sabedoria dos homens pouco ou nada vale. Ele não fala de Sócrates, mas apenas usa o meu nome para exemplificar, como se dissesse: "O mais sábio entre os homens é aquele que, como Sócrates, sabe que tudo aquilo que sabe não tem nenhum valor".

PLATÃO (SÉCULO IV A.C.)

Aconteceu aos verdadeiros sábios o que se verifica com as espigas de trigo, que se erguem orgulhosamente enquanto vazias e, quando se enchem e amadurece o grão, se inclinam e dobram humildemente. Assim esses homens, depois de tudo terem experimentado, sondado e nada haverem encontrado nesse amontoado considerável de coisas tão diversas, renunciaram à sua presunção e reconheceram a sua insignificância. [...] Quando perguntaram ao homem mais sábio que já existiu o que ele sabia, ele respondeu que a única coisa que sabia era que nada sabia. Sua resposta confirma o que se diz, ou seja, que a mais vasta parcela do que sabemos é menor que a mais diminuta parcela do que ignoramos. Em outras palavras, aquilo que pensamos saber é parte — e parte ínfima — da nossa ignorância.

MONTAIGNE (1592)

II.1. COM O SABER CRESCE A DÚVIDA

Na verdade só sabemos quão pouco sabemos — com o saber cresce a dúvida.

GOETHE (1826)

Nós somente possuímos convicções sob a condição de nada termos estudado plenamente.

E. M. CIORAN (1973)

A mais perfeita filosofia do tipo natural apenas afasta por mais algum tempo a nossa ignorância, assim como a mais perfeita filosofia do tipo moral ou metafísico talvez sirva apenas para revelar porções mais largas dela. Assim, a observação da cegueira e da fraqueza humanas é o resultado de toda a filosofia, e ela nos encontra a cada momento, apesar de nossos esforços em eludi-la ou evitá-la.

DAVID HUME (1748)

Embora Newton parecesse erguer o véu que ocultava alguns dos mistérios da natureza, ele ao mesmo tempo mostrou as imperfeições da filosofia mecânica e, com isso, devolveu seus segredos supremos à obscuridade em que eles sempre estiveram e sempre permanecerão.

DAVID HUME (1778)

Quanto mais aprendemos sobre o mundo, quanto mais profundo nosso conhecimento, mais específico, consistente e articulado será nosso conhecimento do que ignoramos — o conhecimento da nossa ignorância. Essa, com efeito, é a principal fonte da nossa ignorância: o fato de que nosso conhecimento só pode ser finito, mas nossa igno-

II.1. COM O SABER CRESCE A DÚVIDA

rância deve necessariamente ser infinita. [...] Vale a pena lembrar que, embora haja uma vasta diferença entre nós no que diz respeito aos fragmentos que conhecemos, somos todos iguais no infinito da nossa ignorância.

KARL POPPER (1961)

Embora a massa de conhecimento científico claramente cresça, o que dizer da ignorância? Os problemas solucionados nos últimos trinta anos não existiam como questões abertas há um século. [...] Não é possível, ou talvez até provável, que os cientistas contemporâneos saibam menos do que existe para ser conhecido sobre o seu mundo do que os cientistas do século XVIII sabiam sobre o mundo deles? Teorias científicas ligam-se à natureza apenas aqui e ali. Não serão os interstícios separando esses pontos isolados maiores e mais numerosos atualmente do que jamais foram? Até que possamos responder a mais questões como essas, não conseguiremos saber o que é propriamente progresso científico e não poderemos, portanto, ter esperança de explicá-lo.

THOMAS KUHN (1974)

As mais brilhantes inteligências do Iluminismo do século XVIII ficariam assombradas se um de nós revelasse o pouco que sabemos e como nos parece confuso o caminho que temos pela frente. Esse súbito confronto com a profundidade e o âmbito da ignorância representa a mais significativa contribuição da ciência do século XX ao intelecto humano. Estamos finalmente enfrentando a verdade.

LEWIS THOMAS (1979)

II.1. COM O SABER CRESCE A DÚVIDA

A principal descoberta deste século de pesquisa e de ciência é, provavelmente, a profundidade de nossa ignorância da natureza. Quanto mais aprendemos, mais percebemos a extensão dessa ignorância. Isso é em si uma grande novidade. Uma novidade que teria espantado nossos avós dos séculos XVIII e XIX. Pela primeira vez, podemos contemplar de frente nossa ignorância. Por muito tempo, fingimos compreender como funcionavam as coisas. Ou simplesmente contamos histórias para tapar os buracos. Agora que começamos a estudar seriamente a natureza, começamos a perceber a amplidão das perguntas; a medir a distância a ser percorrida para tentar respondê-las. O grande perigo para a humanidade não é desenvolver o conhecimento. É a ignorância.

FRANÇOIS JACOB (1997)

As certezas da física crescem em número, mas as suas incertezas crescem mais rapidamente. A experiência da economia durante as seis ou sete gerações em que ela vem sendo seriamente estudada tem sido semelhante, ainda que em menor escala. Adam Smith resolveu muitas obscuridades e incertezas, mas a área de sua incerteza consciente era muito maior que a de seus antecessores.

ALFRED MARSHALL (1919)

E agora, no fim de quase meio século de estudo quase exclusivo de economia, estou consciente de uma maior ignorância dela do que de início.

ALFRED MARSHALL (1924)

II.1. COM O SABER CRESCE A DÚVIDA

O meu ponto de vista é que a maior parte dos indivíduos subestima a incerteza do mundo. Isso é quase tão verdadeiro em relação aos economistas e outros especialistas quanto em relação ao público leigo. Para mim, o nosso conhecimento acerca de como as coisas funcionam, na natureza ou na sociedade, vagueia numa névoa de obscuridade. Enormes danos têm se seguido à crença na certeza, seja na inevitabilidade histórica, seja em esquemas diplomáticos ambiciosos ou em posições extremas sobre política econômica. Muita cautela se faz necessária quando se trata de elaborar políticas com grandes efeitos sobre um indivíduo ou a sociedade, pois não conseguimos prever todas as conseqüências.

KENNETH ARROW (1992)

Depois da catástrofe da Primeira Guerra Mundial, evaporou-se o sonho de que algum dia os seres humanos saberiam tudo o que necessitam saber e a certeza substituiria a incerteza. Ao contrário, a explosão de conhecimento ao longo dos anos tem servido apenas para tornar a vida mais incerta e o mundo mais difícil de ser compreendido.

PETER BERNSTEIN (1996)

Um homem não sente dificuldade em caminhar por uma tábua enquanto acredita que ela está apoiada no solo; mas ele vacila — e afinal despenca — ao se dar conta de que a tábua está suspensa sobre um abismo.

AVICENA (SÉCULO XI D.C.)

2. A força do acreditar como critério de verdade

Uma crença forte demonstra apenas a sua força, não a verdade daquilo em que se acredita.

NIETZSCHE (1878)

A intensidade da convicção de que uma hipótese é verdadeira nada nos diz sobre se ela é verdadeira ou falsa.

PETER MEDAWAR (1979)

Tudo o que a mente agarra com avidez e tudo em que ela se demora com singular satisfação deve ser tomado com desconfiança.

FRANCIS BACON (1620)

Nossas paixões sempre se justificam, quer dizer, sugerem-nos opiniões que ajudam a justificá-las.

MALEBRANCHE (1674)

Todas as doutrinas que sejam favorecidas por nossas paixões devem ser objeto de suspeita.

DAVID HUME (1755)

II.2. A FORÇA DO ACREDITAR COMO CRITÉRIO DE VERDADE

Nós, "homens do conhecimento", somos enfim desconfiados em relação a toda espécie de crentes, nossa desconfiança gradualmente nos ensinou a concluir o inverso do que outrora se concluía: isto é, toda vez que a força de uma fé aparecer com grande evidência, concluir por uma certa fraqueza da demonstrabilidade, pela *improbabilidade* mesma daquilo que é acreditado. Tampouco nós negamos que a fé "torna bem-aventurado": *justamente* por isso negamos que a fé *demonstre* algo — uma fé forte, que torna bem-aventurado, levanta suspeita quanto ao que se crê, não estabelece "verdade", estabelece uma certa probabilidade — de *ilusão*.

NIETZSCHE (1887)

Na ciência as convicções não têm direito de cidadania, é o que se diz com boas razões: apenas quando elas decidem rebaixar-se à modéstia de uma hipótese, de um ponto de vista experimental e provisório, de uma ficção reguladora, pode lhes ser concedida a entrada e até mesmo um certo valor no reino do conhecimento — embora ainda com a restrição de que permaneçam sob vigilância policial, a vigilância da suspeita.

NIETZSCHE (1882)

O cerne da postura científica é a recusa em considerar nossos próprios desejos, gostos e interesses como capazes de fornecer a chave para a compreensão do mundo.

BERTRAND RUSSELL (1913)

II.2. A FORÇA DO ACREDITAR COMO CRITÉRIO DE VERDADE

Ao longo de quase quinze anos, entre 1968 e 1984, trabalhei num livro sobre Karl Marx, e eventualmente senti que cheguei a conhecê-lo bastante bem. Obviamente, ele era uma pessoa muito emocional. Mais que isso, é igualmente óbvio que suas emoções distorceram o seu pensamento, tanto naquilo que escreveu sobre a sociedade comunista como sobre o processo que levaria até ela. Sua mente parece ter sido moldada por duas premissas implícitas: o que quer que seja desejável é factível, e tudo o que é desejável e factível é inevitável. A primeira transparece na sua recusa em considerar *trade-offs* entre valores e na crença de que todas as coisas boas se harmonizam. A segunda é a base de sua crença inabalável numa revolução comunista iminente e imanentemente necessária. Mas isso é apenas uma parte da verdade. O outro lado da moeda é que as emoções de cólera, indignação e esperança forneceram a motivação indispensável para o trabalho teórico e prático de Marx. Elas o mantiveram ativo durante anos de exílio e pobreza em Londres, e sustentaram o seu imenso esforço de pesquisa [...]. Pareceria absurdo e pouco realista desejar que ele tivesse o mesmo nível de motivação sem as distorções cognitivas correlatas. A motivação para realizar algo pode interferir, como ocorreu no seu caso, na eficácia do que foi realizado. As emoções que deram a ele sentido e senso de direção na vida também o impediram de prosseguir nessa direção sem vacilar. Outra vez, nem tudo o que é bom se coaduna. Para realizar muito, é preciso acreditar que se pode realizar mais do que se é capaz.

JON ELSTER (1999)

Nem ao homem mais imparcial do mundo é permitido que se torne juiz em seu próprio caso. Conheço homens que, com o intuito de evi-

II.2. A FORÇA DO ACREDITAR COMO CRITÉRIO DE VERDADE

tar o perigo de parcialidade em prol de si mesmos, inclinaram-se em direção ao extremo oposto da injustiça.

PASCAL (1662)

Aprendi sobretudo a desconfiar das emoções de modo que hoje, se alguma coisa se afina com os meus sentimentos, isso só me desperta desconfiança e me faz procurar argumentos contrários de forma mais cuidadosa do que faria se se tratasse de algo contrário aos meus sentimentos.

VILFREDO PARETO (1907)*

Cada pessoa possui um inimigo secreto dentro de si que procura fazê-la diluir suas deduções lógicas com as emoções. Falando de forma geral, tenho ciência de que não estou imune a isso. Minhas emoções me predispõem a favor da liberdade, portanto tenho de reagir contra elas. Contudo, pode acontecer que, ao fazê-lo, eu tenha ido ao outro extremo e, por medo de atribuir importância demasiada aos argumentos favoráveis à liberdade, não tenha dado importância suficiente a eles. Por outro lado, é também possível que, pelo temor de reagir mais do que deveria contra algumas emoções com as quais não tenho afinidade, eu tenha dado a elas demasiada importância. De qualquer modo, embora não esteja inteiramente seguro se esse tipo de erro existe ou não em meus escritos, senti que era meu dever trazer isso à atenção do leitor.

VILFREDO PARETO (1901)

* Carta a A. Antonucci.

II.2. A FORÇA DO ACREDITAR COMO CRITÉRIO DE VERDADE

Jamais reter ou calar para si mesmo algo que pode ser pensado contra os seus pensamentos! Prometa-o para si mesmo! Isso é parte da primeira retidão do pensamento. A cada dia você também deve conduzir sua campanha contra si mesmo. Uma vitória e uma trincheira conquistada não são mais assunto seu, mas da verdade — mas também sua derrota não é mais assunto seu!

NIETZSCHE (1881)

Você não conseguirá pensar decentemente se não quiser ferir-se a si próprio.

WITTGENSTEIN (1944)*

Considero essencial à honestidade que se procurem os melhores argumentos contrários à posição que se está sustentando.

KENNETH ARROW (1992)

Creio que nenhuma outra qualidade pode contribuir tanto para fazer um bom escritor quanto o poder de rejeitar os próprios pensamentos. [...] Por aquilo que publiquei, posso esperar apenas ser perdoado; mas, por aquilo que atirei às chamas, mereço ser aplaudido.

ALEXANDER POPE (1716)

Após toda uma vida na condição de observador de jovens adultos que freqüentam a universidade, estou convencido de que um conheci-

---

* Carta ao filósofo norte-americano (seu ex-aluno em Cambridge) Norman Malcolm.

II.2. A FORÇA DO ACREDITAR COMO CRITÉRIO DE VERDADE

mento modesto é tudo o que é preciso, ou mesmo compatível com opiniões políticas fortes.

GEORGE STIGLER (1988)

Nenhuma opinião deveria ser defendida com fervor. Ninguém mantém fervorosamente que 7 × 8 = 56, pois se pode mostrar que esse é o caso. O fervor apenas se faz necessário quando se trata de sustentar uma opinião que é duvidosa ou demonstravelmente falsa.

BERTRAND RUSSELL (1958)

A ignorância produz atrevimento; a reflexão, vagar.

PÉRICLES (SÉCULO V A.C.)

Nada é mais presunçoso do que a ignorância ligada à convicção de que se possui a ciência.

ERASMO DE ROTTERDAM (1515)*

Nada me irrita mais na estupidez do que a satisfação com que ela se exibe, uma satisfação maior do que poderia ter, e com mais razão, a sensatez. É desastroso que a sabedoria nos proíba a satisfação e a confiança em nós mesmos, e nos deixe sempre descontentes e receosos, ao passo que a teimosia e a impetuosidade enchem os que as têm de alegria e segurança. [...] A obstinação e a convicção exagerada são a prova mais cabal da estupidez. Haverá algo mais enfá-

---

* Carta a Martim Dorpius, em resposta a críticas dirigidas pelo teólogo ao *Elogio da loucura*.

II.2. A FORÇA DO ACREDITAR COMO CRITÉRIO DE VERDADE

tico, resoluto, desdenhoso, contemplativo, grave e sério do que um burro?

MONTAIGNE (1592)

Nada é tão categórico como a ignorância; a dúvida é tão rara entre as pessoas comuns quanto a asserção entre os genuínos filósofos.

ROUSSEAU (1751)

Convicções são inimigos da verdade mais perigosos que as mentiras.

NIETZSCHE (1878)

É por não ser ambicioso que não tenho convicções, como as entendem as pessoas do meu século. Não há em mim nenhuma base para uma convicção. Há sempre uma certa covardia ou moleza nas pessoas de bem. Só os aventureiros têm convicções. De quê? — De que têm de vencer. Por isso vencem.

BAUDELAIRE (1867)

Os melhores carecem de qualquer convicção, enquanto os piores estão repletos de apaixonada intensidade.

W. B. YEATS (1920)

3. Os erros dos que nos precederam

Com toda a probabilidade, cada habilidade e cada filosofia já foi descoberta muitas e muitas vezes e novamente sucumbiu.

ARISTÓTELES (SÉCULO IV A.C.)

Pois as mesmas opiniões recorrem em ciclos entre os homens, e não apenas uma ou duas vezes, ou só ocasionalmente, mas infinitamente reiteradas.

ARISTÓTELES (SÉCULO IV A.C.)

Nada se pode dizer de tão absurdo que já não tenha sido dito por algum filósofo.

CÍCERO (SÉCULO I A.C.)

Digo o mesmo sobre a filosofia. Ela tem tantas faces, tanta variedade e tem sido tão falastrona que todos os nossos delírios e sonhos podem ser encontrados nela. A fantasia humana nada mais pode conceber de bom ou de mau que lá não se possa achar. "Nada se pode dizer de tão absurdo que já não tenha sido dito por algum filósofo." Isso me dá maior liberdade ainda para tornar públicos os meus devaneios.

II.3. OS ERROS DOS QUE NOS PRECEDERAM

Embora eu saiba que eles emanaram de mim, e não de modelos alheios, sempre se poderá encontrar um ou outro autor antigo cujas fantasias são semelhantes às minhas. E sempre haverá alguém para dizer: "Vejam aqui, eis de onde ele as tirou".

MONTAIGNE (1592)

Ensinaram-me, porém, mesmo em meus tempos de faculdade, que não existe nada concebível que seja tão estranho ou tão pouco merecedor de crédito que não tenha sido sustentado por um ou outro filósofo.

DESCARTES (1637)

Estamos em dívida para com os [filósofos] antigos por haverem esgotado quase todas as teorias falsas que se poderiam elaborar.

FONTENELLE (1688)

Não existe coisa alguma tão absurda, diz Cícero, que não tenha algumas vezes sido afirmada por alguns filósofos.

ADAM SMITH (1776)

Não existe absurdo que não encontre o seu porta-voz.

F. W. J. SCHELLING (1809)

Não há disparate grande o bastante para não ter sido proferido por alguém.

ERNEST GELLNER (1974)

II.3. OS ERROS DOS QUE NOS PRECEDERAM

Perguntarei apenas: o que é a filosofia? O que contêm os escritos dos mais renomados filósofos? Quais são as lições desses amantes do saber? Não poderíamos tomá-los, ao dar-lhes ouvidos, como uma tropa de charlatões, cada um berrando do seu canto na praça pública: "Venham a mim, sou o único que não engana"? [...] Legou à posteridade o paganismo, afeito a todas as aberrações da razão humana, algo comparável aos vergonhosos memoriais que a arte da imprensa conferiu a ela [a filosofia moderna] no reinado do Evangelho? Os escritos ímpios de Leucipo e Diágoras pereceram com eles. A arte de imortalizar as extravagâncias da mente humana ainda não havia sido inventada. Graças à tipografia, porém, e ao uso que dela fazemos, os devaneios perigosos de homens como Hobbes e Espinosa sobreviverão para sempre.

ROUSSEAU (1750)

Este poder que a impressão [gráfica] nos confere de continuamente aprimorar e corrigir nossas obras em sucessivas edições parece ser, para mim, a principal vantagem de tal arte. Pois, no tocante à dispersão de livros, essa circunstância produz talvez tanto mal quanto bem, dado que os disparates se espalham com maior celeridade e causam maior impacto que a razão, embora de fato nenhuma espécie particular de disparate seja tão duradoura. Contudo, as diferentes formas de disparate jamais cessam de se suceder umas às outras, e os homens estão sempre sob o domínio de uma ou outra, ainda que nada tenha se igualado ao absurdo e à perversão da presente onda de patriotismo.

DAVID HUME (1771)*

* Carta a William Strahan, editor das obras de Hume.

II.3. OS ERROS DOS QUE NOS PRECEDERAM

ECKERMANN: O pior disso é que existem tantas doutrinas falsas que um jovem de talento não sabe a que santo deveria se dedicar. GOETHE: Temos provas disso. Vimos gerações inteiras ser arruinadas ou prejudicadas por falsas máximas, assim como nós também sofremos. Hoje em dia, ainda por cima, existe essa facilidade de difundir todo tipo de erro por meio da palavra impressa. Embora um crítico possa pensar melhor após alguns anos, e transmitir ao público conceitos mais aprimorados, suas falsas doutrinas permaneceram vigentes entrementes, e, como ervas daninhas, continuarão se espalhando no futuro, ao lado do que é bom. Meu único consolo é que um talento realmente grande não se deixará desencaminhar ou estragar.

GOETHE (1831)

A astronomia nasceu da superstição; a retórica, da ambição, do ódio, da adulação, da mentira; a geometria, da ganância; a física, da curiosidade vã; e todas elas, mesmo a ética, do orgulho humano. As artes e as ciências devem portanto o seu nascimento aos nossos vícios, e nós deveríamos duvidar menos de suas vantagens se elas se originassem das nossas virtudes. [...] Quantos perigos! Quantos caminhos equivocados na investigação das ciências? Em meio a quantos erros, milhares de vezes mais perigosos do que a verdade é útil, não é preciso abrir caminho a fim de alcançá-la? O problema é patente; pois a falsidade admite um número infinito de combinações; mas a verdade possui apenas um modo de ser.

ROUSSEAU (1750)

A verdade é una; o erro, múltiplo. Não é por acaso que a direita professa o pluralismo.

SIMONE DE BEAUVOIR (1955)

II.3. OS ERROS DOS QUE NOS PRECEDERAM

Em vão esperaríamos que os homens, em virtude de freqüentes desapontamentos, abandonassem por fim estas ciências nebulosas e descobrissem a verdadeira província da razão humana. [...] Além disso, digo eu, nunca é razoável dar à desesperança cega um lugar nas ciências; pois, embora os esforços anteriores tenham fracassado, ainda há lugar para a esperança de que a diligência, a boa sorte ou a sagacidade aprimorada das gerações sucessivas possam realizar descobertas insuspeitas aos olhos de épocas passadas. Cada espírito aventureiro se lançará à frente visando a conquista do árduo prêmio e se verá mais estimulado que desencorajado pelo fracasso dos que vieram antes, alimentado pela esperança de que a glória de realizar tão difícil aventura está reservada só para ele.

DAVID HUME (1748)

Todas as coisas admiradas o são ou porque são novas ou porque são grandes. Quanto à novidade, homem algum que tenha se dedicado com afinco ao estudo ou à contemplação deixará de ter inscrito em seu coração: "*Nil novi super terram*" [Nada de novo sobre a Terra].

FRANCIS BACON (1605)

MEFISTÓFELES: Suma-se, entusiasta da "originalidade"! Como este lampejo irritaria você? — Tudo o que um ser humano pensar, não importa se esperto ou pasmado, foi pensado antes dele no passado.

GOETHE (1832)

Nada é agora dito que não tenha sido dito antes.

TERÊNCIO (SÉCULO II A.C.)

4. Familiaridade, assombro e conhecimento

Uma pessoa comum maravilha-se com coisas incomuns; um sábio maravilha-se com o corriqueiro.

CONFÚCIO (SÉCULO IV A.C.)

É devido ao seu assombro que os homens principiam a filosofar. Eles se assombraram originalmente diante das dificuldades óbvias, e então avançaram pouco a pouco e formularam dificuldades acerca das grandes questões, como, por exemplo, os fenômenos da Lua, do Sol e das estrelas e o surgimento do universo. Um homem que está intrigado e sob o efeito do assombro se considera ignorante (daí que o amante dos mitos é de certo modo um amante da sabedoria, pois o mito é constituído de assombros); portanto, dado que a filosofia era praticada tendo em vista escapar de uma condição de ignorância, eles perseguiam a ciência com o intuito de conhecer, e não para alcançar qualquer fim utilitário. Isso é confirmado pelos fatos, pois foi só a partir do momento em que quase todas as coisas necessárias à vida e promotoras do conforto e da recreação já se faziam presentes que tal conhecimento começou a ser buscado.

ARISTÓTELES (SÉCULO IV A.C.)

II.4. FAMILIARIDADE, ASSOMBRO E CONHECIMENTO

Um carpinteiro e um geômetra investigam o ângulo reto de diferentes modos; o primeiro o faz na medida em que o ângulo reto é útil para o seu ofício; ao passo que o segundo busca saber no que consiste ou que tipo de coisa ele é; ele [o geômetra] é um espectador da verdade.

ARISTÓTELES (SÉCULO IV A.C.)

O assombro, portanto, e não qualquer expectativa dos benefícios derivados de suas descobertas, é o primeiro princípio que impeliu a humanidade ao estudo da filosofia, ou seja, daquelas ciências que pretendem desvendar as conexões secretas que ligam os diversos fenômenos da natureza; e eles [os homens] se dedicam a esse estudo como um fim em si mesmo, como um prazer original ou bem em si, sem considerar sua tendência a fornecer-lhes os meios de muitos outros prazeres.

ADAM SMITH (1795)

Quem se assombra diante da maquinaria do teatro de ópera depois de ter sido alguma vez admitido aos bastidores? Diante das maravilhas da natureza, contudo, raramente acontece de podermos descobrir tão claramente a cadeia dos elos de conexão. De fato, com relação a algumas dessas maravilhas nós parecemos ter sido realmente admitidos aos bastidores, e o nosso assombro terminou por completo. Assim, os eclipses do Sol e da Lua, que um dia excitaram acima de quaisquer outros fenômenos celestes o terror e espanto da humanidade, não nos parecem mais assombrosos, uma vez que foi revelada a cadeia dos elos de conexão que os amarra ao curso comum das coisas.

ADAM SMITH (1795)

II.4. FAMILIARIDADE, ASSOMBRO E CONHECIMENTO

É tarefa da ciência reduzir as verdades profundas a trivialidades.

NIELS BOHR (1949)

Nenhum fenômeno é particularmente misterioso em si mesmo, mas qualquer um deles pode tornar-se misterioso para nós. O traço característico do despertar do espírito humano é precisamente o fato de que um fenômeno adquire significado para ele.

WITTGENSTEIN (1931)

Coisas familiares acontecem, e a humanidade não se preocupa com elas. A análise do óbvio requer um tipo de mente extremamente incomum.

ALFRED WHITEHEAD (1928)

O que é familiar não é conhecido simplesmente porque é familiar.

HEGEL (1807)

Eu sei = Eu estou familiarizado com isso como algo certo.

WITTGENSTEIN (1951)

O que é óbvio nem sempre é conhecido, e o que é conhecido nem sempre está presente.

SAMUEL JOHNSON (1755)

A dúvida é um estado de insatisfação e inquietude do qual lutamos para nos desvencilhar e passar para um estado de crença, ao passo que este é um estado calmo e satisfatório que não desejamos evitar

II.4. FAMILIARIDADE, ASSOMBRO E CONHECIMENTO

ou transformar numa crença em outra coisa. Ao contrário, nós nos agarramos tenazmente não só ao acreditar, mas a acreditar precisamente naquilo em que acreditamos. Tanto a dúvida como a crença têm efeitos positivos sobre nós, ainda que bem distintos. A crença não nos faz agir prontamente, mas nos predispõe a agir de uma certa maneira quando surge a ocasião. A dúvida é desprovida desse efeito ativo, mas nos estimula a investigar até que ela própria seja aniquilada. [...] A irritação da dúvida provoca uma luta para alcançar um estado de crença.

CHARLES PEIRCE (1877)

É necessária uma mente deturpada pelo estudo para levar tão longe o processo de fazer o natural parecer estranho ao ponto de perguntar o "porquê" de um ato instintivo humano.

WILLIAM JAMES (1890)

Entre todas as ações, as menos compreendidas são aquelas realizadas tendo em vista um propósito, sem dúvida porque elas foram sempre tidas como as mais fáceis de serem compreendidas e porque são, para a nossa consciência, as mais corriqueiras. Os maiores problemas se acham na rua.

NIETZSCHE (1881)

Nada é menos "inteligível", em qualquer outro sentido [que não o de "familiar à imaginação"], do que a conexão existente entre um ato de vontade e a sua realização.

BERTRAND RUSSELL (1912)

II.4. FAMILIARIDADE, ASSOMBRO E CONHECIMENTO

Esta explicação eu encontrei na rua; ouvi uma pessoa comum dizer: "Ele logo viu que me conhecia" — então me perguntei: o que as pessoas de fato tomam por conhecimento? o que querem quando querem "conhecimento"? Nada além disto: algo estranho deve ser remetido a algo *familiar*. E nós, filósofos — temos tomado o conhecimento por algo *mais* que isso? O familiar é aquilo a que estamos habituados, de modo que não mais nos causa assombro ou surpresa; é o corriqueiro, alguma regra em que estamos inseridos, tudo aquilo que faz que nos sintamos em casa: — mas a nossa necessidade de conhecer não vem a ser justamente essa necessidade do familiar, a vontade de descobrir em meio a tudo o que é estranho, incomum, duvidoso algo que não mais nos inquiete? Não seria o *instinto do medo* o que nos impele a conhecer? E não seria o júbilo dos que atingem o conhecimento o júbilo da reconquista do sentimento de segurança? [...] "O que é familiar é conhecido": nisso eles [os homens do conhecimento] estão de acordo. Também os mais cautelosos entre eles presumem que o familiar pode ser mais facilmente conhecido que o estranho. [...] Erro dos erros! O familiar é o habitual; e aquilo a que estamos habituados é o mais difícil de "conhecer", quer dizer, de encarar como problema, como alheio, distante, "fora de nós". O maior grau de certeza das ciências naturais em comparação com a psicologia e a crítica dos elementos da consciência — as ciências *não naturais*, poderíamos talvez dizer — reside justamente no fato de tomarem o *estranho* por objeto, ao passo que é quase contraditório e absurdo até mesmo *querer* tomar o não-estranho por objeto.

NIETZSCHE (1882)

II.4. FAMILIARIDADE, ASSOMBRO E CONHECIMENTO

Um sistema de filosofia natural pode parecer muito plausível e encontrar aceitação generalizada no mundo por um bom tempo, e mesmo assim não ter nenhum fundamento na natureza, nem guardar nenhuma espécie de semelhança com a verdade. Por quase todo um século, os vórtices de Descartes foram considerados por uma nação muito perspicaz como uma explicação bastante satisfatória das revoluções dos corpos celestes. Entretanto, foi demonstrado de modo convincente para toda a humanidade que essas supostas causas daqueles maravilhosos efeitos não apenas não existem como são totalmente impossíveis, e, caso existissem, não poderiam produzir os efeitos que lhes eram atribuídos. O mesmo não se dá, porém, com os sistemas de filosofia moral, pois um autor que pretenda explicar a origem dos nossos sentimentos morais não pode nos enganar de modo tão grosseiro, nem afastar-se tanto de toda a semelhança com a verdade. Quando um viajante descreve um país distante, ele pode fazer a nossa credulidade aceitar as ficções mais infundadas e absurdas como se fossem os fatos mais seguros. Mas, quando alguém pretende informar-nos sobre o que se passa em nossa vizinhança ou sobre as questões da paróquia em que vivemos [...], até mesmo as maiores falsidades que ele tente nos impor precisam guardar alguma semelhança com a verdade e possuir uma boa mistura de verdade com elas. [...] O autor que viesse a propor, como causa de qualquer sentimento natural, algum princípio que não mantivesse nenhuma conexão com ele, nem tivesse semelhança com algum outro princípio que possuísse tal conexão, pareceria absurdo e ridículo até mesmo aos olhos do menos criterioso e mais inexperiente leitor.

ADAM SMITH (1759)

II.4. FAMILIARIDADE, ASSOMBRO E CONHECIMENTO

Os economistas têm um modo singular de proceder. Para eles, existem só dois tipos de instituições, as artificiais e as naturais. As instituições do feudalismo são instituições artificiais, aquelas da burguesia são instituições naturais. Nisso eles se assemelham aos teólogos, que do mesmo modo estabelecem dois tipos de religião. Toda religião que não é a deles é uma invenção dos homens, ao passo que a deles é uma emanação de Deus. [...] Assim, houve história no passado, mas já não há mais.

MARX (1847)

[Pois] É preciso saber ocasionalmente perder-se, quando queremos aprender algo das coisas que nós próprios não somos.

NIETZSCHE (1882)

Quanto mais baixo estiver um homem do ponto de vista intelectual, menos intrigante e menos misteriosa parecerá aos seus olhos a existência em si mesma. Ao contrário, como ela se dá e no que ela consiste, tudo enfim, vai lhe parecer tão-somente parte da ordem usual das coisas. Isso se deve ao fato de que seu intelecto permanece essencialmente fiel ao seu destino original, que é ser prestativo à vontade como instrumento de suas motivações e, portanto, estreitamente ligado ao mundo e à natureza como parte integral deles.

SCHOPENHAUER (1844)

Alguma vez você já elevou sua mente à consideração da *existência* em si mesma e por si mesma, como o mero ato de existir? Alguma vez você já disse a si mesmo de uma forma reflexiva: *Isto existe!*, sem se

II.4. FAMILIARIDADE, ASSOMBRO E CONHECIMENTO

preocupar naquele instante se em sua frente estava um homem, uma flor ou um grão de areia? Sem referência, em suma, a este ou aquele modo particular de existir? Se você de fato chegou a isso, você terá sentido a presença de um mistério que forçosamente firmou no seu espírito um estado de admiração e assombro. As próprias palavras "Nada existe!" ou "Houve um tempo em que nada havia!" contradizem a si mesmas. Existe algo dentro de nós que repele a proposição com uma luz tão plena e instantânea, que é como se prestasse evidência contra o fato no direito de sua própria eternidade.

COLERIDGE (1818)

5. O encanto da simplicidade

Ele é um pensador: isto é, ele sabe como tornar as coisas mais simples do que elas são.

NIETZSCHE (1882)

A ciência procura encontrar lógica e simplicidade na natureza. A matemática procura estabelecer ordem e simplicidade no pensamento humano.

EDWARD TELLER (1980)

Natura simplicitatem amat [A natureza ama a simplicidade].

KEPLER (1619)

Não cabe admitir mais causas para as ocorrências naturais do que aquelas que são a um só tempo verdadeiras e suficientes para explicar seus fenômenos. É com esse intuito que os filósofos dizem que a natureza nada faz em vão [...], pois a natureza se apraz com a simplicidade e não afeta a pompa de causas supérfluas.

NEWTON (1687)

II.5. O ENCANTO DA SIMPLICIDADE

Mas o fato mais impressionante é que a gravidade é simples. É simples enunciar os seus princípios de modo completo e não deixar qualquer coisa vaga para que alguém altere as idéias da lei. Ela é simples e portanto é bela. É simples no seu padrão. Não digo que seja simples em sua ação — os movimentos dos diversos planetas e as perturbações de um sobre o outro podem ser bem complicados de calcular, ao passo que a tarefa de seguir os movimentos de todas aquelas estrelas concentradas em aglomerados esféricos está bem além de nossa capacidade. A lei é complicada em suas ações, mas o padrão básico subjacente à coisa toda é simples. Isso é comum a todas as nossas leis; todas resultam ser coisas simples, embora complexas em suas ações efetivas.

RICHARD FEYNMAN (1967)

Se uma parte da física não puder ser explicada a uma garçonete, então não é uma parte muito boa da física.

ERNEST RUTHERFORD (1932)

Todas as idéias econômicas importantes podem ser enunciadas de forma simples. Para desenvolver uma idéia, é claro, você pode precisar de algum aparato [formal] a fim de fazê-lo de um modo sistemático, mas você pode enunciar a essência de uma idéia de forma simples. E, quando as pessoas dizem que uma idéia é complicada em demasia para ser enunciada de forma simples, isso comumente significa que elas não sabem como enunciá-la de forma simples, algumas vezes pelo fato de que elas não a compreendem inteiramente.

GARY BECKER (2004)

II.5. O ENCANTO DA SIMPLICIDADE

DUQUE VICENTIO: Não se deixe ficar perplexo acerca de como essas coisas devem ser; todas as dificuldades são apenas simples uma vez conhecidas.

SHAKESPEARE (1604)

Não existe nada tão sutil e abstruso que, tendo sido alguma vez tornado simples, inteligível e comum, não possa ser assimilado pela mais vagarosa inteligência.

FRANCIS BACON (1609)

Por fim raios de luz surgiram, e estou quase convencido (contrariamente à opinião com que iniciei) que as espécies não são (é como confessar um crime) imutáveis. Que os céus me previnam das tolices de Lamarck sobre "a tendência progressiva", "adaptações pela vagarosa vontade dos animais" etc., mas as conclusões a que fui levado não são, no geral, diferentes das dele, ainda que os meios o sejam inteiramente. Creio que descobri (eis a pretensão!) a maneira simples por meio da qual as espécies se tornaram finamente adaptadas aos diversos fins.

DARWIN (1844)*

— Que imensa estupidez não ter pensado nisso antes!

T. H. HUXLEY (1859)**

---

* Carta ao amigo e botânico J. D. Hooker, confidenciando pela primeira vez a descoberta da teoria da evolução por meio da seleção natural.
** Reação do biólogo ao tomar contato pela primeira vez com a teoria de Darwin.

II.5. O ENCANTO DA SIMPLICIDADE

No universo dos seres vivos, como em outras áreas, a questão é sempre "explicar o complicado e visível por meio do simples e invisível", conforme a expressão de Jean Perrin.

FRANÇOIS JACOB (1970)

"O problema da filosofia", de acordo com Platão, "é descobrir para tudo o que existe de modo condicionado um fundamento incondicionado e absoluto." Ela procede com base na fé em que uma lei determina todos os fenômenos e que essa lei, uma vez conhecida, permite prevê-los. Tal lei, quando ocupa a mente, é uma idéia. Sua beleza é infinita. O verdadeiro filósofo e o verdadeiro poeta são um só; o belo que é verdadeiro e a verdade que é bela são as metas de ambos. Não é o encanto de uma das definições de Platão ou Aristóteles estritamente como o da *Antígona* de Sófocles? O que se dá nos dois casos é que à natureza foi imputada vida espiritual; um bloco de aparente matéria sólida foi permeado e dissolvido em pensamento; esse frágil ser humano penetrou nas vastas massas da natureza com uma alma formadora e se reconheceu a si próprio em sua harmonia, ou seja, domou sua lei. Na física, quando se alcança isso, a memória se desincumbe de seus onerosos catálogos de particulares e incorpora séculos inteiros de observações numa única fórmula.

EMERSON (1876)

A descoberta de um erro em axiomas ou primeiros princípios baseados em fatos é como a quebra de um feitiço. Desaparecem o castelo encantado, a montanha escarpada, o lago flamejante. Os caminhos

II.5. O ENCANTO DA SIMPLICIDADE

que conduzem à verdade, e que imaginávamos tão longos, tortuosos e difíceis, revelam-se como são: curtos, abertos e fáceis.

HENRY BOLINGBROKE (1735)

A história da arte só pode basear-se na mais elevada e completa concepção da arte. O progresso cronológico e psicológico da humanidade na arte somente pode ser exibido mediante o contato com os mais perfeitos objetos que o homem tem sido capaz de produzir. A arte foi de início uma atividade limitada, ocupada com a seca e magra imitação tanto do significante como do insignificante. Desenvolveu-se, então, uma sensibilidade mais delicada e atraente pela natureza, e, finalmente, conhecimento, regularidade, força e seriedade foram acrescentados de tal modo que, favorecida pelas circunstâncias, a arte elevou-se às alturas, até que afinal se tornou possível para o gênio afortunado, munido de tudo isso, produzir o encantador e o perfeito. Infelizmente, porém, as obras de arte que proclamam tal facilidade, que dão aos homens um sentimento tão reconfortante, que os inspiram com liberdade e serenidade, sugerem ao artista que deseja emulá-las que elas foram criadas com igual facilidade. A mais alta realização da arte e do gênio é uma aparência de facilidade e leveza, e o imitador sente-se tentado a facilitar as coisas para si mesmo e trabalhar apenas nessa aparência superficial. Assim a arte gradualmente declina de sua condição elevada, tanto no todo como nos detalhes.

GOETHE (1798)

II.5. O ENCANTO DA SIMPLICIDADE

O ensinamento dos grandes homens tem com freqüência uma simplicidade e uma naturalidade que faz o que é difícil parecer fácil de apreender.

G. H. VON WRIGHT (1982)

Quem quer que tenha algo verdadeiro a dizer se expressa de modo simples. A simplicidade é o selo da verdade.

SCHOPENHAUER (1851)

Quem sabe que é profundo, busca a clareza; quem deseja parecer profundo para a multidão, procura ser obscuro. Pois a multidão toma por profundo aquilo cujo fundo não vê: ela é medrosa, hesita em entrar na água.

NIETZSCHE (1882)

Tudo o que pode ser dito pode ser dito claramente.

WITTGENSTEIN (1922)

Tudo deve ser feito tão simples quanto possível, mas não mais simples que isso.

ATRIBUÍDO A EINSTEIN

A simplicidade e a elegância jamais são razões para se pensar que uma teoria filosófica é verdadeira: ao contrário, elas normalmente são as bases para se pensar que a teoria é falsa.

THOMAS NAGEL (1979)

II.5. O ENCANTO DA SIMPLICIDADE

A meta da ciência é buscar a explicação mais simples de fatos complexos. Tendemos a incorrer no erro de pensar que os fatos são simples porque a simplicidade é o alvo de nossa busca. A máxima diretiva na vida de todo filósofo natural deveria ser: "Busque a simplicidade e desconfie dela".

ALFRED WHITEHEAD (1920)

6. Os meios e os fins da ciência

A ciência é a tentativa de fazer com que a diversidade caótica da nossa experiência sensível corresponda a um sistema lógico uniforme de pensamento.

EINSTEIN (1950)

A ciência foi promovida nos últimos séculos, em parte porque com ela e mediante ela se esperava compreender melhor a bondade e a sabedoria divinas — o motivo principal na alma dos grandes ingleses (como Newton) —, em parte porque se acreditava na absoluta utilidade do conhecimento, sobretudo na íntima ligação de moral, saber e felicidade — o motivo principal na alma dos grandes franceses (como Voltaire) —, em parte porque na ciência pensava-se ter e amar algo desinteressado, inócuo, bastante a si mesmo, verdadeiramente inocente, no qual os impulsos maus dos homens não teriam participação — o motivo principal na alma de Espinosa, que, como homem do conhecimento, sentia-se divino: — graças a três erros, portanto.

NIETZSCHE (1882)

II.6. OS MEIOS E OS FINS DA CIÊNCIA

Uma das mais cativantes ironias do pensamento moderno é o fato de que o método científico, do qual ingenuamente se esperou no passado que pudesse banir o mistério do mundo, deixa-o cada dia mais inexplicável.

CARL BECKER (1932)

DIDEROT: Está vendo este ovo? É com ele que se derrubam todas as escolas de teologia e todos os templos da Terra.

DIDEROT (1769)

A ciência dá muita satisfação a quem nela trabalha e pesquisa, e muito pouca a quem *aprende* seus resultados. Mas, como aos poucos todas as verdades importantes da ciência têm de se tornar cotidianas e comuns, mesmo essa pouca satisfação desaparece: assim como há tempos deixamos de nos divertir ao aprender a formidável tabuada. Ora, se a ciência proporciona cada vez menos alegria e, lançando suspeita sobre a metafísica, a religião e a arte consoladoras, subtrai cada vez mais alegria, então se empobrece a maior fonte de prazer, a que o homem deve quase toda a sua humanidade. Por isso uma cultura superior deve dar ao homem um cérebro duplo, como que duas câmaras cerebrais, uma para perceber a ciência, outra para o que não é ciência; uma ao lado da outra, sem se confundirem, separáveis, estanques; isto é uma exigência da saúde. Num domínio a fonte de energia, no outro o regulador: as ilusões, parcialidades, paixões devem ser usadas para aquecer, e mediante o conhecimento científico deve-se evitar as conseqüências malignas e perigosas de um superaquecimento.

NIETZSCHE (1878)

II.6. OS MEIOS E OS FINS DA CIÊNCIA

O fundamento da cultura, assim como do caráter, é por fim o sentimento moral. Essa é a fonte do poder, que preserva sua eterna jovialidade, e obtém sua renda de cada novidade da ciência. A ciência corrige os velhos credos e põe de lado, com cada nova percepção, nossos catecismos infantis. Mas ela necessita de uma fé comensurável com as órbitas mais largas e as leis universais que descobre. Mesmo assim, ela não surpreende o sentimento moral, pois este é mais antigo e aguardava expectante essas descobertas mais amplas.

EMERSON (1867)

Os problemas básicos [da sociedade moderna] são problemas de valor, em relação aos quais as ciências naturais têm pouca relevância. Para começar, o conhecimento científico confere poder, mas tem pouco a dizer sobre os fins para os quais esse poder poderá ser utilizado, mesmo que seja exercido por uma pessoa. Ele mostra *como* fazer coisas, de que forma atingir um objetivo concretamente definido, mas não que objetivos perseguir.

FRANK KNIGHT (1958)

Sentimos que, mesmo que todas as questões científicas *possíveis* tenham obtido resposta, nossos problemas de vida não terão sido sequer tocados.

WITTGENSTEIN (1922)

A razão é, e deve ser, apenas a escrava das paixões, e jamais pode aspirar a nenhuma outra tarefa a não ser à de servi-las e obedecer a elas. [...] Não é contrário à razão preferir a destruição do mundo inteiro

II.6. OS MEIOS E OS FINS DA CIÊNCIA

a um arranhão em meu dedo. Não é contrário à razão que eu escolha minha total ruína, só para evitar o menor desconforto de um índio ou de uma pessoa que me é inteiramente desconhecida.

DAVID HUME (1740)

O preceito religioso de que um homem deve mostrar sua fé por meio de suas obras vale também na filosofia natural. Também a ciência deve ser conhecida pelas obras. É pelo testemunho das obras, e não pela lógica ou mesmo pela observação, que a verdade é revelada e estabelecida. Decorre disso que o melhoramento da mente de um homem e o melhoramento de sua condição são a mesma coisa.

FRANCIS BACON (1607)

SÓCRATES: Aquele que jamais procura por números em nada não será ele próprio encontrado no rol dos homens famosos. [...] Se alguém separasse a arte de contar, medir e pesar de todas as outras artes, o que restaria de cada uma delas seria, por assim dizer, insignificante.

PLATÃO (SÉCULO IV A.C.)

Assim como o olho foi feito para ver as cores e o ouvido para escutar os sons, do mesmo modo a mente humana foi feita para entender, não o que for que se queira, mas quantidades.

KEPLER (1619)

Um único número possui um valor mais genuíno e mais duradouro do que uma rica biblioteca repleta de hipóteses.

JULIUS ROBERT MAYER (1844)

II.6. OS MEIOS E OS FINS DA CIÊNCIA

A marca de uma pessoa educada é buscar tanta precisão em cada classe de coisas quanto a natureza do assunto permite. Demandar uma demonstração lógica de um orador seria tão absurdo quanto permitir a um matemático servir-se das artes da persuasão. [...] Não se pode exigir o mesmo grau de precisão em todas as discussões.

ARISTÓTELES (SÉCULO IV A.C.)

Vamos introduzir o refinamento e o rigor da matemática em todas as ciências, até onde seja possível, não na crença de que por essa via conheceremos as coisas, mas para assim *constatar* nossa relação humana com as coisas. A matemática é apenas o meio para o conhecimento geral e derradeiro do homem.

NIETZSCHE (1882)

O elegante critério físico de objetividade formulado por [Max] Planck, de que tudo o que *pode ser medido* existe, pode parecer completamente suficiente do ponto de vista da física; mas, do ponto de vista da epistemologia, ele envolve o problema da descoberta das condições fundamentais dessa mensurabilidade e do seu desenvolvimento sistemático completo. Pois qualquer ato de medida, mesmo o mais simples, precisa estar apoiado em certos "princípios", "hipóteses" ou "axiomas" que ele não toma do mundo dos sentidos mas traz para esse mundo como postulados do pensamento.

ERNST CASSIRER (1921)

É ilusão crer que algo é conhecido quando possuímos uma fórmula matemática para o evento: ele foi apenas designado, descrito, nada mais.

NIETZSCHE (1885)

II.6. OS MEIOS E OS FINS DA CIÊNCIA

Proposições matemáticas não expressam pensamentos. Na vida, elas nunca são aquilo de que precisamos. As proposições matemáticas são usadas *apenas* para inferir, de proposições que não pertencem à matemática, outras que igualmente não pertencem à matemática.

WITTGENSTEIN (1922)

A pesquisa básica é como atirar uma seta para o ar e, depois, pintar um alvo onde quer que ela caia.

H. B. ADKINS (1949)

Se um jovem cientista que trabalha comigo me procurasse depois de dois anos de trabalho [em pesquisa] e perguntasse qual deveria ser o passo seguinte, eu o aconselharia a abandonar a ciência. Se depois de dois anos de trabalho uma pessoa não sabe o que fazer em seguida, então ela jamais se tornará um verdadeiro cientista.

ERNEST RUTHERFORD (1937)

O valor de praticar com rigor, por algum tempo, uma *ciência rigorosa* não está propriamente em seus resultados: pois eles sempre serão uma gota ínfima, ante o mar das coisas dignas de saber. Mas isso produz um aumento de energia, de capacidade dedutiva, de tenacidade; aprende-se a *alcançar um fim de modo pertinente*. Neste sentido é valioso, em vista de tudo o que se fará depois, ter sido homem de ciência.

NIETZSCHE (1878)

Os tolos fazem pesquisa, e os homens sábios os exploram.

H. G. WELLS (1905)

II.6. OS MEIOS E OS FINS DA CIÊNCIA

Não existe estilo de prosa mais difícil de entender e mais tedioso de ler do que o *paper* científico médio.

FRANCIS CRICK (1995)

A maioria dos artigos, e provavelmente todos eles, no próximo número do *journal* [acadêmico] profissional não vale uma leitura cuidadosa e dispendiosa.

GEORGE STIGLER (1969)

A popularização das doutrinas científicas está produzindo uma mudança tão grande na condição mental da sociedade quanto as aplicações materiais da ciência a estão afetando em seu modo de vida externo. O respeito devotado à ciência é tamanho que as mais absurdas opiniões podem se tornar correntes, desde que sejam expressas em linguagem que faça lembrar alguma fraseologia científica conhecida.

JAMES MAXWELL (1871)

Outra alternativa seria apresentar a vocês o que se denomina uma conferência de divulgação científica, ou seja, uma conferência que pretendesse fazê-los acreditar que entendem algo que realmente não entendem, e, desse modo, satisfazer aquilo que considero ser um dos desejos mais baixos dos homens modernos, isto é, a curiosidade superficial acerca das mais recentes descobertas da ciência.

WITTGENSTEIN (1930)*

---

* Palavras proferidas na abertura de um seminário apresentado pelo filósofo, em 1930, na Universidade de Cambridge.

II.6. OS MEIOS E OS FINS DA CIÊNCIA

O destino usual das novas verdades é começar como heresias e terminar como superstições.

T. H. HUXLEY (1880)

Os cientistas e os intelectuais não são as únicas pessoas que se dedicaram a examinar como a mente funciona. Todos nós somos psicólogos, e algumas pessoas, sem o benefício de credenciais, são grandes psicólogos. A este grupo pertencem poetas e romancistas cujo ofício é criar "representações justas de natureza geral". Paradoxalmente, no clima intelectual de hoje os romancistas podem ter um mandato mais claro do que os cientistas para dizer a verdade sobre a natureza humana. [...] Poetas e romancistas têm feito muitos dos pontos deste livro com mais sagacidade e penetração do que qualquer escrevinhador acadêmico poderia esperar fazer.

STEVEN PINKER (2002)

Um físico que rejeita o testemunho de santos e místicos não é melhor do que alguém surdo à tonalidade dos sons que ridiculariza o poder da música.

BRIAN PIPPARD (1983)

Os livros sobre psicologia têm sido escritos em sua maioria por filósofos e cientistas cujos hábitos de pensamento são avessos àquela imaginação poética (como a chamamos) capaz de "vislumbrar a vida nas coisas" e afrouxar o sentido de uma existência apartada em prol de uma comunhão de sentimento com a totalidade da natureza, como se as filhas da Memória pudessem libertar a alma das limitações não

II.6. OS MEIOS E OS FINS DA CIÊNCIA

só do espaço como do tempo. Não é inteligente ou mesmo genuinamente científico descartar como fantasia ociosa ou superstição anacrônica a experiência dos maiores poetas, apenas porque ela está além do alcance do homem comum e não pode ser traduzida em termos do que chamaríamos de uma explicação.

F. M. CORNFORD (1952)

A visão científica da vida é uma visão limitada e parcial; a vida é no fundo uma prospecção no terreno dos valores, uma tentativa de descobrir valores, ao invés de, com base no conhecimento deles, produzir e desfrutá-los ao máximo. Nós nos esforçamos para "nos conhecermos a nós mesmos", para descobrir os nossos reais desejos, mais do que para obter o que queremos. Esse fato define uma primeira limitação de amplo alcance a uma concepção da economia como ciência.

FRANK KNIGHT (1924)

As pessoas atualmente pensam que os cientistas existem para instruí-las, e os poetas, músicos etc., para lhes dar prazer. A idéia *de que estes últimos têm alguma coisa para ensinar-lhes* — isso não lhes ocorre.

WITTGENSTEIN (1940)

Aquele que tem ciência e arte tem também religião; o que não tem nenhuma delas, que tenha religião!

GOETHE (1832)

7. Verdades, mentiras, erros, ilusões

Os deuses não revelaram aos homens desde o início todas as coisas; mas por meio da procura eles com o tempo encontram o melhor. [...] Pois jamais houve nem haverá quem possua a verdade plena sobre os deuses e sobre todas as coisas das quais eu falo. E, mesmo se, por acaso, um homem conseguisse expressar a verdade inteira, ainda assim ele próprio não se aperceberia disso. A opinião tudo permeia.

XENÓFANES (SÉCULO V A.C.)

A verdade é o que é, e segue sendo verdade, ainda que se pense o revés.

ANTONIO MACHADO (1917)

Assim é (se lhe parece)

LUIGI PIRANDELLO (1925)

Existem verdades triviais e grandes verdades. O contrário de uma verdade trivial é claramente falso. O contrário de uma grande verdade é também verdadeiro. [...] Uma grande verdade é uma afirmação cujo contrário é também uma grande verdade.

NIELS BOHR (1949)

II.7. VERDADES, MENTIRAS, ERROS, ILUSÕES

"Toda verdade é simples." — Não será essa uma mentira composta? —
NIETZSCHE (1888)

Em tempo de guerra, a verdade é tão preciosa que ela precisa ser guarnecida por uma escolta de mentiras.
WINSTON CHURCHILL (1916)

A verdade jamais pode ser dita de tal modo que, sendo ela entendida, nela não se acredite.
WILLIAM BLAKE (1790)

A verdade sai do poço, sem indagar quem se acha à borda.
MACHADO DE ASSIS (1865)

É sempre a melhor política dizer a verdade, a menos, é claro, que você seja um excepcionalmente bom mentiroso.
JEROME K. JEROME (1892)

Quantas intenções viciosas há assim que embarcam, a meio caminho, numa frase inocente e pura! Chega a fazer suspeitar que a mentira é muita vez tão involuntária como a transpiração.
MACHADO DE ASSIS (1900)

A verdade na vida em sociedade é como a estricnina no organismo de um indivíduo: terapêutica em pequenas doses e condições especiais, mas de outro modo, e no geral, um veneno letal.
FRANK KNIGHT (1932)

11.7. VERDADES, MENTIRAS, ERROS, ILUSÕES

Não passa de um preconceito moral que a verdade tenha mais valor que a aparência; é inclusive a suposição mais mal demonstrada que já houve. Admita-se ao menos o seguinte: não existiria nenhuma vida, senão com base em avaliações e aparências perspectivas; e se alguém, com o virtuoso entusiasmo e a rudeza de tantos filósofos, quisesse abolir por inteiro o "mundo aparente", bem, supondo que *vocês* pudessem fazê-lo — também da sua "verdade" não restaria nada! Sim, pois o que nos obriga a supor que há uma oposição essencial entre "verdadeiro" e "falso"? Não basta a suposição de graus de aparência, e como que sombras e tonalidades do aparente, mais claras e mais escuras, — diferentes *valores*, para usar a linguagem dos pintores? Por que não poderia o mundo *que nos concerne* — ser uma ficção? E a quem faz a pergunta: "mas a ficção não requer um autor?" — não se poderia replicar: Por quê? Esse "requer" não pertenceria também à ficção? Não é permitido usar de alguma ironia em relação ao sujeito, como em relação ao predicado e objeto? O filósofo não poderia se erguer acima da credulidade da gramática?

NIETZSCHE (1886)

Eu declaro que, se algum grande Poder concordasse em me fazer sempre pensar o que é verdadeiro e fazer o que é moralmente certo, sob a condição de ser reduzido a alguma espécie de relógio que recebe corda todas as manhãs ao sair da cama, eu aceitaria instantaneamente a proposta. A única liberdade que me importa é a liberdade de fazer o que é certo; a liberdade de fazer o que é errado estou pronto a dispensar nos termos mais baratos, para qualquer um que a leve de mim.

T. H. HUXLEY (1870)

II.7. VERDADES, MENTIRAS, ERROS, ILUSÕES

Se Deus segurasse em Sua mão direita toda a verdade, e em Sua mão esquerda a perene busca pela verdade, embora com a condição de que eu deva para sempre errar, e me dissesse: "Escolha", humildemente eu escolheria a mão esquerda e diria: "Dai-me, Senhor! A verdade pura é para Vós somente!".

GOTTHOLD LESSING (1778)

Não, não, isso não! Tudo menos saber o que é o Mistério! Superfície do Universo, ó Pálpebras Descidas, não vos ergais nunca! O olhar da Verdade Final não deve poder suportar-se! Deixai-me viver sem saber nada, e morrer sem ir saber nada! A razão de haver ser, a razão de haver seres, de haver tudo, deve trazer uma loucura maior que os espaços entre as almas e entre as estrelas. Não, não, a verdade não!

ÁLVARO DE CAMPOS/FERNANDO PESSOA (1928)

A distinção entre ilusão e verdade está na diferença de suas funções vitais. A ilusão vive da verdade — a verdade tem sua vida em si.

NOVALIS (1798)

Quando digo que todas essas coisas são ilusões, devo definir o significado da palavra. Uma ilusão não é a mesma coisa que um erro; tampouco é necessariamente um erro. A crença de Aristóteles de que os insetos se desenvolvem do esterco (crença a que pessoas ignorantes ainda se aferram) era um erro; assim como a crença de uma geração anterior de médicos de que *tabes dorsalis* resulta de excessos sexuais. Seria incorreto chamar esses erros de ilusões. Por outro lado, foi uma ilusão de Colombo acreditar que descobriu um novo caminho marí-

II.7. VERDADES, MENTIRAS, ERROS, ILUSÕES

timo para as Índias. O papel desempenhado por seu desejo nesse erro é bastante claro. [...] O que é característico das ilusões é o fato de derivarem de desejos humanos. Com respeito a isso, aproximam-se dos delírios psiquiátricos, mas deles diferem também, mesmo sem considerar a estrutura mais complicada dos delírios. No caso destes, enfatizamos como essencial o fato de eles se acharem em contradição com a realidade. As ilusões não precisam ser necessariamente falsas, ou seja, irrealizáveis ou em contradição com a realidade. Por exemplo, uma moça de classe média pode ter a ilusão de que um príncipe aparecerá e se casará com ela. Isso é possível, e certos casos assim já ocorreram. Que o Messias chegue e funde uma idade de ouro é muito menos provável. Classificar essa crença como ilusão ou algo análogo ao delírio dependerá da atitude pessoal de cada um. [...] Portanto, podemos chamar uma crença de ilusão quando uma realização de desejo constitui fator proeminente em sua motivação e, assim sendo, desprezamos as suas relações com a realidade, tal como a própria ilusão não dá maior importância à verificação.

FREUD (1927)

Nada é verdadeiro na psicanálise, exceto os exageros.

THEODOR ADORNO (1951)

"Não importa com que força se acredite em algo, a força de uma crença não é um critério de verdade." Mas o que é verdade? Não é ela, talvez, um tipo de crença que se tornou uma condição de vida? Nesse caso, é forçoso admitir, a força [do acreditar] poderia ser um critério [de verdade] [...]. "Verdade": isso, segundo penso, não denota

II.7. VERDADES, MENTIRAS, ERROS, ILUSÕES

necessariamente a antítese do erro, mas apenas, nos casos mais fundamentais, a posição particular de vários erros um em relação ao outro. Um será talvez mais antigo, mais profundo que outro, até mesmo impossível de erradicar, na medida que um ente orgânico da nossa espécie não poderia viver sem ele; ao passo que outros erros não nos tiranizam como condições de vida dessa maneira mas, ao contrário, quando comparados a tais "tiranos" podem ser afastados e "refutados". Uma premissa que é irrefutável — por que razão deveria ser ela "verdadeira"? Tal proposição pode talvez enfurecer os lógicos, que instituem as suas limitações como os limites das coisas: mas há muito declarei guerra a esse otimismo dos lógicos.

NIETZSCHE (1885)

Ajustamos para nós um mundo em que podemos viver — supondo corpos, linhas, superfícies, causas e efeitos, movimento e repouso, forma e conteúdo: sem esses artigos de fé, ninguém suportaria hoje viver! Mas isto não significa que eles estejam provados. A vida não é argumento; entre as condições para a vida poderia estar o erro.

NIETZSCHE (1882)

Quais são, afinal, as verdades do homem? — São os erros *irrefutáveis* do homem.

NIETZSCHE (1882)

A verdade é o tipo de erro sem o qual um certo tipo de vida não poderia subsistir.

NIETZSCHE (1885)

II.7. VERDADES, MENTIRAS, ERROS, ILUSÕES

A conversa daqueles que adquiriram o hábito da mentira, mesmo que trate de assuntos sem monta, nunca traz a menor satisfação; isso acontece porque as idéias que eles nos apresentam, desprovidas de credibilidade, não deixam impressão alguma na mente. Os próprios poetas, embora mentirosos por profissão, sempre se esforçam por dar um ar de verdade às suas ficções; e, quando isso é inteiramente negligenciado, sua arte, por mais engenhosa, jamais consegue proporcionar muito prazer.

DAVID HUME (1740)

De fato, entre a poesia e a verdade existe uma natural oposição: falsa moral e natureza fictícia. O poeta sempre necessita de algo falso. Quando ele pretende fincar seus fundamentos na verdade, o ornamento da sua superestrutura é feito de ficções; sua ação consiste em estimular nossas paixões e excitar nossos preconceitos. A verdade, a exatidão de todo tipo, é fatal à poesia. O poeta tem de olhar tudo através de meios coloridos e se esforça em levar cada pessoa a fazer o mesmo. Existem espíritos nobres, é verdade, com os quais a poesia e a filosofia estão igualmente em dívida, mas essas exceções não contrabalançam os danos resultantes dessa arte mágica.

BENTHAM (1811)

Não é divertido que mesmo os filósofos mais sérios, normalmente tão rigorosos em matéria de certezas, recorram a *citações de poetas* para dar força e credibilidade a seus pensamentos? — e, no entanto, uma verdade corre mais perigo quando um poeta a aprova do que quando a contradiz! Pois, como diz Homero: "Mentem demais os cantores!".

NIETZSCHE (1882)

II.7. VERDADES, MENTIRAS, ERROS, ILUSÕES

Todo grande poeta é também um filósofo, todo filósofo genial, um poeta.

HOUSTON CHAMBERLAIN (1912)

A separação de poeta e pensador é apenas aparente — e em detrimento de ambos. [...] A poesia é o genuinamente, absolutamente real. Este é o cerne de minha filosofia. Quanto mais poético, tanto mais verdadeiro.

NOVALIS (1798)

O que permanece, os poetas o fundam.

HÖLDERLIN (1803)

8. As idéias governam o mundo

SÓCRATES: Ora vamos, Protágoras, revele-me também essa parte de sua mente; qual a sua posição com relação ao conhecimento? Você concorda com a maioria nisso também ou pensa diferente? A opinião da maioria quanto ao conhecimento é que ele não é algo poderoso, capaz de controlar e governar um homem; eles não o vêem desse modo em absoluto, mas julgam que freqüentemente um homem que possui conhecimento é governado não por este mas por alguma outra coisa, em um caso a paixão, em outro o prazer, em outro a dor, às vezes a luxúria, muito comumente o medo; eles só vêem o conhecimento como um escravo que é arrastado para lá e para cá pelo resto. Então, você tem uma opinião semelhante com respeito ao conhecimento ou pensa que ele é algo excelente que pode governar um homem e que, se alguém souber o que é bom ou mau, jamais será conquistado por coisa alguma de modo a agir de outra maneira que não a ditada pelo conhecimento? De fato, que a inteligência é salvaguarda suficiente para um homem?

PLATÃO (SÉCULO IV A.C.)

II.8. AS IDÉIAS GOVERNAM O MUNDO

A guerra das idéias é uma invenção grega — uma das invenções mais importantes de toda a história. De fato, a possibilidade de lutar com palavras, em vez de lutar com armas, constitui o fundamento da nossa civilização — especialmente das suas instituições legais e parlamentares. [...] Basta lembrar que as guerras religiosas foram guerras de idéias, assim como todas as revoluções, para sentir como as idéias adquiriram poder desde a época dos gregos. Embora essas idéias tenham sido mais freqüentemente falsas e perniciosas do que verdadeiras e benéficas, há sempre uma certa tendência para que algumas das melhores sobrevivam, desde que encontrem apoio suficientemente poderoso e inteligente. [...] O poder das idéias, em especial das idéias religiosas e morais, é pelo menos tão importante quanto o dos recursos físicos.

KARL POPPER (1956)

Existem *duas histórias*, uma da *política* e a outra da *literatura* e arte. A primeira é a história da *vontade*, a segunda é a do *intelecto*. A primeira é, portanto, em geral alarmante e até aterradora: ansiedade, medo, sofrimento, desengano, assassínios horríveis *en masse*. A segunda, por outro lado, é por toda parte deliciosa e serena, como o intelecto em isolamento, mesmo quando tal história oferece a descrição de caminhos equivocados. A sua principal vertente é a história da filosofia. Nesta reside, de fato, o baixo cifrado cujas notas se fazem ouvir também no outro tipo de história e que, mesmo aqui, fundamentalmente guia as opiniões que governam o mundo. Bem compreendida, a filosofia é portanto a mais poderosa força material, embora opere muito vagarosamente.

SCHOPENHAUER (1851)

II.8. AS IDÉIAS GOVERNAM O MUNDO

O bom senso e o inglês trivial em que ele se expressa são um repositório de filosofias mais antigas. Uma filosofia leva tempo para tornar-se parte integrante do pensamento do homem comum, mas acaba conseguindo.

T. M. KNOX (1968)

Em última análise é a imagem final que uma época forma da natureza de seu mundo que constitui seu bem mais fundamental. É o fator controlador final em todo e qualquer pensamento.

E. A. BURTT (1932)

O que quer que digam os homens práticos, este mundo é, afinal, absolutamente governado pelas idéias, e com freqüência as idéias mais especulativas e hipotéticas. É uma questão da mais alta importância que nossas teorias sobre as coisas, mesmo sobre coisas que parecem muito distantes da vida cotidiana, devam ser tanto quanto possível verdadeiras e tanto quanto possível afastadas do erro.

T. H. HUXLEY (1893)

A filosofia especulativa, que para os superficiais parece algo tão remoto das coisas práticas da vida e dos interesses exteriores dos homens, é na realidade o que neste mundo mais os influencia e, no longo prazo, sobrepuja qualquer outra influência, exceto aquelas a que ela própria tem de obedecer.

JOHN STUART MILL (1838)

II.8. AS IDÉIAS GOVERNAM O MUNDO

O trabalho teórico, como a cada dia mais me convenço, realiza mais no mundo do que o trabalho prático. Quando a esfera das idéias é revolucionada, a realidade existente não resiste.

HEGEL (1808)*

Lembrem-se disso, orgulhosos homens de ação. Vocês não passam de instrumentos inconscientes dos homens de pensamento que, freqüentemente, no mais modesto silêncio, predeterminam, de modo preciso, qual a sua ação. Maximilien Robespierre nada mais era do que a mão de Jean-Jacques Rousseau, mão sangrenta que tirou do seio do tempo o corpo cuja alma Rousseau criara. O medo inquieto que amargurou a vida de Jean-Jacques tem talvez sua causa no fato de ele ter pressentido qual o parteiro que traria ao mundo suas idéias.

HEINE (1834)

Há mais de cem anos, o poeta alemão Heine alertou os franceses para não subestimarem a força das idéias: os conceitos filosóficos nutridos na quietude do gabinete de um professor poderiam destruir uma civilização. Ele falou da *Crítica da razão pura* de Kant como a espada com que o deísmo alemão foi decapitado, e descreveu os trabalhos de Rousseau como a arma manchada de sangue que, nas mãos de Robespierre, havia destruído o Antigo Regime. [...] Mas, se os professores podem verdadeiramente manejar um poder assim fatal, não será também o caso de que somente outros professores ou, ao menos, outros pensadores (e não governos ou comissões parlamentares) podem

---

* Carta a Friedrich Niethammer.

II.8. AS IDÉIAS GOVERNAM O MUNDO

desarmá-los? Nossos filósofos parecem estranhamente inconscientes desses efeitos devastadores de suas atividades.

ISAIAH BERLIN (1958)

Uma pessoa com uma crença é um poder social igual a noventa e nove que possuem apenas interesses.

JOHN STUART MILL (1861)

As armas da crítica obviamente não podem substituir a crítica das armas, o poder material tem de ser derrotado pelo poder material; mas também a teoria se transforma em poder material logo que se apodera das massas. [...] Assim como a filosofia encontra suas armas materiais no proletariado, assim também o proletariado encontra suas armas intelectuais na filosofia.

MARX (1844)

Apelar aos trabalhadores sem ter idéias estritamente científicas ou uma doutrina construtiva, especialmente na Alemanha, equivale à vã e desonesta traquinagem de apregoar que pressupõe um profeta inspirado de um lado e, do outro, apenas asnos boquiabertos. [...] Pessoas sem uma doutrina construtiva não são capazes de fazer coisa alguma, e de fato nada realizaram até agora exceto fazer barulho, instigar chamas perigosas e levar à ruína a causa que abraçaram.

MARX (1846)*

---

* Resposta dada por Marx a Wilhelm Weitling em encontro da Liga Comunista em Bruxelas.

II.8. AS IDÉIAS GOVERNAM O MUNDO

O capital [de Marx] é com freqüência chamado, no continente [europeu], de "a Bíblia da classe operária". Que as conclusões extraídas dessa obra se tornam cada vez mais os princípios fundamentais do grande movimento da classe trabalhadora, não só na Alemanha e Suíça mas também na França, Holanda e Bélgica, na América e até mesmo na Itália e na Espanha, que por toda parte a classe trabalhadora reconhece cada vez mais, nessas conclusões, a mais adequada expressão de sua condição e de suas aspirações, ninguém que conheça o movimento há de negar. E, na Inglaterra também, as teorias de Marx, mesmo neste momento, exercem uma poderosa influência sobre o movimento social que se difunde nas fileiras das pessoas "cultas" tanto quanto nas da classe trabalhadora. [...] Enquanto isso, cada novo inverno volta a suscitar a grande questão: "O que fazer com os desempregados?"; mas, ao passo que o número de desempregados continua a aumentar de ano para ano, não existe ninguém para responder a essa pergunta; e quase podemos calcular o instante em que os desempregados, perdendo a paciência, tomarão seu destino nas próprias mãos. Decerto nesse momento se fará ouvir a voz de um homem cuja teoria é toda ela o resultado de uma vida inteira de estudo da história e condições econômicas da Inglaterra.

ENGELS (1886)

A ciência da economia política é essencialmente prática e aplicável às atividades comuns da vida humana. Existem poucos ramos do conhecimento humano em que idéias falsas podem provocar mais danos ou idéias justas mais benefícios.

MALTHUS (1820)

11.8. AS IDÉIAS GOVERNAM O MUNDO

[Os economistas da nova geração] mantêm-se na retaguarda, assim como faz um general moderno, mas eles controlam forças maiores que antes. Eles exercem uma influência mais abrangente e mais poderosa sobre as idéias: e as idéias moldam cada vez mais os rumos do mundo.

ALFRED MARSHALL (1897)

As políticas que ora prevalecem foram adotadas não por terem sido impostas aos políticos pelas massas, mas porque as massas foram ensinadas a acreditar nelas. As massas, como tal, não pensam por si mesmas; pensam o que seus líderes lhes ensinam a pensar. E as idéias que, para o bem ou para o mal, vêm a dominar a política são as que foram apregoadas em primeira instância por pensadores desinteressados e isolados. [...] As medidas da década passada foram resultado não da pressão espontânea do eleitorado, mas da influência de alguns homens cujos nomes poderiam ser contados nos dedos das duas mãos. Não avaliaremos plenamente a tragédia deste aspecto da situação atual se não percebermos que ela é essencialmente obra de homens de intelecto e boa vontade. No curto prazo, é bem verdade, as idéias são insignificantes e inócuas, mas no longo prazo elas podem governar o mundo.

LIONEL ROBBINS (1935)

As idéias dos economistas e filósofos políticos, quando certas assim como quando erradas, são mais poderosas do que em geral se percebe. De fato, o mundo é governado por pouco mais que isso. Homens práticos, que se julgam absolutamente isentos de influências

II.8. AS IDÉIAS GOVERNAM O MUNDO

intelectuais, em geral são escravos de algum economista defunto. Os malucos no poder, que ouvem vozes no ar, destilam seus desvarios de algum escriba acadêmico de alguns anos atrás. Tenho certeza de que se tem atribuído um valor exagerado ao poder dos grupos de interesse em comparação com o da gradual penetração das idéias. Não, de fato, imediatamente, mas após um certo intervalo; pois no campo da filosofia econômica e política poucos se deixam influenciar por novas teorias depois dos vinte e cinco ou trinta anos de idade, de modo que as idéias que administradores públicos, políticos e mesmo agitadores aplicam aos acontecimentos atuais dificilmente serão as mais recentes. Porém, cedo ou tarde, são as idéias e não os grupos de interesse que representam perigo, para o bem ou para o mal.

JOHN MAYNARD KEYNES (1936)

Permanece sempre, portanto, a questão decisiva: como se consegue a maioria para um partido? Esta, porém, é uma questão puramente intelectual. [...] Numa batalha entre força e idéia, esta última sempre prevalece. [...] São as idéias que agrupam os homens em facções combatentes, que lhes colocam as armas nas mãos e determinam contra quem e em favor de quem as armas serão usadas. São as idéias apenas, e não as armas, que, em última análise, fazem pender a balança.

LUDWIG VON MISES (1927)

Poucas afirmações deparam com tanta descrença por parte da maioria dos homens práticos, e são tão desconsideradas pela escola dominante de pensamento político, quanto aquela segundo a qual o que desdenhosamente se apelida de ideologia possui poder dominante

11.8. AS IDÉIAS GOVERNAM O MUNDO

sobre aqueles que se acreditam livres dela mais ainda que sobre aqueles que conscientemente a adotam. [...] Mas quais idéias afinal dominarão, na maior parte das vezes sem que as pessoas se dêem conta disso, é decerto determinado por um processo lento e imensamente intricado, e que raras vezes podemos reconstituir em suas linhas gerais mesmo em retrospecto. Sem dúvida requer humildade ter de reconhecer que nossas decisões atuais são determinadas pelo que aconteceu muito tempo atrás numa remota especialidade, sem que o público em geral jamais tenha sabido a respeito dela e sem que os primeiros formuladores da nova concepção tivessem consciência de quais seriam suas conseqüências, sobretudo quando não foi uma descoberta de novos fatos mas uma concepção filosófica geral que posteriormente afetou decisões específicas. Tais opiniões não só o "homem comum" mas também os especialistas nas disciplinas particulares aceitam de forma irrefletida e, usualmente, só porque acontece de serem "modernas".

F. A. HAYEK (1973)

Um grande perigo do mundo moderno é nossa suscetibilidade às idéias gerais que pairam à nossa volta, densas como bacilos, no ar, as quais passam tantas vezes por nossos lábios e são tão influentes em nossas vidas que nós as usamos irrefletidamente, sem ter analisado o que realmente queremos dizer com elas.

R. W. LIVINGSTONE (1916)

As doutrinas nazista, fascista e comunista são descendentes do evangelho de Hegel [...], [mas], se os filósofos estão finalmente imuniza-

II.8. AS IDÉIAS GOVERNAM O MUNDO

dos, os historiadores, sociólogos, propagandistas políticos e eleitores ainda são vítimas inconscientes do vírus.

GILBERT RYLE (1947)

Não se pode encontrar em Hitler uma só palavra que já não houvesse sido enunciada por Nietzsche ou Bergson, Spengler ou Ortega y Gasset "num plano elevado". Vista historicamente, a assim chamada oposição individual é irrelevante. Que importância pode ter um protesto morno e capenga vindo de Spengler contra o incêndio do mundo, quando seu próprio cigarro esteve envolvido na ignição? É absolutamente necessário, portanto, e uma tarefa central dos intelectuais progressistas desmascarar toda essa ideologia, mesmo em seus representantes "mais refinados"; mostrar como a ideologia fascista cresceu por meio de uma necessidade histórica com base nessas premissas; mostrar como de Nietzsche a Simmel, Spengler e Heidegger *et alii*. um caminho *direto* conduz a Hitler; que Bergson e Pareto, o pragmatista e o semanticista, Berdyaev e Ortega, todos de igual maneira criaram uma atmosfera intelectual da qual a fascistização da *Weltanschauung* pôde retirar uma rica nutrição.

GEORG LUKÁCS (1955)

As idéias tomam conta, reagem, queimam gente na praça pública.

OSWALD DE ANDRADE (1928)

Não devemos subestimar o poder do intelecto e dos intelectuais. Foram os intelectuais — os "negociantes de idéias de segunda mão", como os chamou F. A. Hayek — que disseminaram o relativismo, o

II.8. AS IDÉIAS GOVERNAM O MUNDO

niilismo e o desespero intelectual. Não há razão para que alguns intelectuais — alguns intelectuais mais esclarecidos — não venham a finalmente ter êxito em disseminar a boa-nova de que o barulho niilista era na realidade por nada.

KARL POPPER (1961)

Toda a cautela quando o grande Deus libera um pensador por este planeta! Todas as coisas ficam então em risco. É como quando uma conflagração se alastra numa grande cidade, e ninguém sabe o que é seguro ou como terminará. [...] As esperanças dos homens, os pensamentos em seus corações, a religião das nações, os costumes e a moral da humanidade, estão todos à mercê de uma nova generalização. A generalização é sempre um novo influxo da divindade na mente.

EMERSON (1841)

Uma idéia geral é sempre um perigo para a ordem existente. Todo o conjunto de suas manifestações particulares concebíveis que podem ser usadas pela sociedade constitui um programa de reformas. A qualquer momento o latente descontentamento da humanidade pode apoderar-se de algum desses programas e iniciar um período de rápidas mudanças guiadas pela luz de suas doutrinas. [...] Nos ideais éticos nós encontramos o exemplo supremo de idéias conscientemente formuladas agindo como uma força propulsora que efetua transições de estado social para estado social. Tais idéias são ao mesmo tempo moscas irritantes e fachos de luz que atraem as vítimas nas quais residem.

ALFRED WHITEHEAD (1933)

II.8. AS IDÉIAS GOVERNAM O MUNDO

Existem certas pessoas — e eu sou uma delas — que pensam que a coisa mais prática e importante acerca de um homem ainda é sua visão do universo. Pensamos que, para uma senhoria considerando se deve aceitar um pensionista, é importante saber sua renda, porém mais importante ainda é conhecer sua filosofia. Pensamos que, para um general prestes a combater um inimigo, é importante saber os números do inimigo, porém mais importante é conhecer a filosofia do inimigo. Pensamos que a questão não é saber se a teoria do cosmos afeta ou não as coisas, mas se, no longo prazo, qualquer outra coisa as afeta.

G. K. CHESTERTON (1905)

Os escritos engendram uma certa disposição na alma: eles lentamente despertam os desejos e então subitamente acendem uma terrível chama da qual deveríamos, penso eu, nos manter afastados. Não dê acesso de entrada a um trabalho epicurista ou pirrônico — de fato, os deuses apropriadamente os destruíram, de modo que a maioria desses livros não se pode encontrar.

IMPERADOR JULIANO (SÉCULO IV D.C.)

Que homem no estado natural ou que linha de pensamento alguma vez julgou estar em seu poder reduzir as idéias de toda a humanidade exatamente aos mesmos comprimento, largura e altura das suas próprias? E, contudo, é esse o primeiro humilde e civil propósito de todos os inovadores no Império da Razão.

JONATHAN SWIFT (1702)

9. O ponto de vista cósmico

FILO: Que peculiar privilégio possui esta pequena agitação do cérebro a que chamamos pensamento, para que precisemos fazer dela o modelo para todo o universo? Nossa parcialidade em prol de nós mesmos se faz presente em todas as ocasiões, mas a boa filosofia deve guardar-nos cuidadosamente contra uma tão natural ilusão. [...] Só nos é conhecida — e muito imperfeitamente — uma parte diminuta desse grande sistema [do universo], e por um intervalo muito curto de tempo. Como então fazer uma declaração conclusiva acerca da origem de sua totalidade?

DAVID HUME (1779)

Em algum remoto rincão do universo cintilante que se derrama em um sem-número de sistemas solares, havia uma vez um astro em que animais inteligentes inventaram o conhecimento. Foi o minuto mais soberbo e mais mentiroso da "história universal": mas também foi somente um minuto. Passados poucos fôlegos da natureza congelou-se o astro, e os animais inteligentes tiveram de morrer. — Assim poderia alguém inventar uma fábula e nem por isso teria ilustrado suficientemente quão lamentável, quão fantasmagórico e fugaz, quão

II.9. O PONTO DE VISTA CÓSMICO

sem finalidade e gratuito fica o intelecto humano dentro da natureza. Houve eternidades em que ele não estava; quando de novo ele tiver passado, nada terá acontecido. Ao contrário, ele é humano, e somente seu possuidor e genitor o toma tão pateticamente, como se os gonzos do mundo girassem nele. Mas se pudéssemos entender-nos com a mosca, perceberíamos então que também ela bóia no ar com esse *páthos* e sente em si o centro voante deste mundo.

NIETZSCHE (1873)

Em suma, se pudéssemos olhar da Lua, como outro Menipo [personagem do poeta latino Luciano], as inumeráveis agitações da Terra, pensaríamos ver uma multidão de moscas ou mosquitos que brigam entre si, lutam, armam ciladas uns para os outros, roubam uns aos outros, brincam, dão cambalhotas, nascem, caem e morrem; e é inacreditável que tumultos, que tragédias, produza um tão minúsculo animal destinado a depressa perecer. Freqüentemente, devido a uma curta guerra ou ao ataque de uma epidemia, desaparecem ao mesmo tempo muitos milhares deles!

ERASMO DE ROTTERDAM (1511)

Se um homem meditar muito a respeito da constituição universal da natureza, a Terra com o homem sobre ela (excluindo-se a divindade das almas) não parecerá muito diferente de um formigueiro, onde algumas formigas transportam grãos, outras, seus filhos, e algumas nada carregam, e todas se deslocam de um lado para outro sobre um monturo de terra.

FRANCIS BACON (1605)

II.9. O PONTO DE VISTA CÓSMICO

Cada um de nós vive sua própria vida — vive consigo vinte e quatro horas por dia. O que se esperaria que fizéssemos — que vivêssemos a vida de outrem? Não obstante, os humanos possuem a peculiar capacidade de recuar e examinar a si mesmos e às vidas em que estão engajados com aquele espanto distanciado que advém da observação de uma formiga que peleja para escalar um punhado de areia. Sem nutrir a ilusão de que são capazes de escapar de sua posição altamente específica e idiossincrática, eles podem encará-la *sub specie aeternitatis* [do ponto de vista da eternidade] — e a visão obtida é a um só tempo restauradora da sobriedade e cômica.

THOMAS NAGEL (1971)

FILO: Olhe ao redor deste universo. Que imensa profusão de seres, animados e organizados, sensíveis e ativos! Você [Cleanthes] admira essa prodigiosa variedade e fecundidade. Examine, porém, um pouco mais de perto essas criaturas dotadas de vida, os únicos seres dignos de consideração. Que hostilidade e destrutividade entre eles! Quão incapazes, todos, de garantir a própria felicidade! Quão odiosos ou desprezíveis aos olhos de quem os contempla! O conjunto de tudo isso nada nos oferece a não ser a idéia de uma natureza cega, impregnada de um grande princípio vivificador e despejando do seu colo, sem discernimento ou cuidado materno, sua prole desfigurada e abortiva.

DAVID HUME (1779)

Este mundo é o campo de batalha de seres atormentados e agonizantes que continuam a existir apenas devorando-se uns aos outros.

SCHOPENHAUER (1844)

11.9. O PONTO DE VISTA CÓSMICO

Mefistófeles contou a história da Criação para o dr. Fausto em seu gabinete dizendo: "Os louvores incessantes dos corais de anjos começaram a ficar tediosos. [...] Não seria mais divertido [perguntou-se o Criador] receber louvores sem merecê-los e ser venerado por seres que Ele torturava? Ele sorriu e decidiu dar início ao grande drama. Por eras incontáveis, a nebulosa incandescente girou sem rumo no espaço. Aos poucos, porém, começou a tomar forma: da massa central foram expelidos os planetas, os planetas resfriaram, mares fervilhantes e montanhas em chamas se agitaram, massas de nuvens negras despejaram torrentes de chuvas escaldantes que varreram a crosta mal solidificada. Surgiu então o primeiro germe de vida na profundeza do oceano e se desenvolveu velozmente sob o calor fecundo até formar as gigantescas árvores da floresta, as samambaias imensas que brotam dos alagadiços, os monstros marinhos que copulam, combatem e se entredevoram antes de perecer. E dos monstros, à medida que a trama se desenrola, nasce o Homem, com o poder de raciocinar, discernir entre o bem e o mal, e uma fome cruel de adorar. E o Homem viu que tudo passa nesse mundo insano e monstruoso, que tudo peleja para agarrar, a qualquer custo, breves instantes de vida antes do decreto inexorável da Morte. E o Homem disse: 'Existe um propósito oculto, se ao menos pudéssemos detectá-lo, e o propósito é bom; pois devemos reverenciar algo e no mundo visível não há nada digno de reverência'. [...] E, quando ele seguiu os instintos que Deus tinha lhe transmitido dos seus ancestrais predadores, chamou a isso de Pecado e pediu a Deus que o perdoasse. [...] E ele agradeceu a Deus pela força que lhe permitiu abrir mão mesmo das alegrias que eram possíveis. E Deus sorriu; e, quando viu que o Homem havia se tornado

II.9. O PONTO DE VISTA CÓSMICO

perfeito na renúncia e na adoração, lançou aos céus outro sol, que colidiu com o Sol do homem; e tudo retornou à nebulosa. 'Sim', Ele murmurou, 'foi um belo espetáculo; vou mandar que repitam.'" Tal é o mundo, em suma, mas ainda mais desprovido de propósito e mais vazio de sentido, que a ciência oferece à nossa crença.

BERTRAND RUSSELL (1903)

MACBETH: Uma lenda contada por um idiota, plena de som e fúria, sem nenhum significado.

SHAKESPEARE (1606)

Segundo a teoria da evolução mecânica, embora as leis da redistribuição da matéria e do movimento sejam responsáveis por todas as boas horas que nossos organismos alguma vez nos proporcionaram [...], elas fatalmente vão desfazer de novo o seu trabalho e redissolver tudo aquilo que uma vez fizeram evoluir. Todos conhecem a imagem do estado final do universo prognosticada pela ciência evolucionária. Eu não poderia enunciá-lo melhor do que nas palavras do sr. Balfour: "As energias do nosso sistema decairão, a glória do Sol se apagará, e a Terra, inerte e prostrada, não mais tolerará a espécie que por um instante perturbou sua solitude. O homem descerá ao fundo do poço, e todos os seus pensamentos perecerão. A consciência inquieta que, a partir desse canto obscuro, rompeu o silêncio apaziguado por um breve intervalo, vai por fim repousar. A matéria não mais conhecerá a si mesma. 'Monumentos imperecíveis' e 'feitos imortais', a própria morte e o amor mais forte que a morte serão como se nunca tivessem existido".

WILLIAM JAMES (1907)

II.9. O PONTO DE VISTA CÓSMICO

Muito pouco semelhante à conduta de um filósofo foi o protesto feito por Voltaire por ocasião da catástrofe de Lisboa [terremoto de 1755], quando trouxe ao banco dos réus, de modo quase blasfemo, a própria Divindade. Afinal, não somos todos nós e tudo o que nos pertence, inclusive a Terra, nossa morada, tributários dos elementos? E, quando esses mesmos elementos, de acordo com as leis sempre atuantes da natureza, se insurgem periodicamente e reclamam o que lhes pertence; quando o fogo e a terra, o ar e os ventos, que tornaram a nossa Terra habitável e fecunda, seguem seu curso e destroem-na; quando o Sol, depois de nos aquecer longamente com seu carinho paternal, [...] por fim atrai até o seu regaço incandescente os poderes já exauridos da Terra, que ela não mais renova ou mantém — o que não vem a ser tudo isso, senão o fato de que as leis eternas da sabedoria e da ordem assim exigem? Num sistema de coisas mutáveis, se o progresso deve ter lugar, então tem de haver destruição: destruição aparente, quer dizer, ou mudança de formas e figuras. Mas isso jamais afeta o interior da natureza, o qual, elevado acima de toda destruição, continuamente ressurge como uma fênix de suas cinzas e floresce com um vigor juvenil. A formação de nossa abóbada terrestre e de todas as substâncias que ela pode gerar já deveriam ter nos preparado para a fragilidade e a mutabilidade da história do homem; e, quanto mais de perto a examinamos, mais claramente isso se revela à nossa percepção.

HERDER (1791)

Quando refletimos sobre a brevidade e a incerteza da vida, quão desprezíveis parecem todos os nossos anseios de felicidade? E, mesmo

11.9. O PONTO DE VISTA CÓSMICO

que estendêssemos nossa atenção para além de nossa própria vida, quão frívolos parecem nossos projetos mais vastos e generosos quando consideramos as mudanças e as revoluções incessantes nos assuntos humanos, por meio das quais as leis e a cultura, os livros e os governos são postos de lado apressadamente pelo tempo, como por uma correnteza ligeira, e se perdem no imenso oceano da matéria? Tal reflexão seguramente tende a mortificar todas as nossas paixões. Não ajuda ela, porém, a desse modo contrabalançar o artifício da natureza que felizmente nos leva ao engano de acreditar que a vida humana tem alguma importância? E não poderia tal reflexão ser empregada com sucesso por pensadores voluptuosos, com o intuito de nos afastar dos caminhos da ação e da virtude rumo aos campos floridos da indolência e do prazer?

DAVID HUME (1753)

O tamanho e a idade do Cosmos estão além da compreensão humana comum. Perdido em algum lugar entre a imensidão e a eternidade está o nosso pequenino lar planetário.

CARL SAGAN (1981)

Discordo de alguns amigos que atribuem grande importância ao tamanho físico [do universo]. Não me sinto absolutamente humilde diante da vastidão do espaço. As estrelas podem ser grandes, mas não pensam nem amam — qualidades que impressionam bem mais que o tamanho. Não acho vantajoso pesar quase cento e vinte quilos.

F. P. RAMSEY (1925)

II.9. O PONTO DE VISTA CÓSMICO

Duas coisas me enchem a mente de crescente admiração e respeito, quanto mais intensa e freqüentemente o pensamento delas se ocupa: o céu estrelado sobre mim e a lei natural dentro de mim.

KANT (1788)

III

ÉTICA PESSOAL:
VÍCIOS, VIRTUDES, VALORES

1. Autoconhecimento e auto-engano

Conhece-te a ti mesmo.
INSCRIÇÃO NO TEMPLO DE APOLO EM DELFOS

SÓCRATES: Eu, de minha parte, certamente não disponho de tempo para a tarefa, e digo-lhe o porquê, meu amigo. Eu ainda não pude, até este momento, "conhecer-me a mim mesmo", como a inscrição em Delfos recomenda, e, enquanto durar esta ignorância, parece-me ridículo investigar assuntos remotos e alheios. Conseqüentemente, não me preocupo com tais coisas, mas aceito as crenças correntes sobre elas, e dirijo as minhas investigações, como acabei de dizer, para mim mesmo, a fim de descobrir se sou de fato uma criatura mais complexa e inflada de orgulho que Tifão [monstro mítico de cem cabeças], ou um ser mais gentil, mais simples, que os céus abençoaram com uma natureza serena e não tifônica.
PLATÃO (SÉCULO IV A.C.)

SÓCRATES: Em cada um de nós, mesmo naqueles que parecem mais respeitáveis, existem desejos, terríveis em seu indomável desgoverno, que se revelam por meio dos sonhos.
PLATÃO (SÉCULO IV A.C.)

III.1. AUTOCONHECIMENTO E AUTO-ENGANO

A alma humana quando sonha, desligada do corpo, é a um só tempo o teatro, os atores e a platéia.

JOSEPH ADDISON (1712)

O coração humano possui tantos interstícios em que a vaidade se esconde, tantos orifícios em que a falsidade espreita, e está tão ornado de hipocrisia enganosa que ele com freqüência trapaceia a si próprio.

CALVINO (1535)

O coração é falso como ninguém; é incurável, quem poderá conhecê-lo?

JEREMIAS (SÉCULO VII A.C.)

Ninguém sabe o que verdadeiramente sente: é possível sentirmos alívio com a morte de alguém querido, e julgar que estamos sentindo pena, porque é isso que se deve sentir nessas ocasiões; a maioria da gente sente convencionalmente, embora com a maior sinceridade humana.

ÁLVARO DE CAMPOS/FERNANDO PESSOA (SEM DATA)

A possibilidade de o cérebro estar tendo seqüências inteiras de pensamentos, sentimentos e percepções separadas da mente em seu estado normal é provavelmente análoga à dupla individualidade implicada pelo hábito, quando atuamos inconscientemente com relação ao eu [*self*] mais energético.

DARWIN (1838)

III.1. AUTOCONHECIMENTO E AUTO-ENGANO

Aquilo que os homens têm mais dificuldade em compreender, desde os tempos mais remotos até o presente, é a sua ignorância acerca deles mesmos! Não só no que diz respeito ao bem e ao mal, mas no que concerne a coisas muito mais essenciais! A ilusão primordial segundo a qual saberíamos, e saberíamos precisamente e em cada caso, como se produzem as ações humanas, ainda continua viva. [...] Desse modo, nós somos necessariamente estranhos para nós mesmos, nós não nos compreendemos, nós estamos fadados a nos mal-entender, para nós a lei "não há ninguém que não seja desconhecido de si mesmo" vale para toda a eternidade.

NIETZSCHE (1881 & 1887)

Não se consegue escrever algo sobre si mesmo que seja mais verdadeiro do que aquilo que se é. Essa é a diferença entre escrever sobre si mesmo e escrever sobre objetos externos. Escreve-se sobre si mesmo da sua própria altura, não apoiado em muletas ou andaimes, mas com os pés descalços.

WITTGENSTEIN (1937)

A linguagem e os preconceitos em que se baseia a linguagem nos criam diversos obstáculos no exame de processos e impulsos interiores: por exemplo, no fato de realmente só haver palavras para graus *superlativos* desses processos e impulsos —; mas estamos acostumados a não mais observar com precisão ali onde nos faltam as palavras, pois é custoso ali pensar com precisão [...]. Raiva, ódio, amor, compaixão, cobiça, conhecimento, alegria, dor — estes são todos nomes para estados *extremos*: os graus mais suaves e medianos, e mesmo os

III.1. AUTOCONHECIMENTO E AUTO-ENGANO

graus mais baixos, continuamente presentes, nos escapam, e, no entanto, são justamente eles que tecem a trama de nosso caráter e nosso destino. [...] Aquilo que parecemos ser, conforme os estados para os quais temos consciência e palavras — e, portanto, elogio e censura — *nenhum de nós o é*; por essas manifestações grosseiras, as únicas que nos são conhecidas, nós nos *conhecemos mal*, nós tiramos conclusão de um material em que, via de regra, as exceções predominam, nós nos equivocamos na leitura da escrita aparentemente clara de nosso ser.

NIETZSCHE (1881)

O ser humano sabe que existem na alma colorações mais desconcertantes, mais inumeráveis e mais desconhecidas que as cores de uma floresta outonal. [...] Acredita, não obstante, que essas colorações, em todas as suas fusões e gradações, são passíveis de representação precisa por meio de um mecanismo arbitrário de grunhidos e trinados. Ele crê que do interior de uma cavidade realmente saiam ruídos que significam todos os mistérios da memória e todas as agonias do desejo.

G. K. CHESTERTON (1904)

O mundo em que vivemos e o meu mundo interno são ambos entidades complexas, impossíveis de serem descritos por fórmulas simples ou, de fato, por qualquer conjunto de palavras que eu pudesse redigir ao longo de uma vida. Portanto, sempre me mantive cético acerca da máxima "uma vida não examinada não vale a pena ser vivida". É parte da minha filosofia de vida que vida alguma jamais poderá ser

III.1. AUTOCONHECIMENTO E AUTO-ENGANO

plenamente examinada e que as tentativas de fazê-lo nunca estão livres do auto-engano.

KENNETH ARROW (1992)

Estamos tão acostumados a nos esconder dos outros que terminamos nos escondendo de nós mesmos.

LA ROCHEFOUCAULD (1665)

À força de embaçar os outros, embaça-se um homem a si mesmo, porque em tal caso poupa-se o vexame, que é uma sensação penosa, e a hipocrisia, que é um vício hediondo.

MACHADO DE ASSIS (1881)

É tão fácil nos enganarmos a nós mesmos sem percebê-lo como é difícil enganarmos os outros sem que eles percebam.

LA ROCHEFOUCAULD (1665)

[Se a prática do] engano é fundamental para a comunicação animal, então deve haver uma forte seleção para detectar enganos, e isso deve promover, por sua vez, a seleção de algum grau de auto-engano, tornando alguns fatos e motivações inconscientes de modo a não deixar transparecer — pelos sinais sutis do autoconhecimento — o engano sendo praticado. [...] A noção convencional de que a seleção natural favorece sistemas nervosos capazes de produzir imagens cada vez mais acuradas do mundo é seguramente uma visão muito ingênua da evolução mental.

ROBERT TRIVERS (1976)

III.1. AUTOCONHECIMENTO E AUTO-ENGANO

A seleção [natural] pode ter favorecido tendências para que os humanos não estejam cientes daquilo que realmente eles estão fazendo e por que o fazem.

RICHARD ALEXANDER (1974)

Quem compreender o macaco fará mais pela metafísica do que Locke.

DARWIN (1838)

"Conhece-te a ti mesmo" é toda a ciência. — Apenas no final do conhecimento de todas as coisas o homem terá conhecido a si mesmo. Pois as coisas são apenas as fronteiras do homem.

NIETZSCHE (1881)

Conhece-te a ti mesmo! — De que me há de servir? Se a mim me conhecesse, desatava a fugir. [...] Com isto confesso que a grande tarefa — Conhece-te a ti mesmo! —, que soa tão importante, sempre me pareceu suspeita, como um ardil de padres secretamente coligados que quisessem perturbar o homem por meio de exigências inatingíveis e desviá-lo da atividade no mundo externo para uma falsa contemplação interior. [...] Cada novo objeto, bem observado, abre em nós um novo órgão. Do máximo proveito nesse sentido são, porém, os nossos semelhantes, que têm a vantagem de nos compararem com o mundo a partir de seu próprio ponto de vista, e por isso atingem um melhor conhecimento de nós que nós mesmos podemos alcançar.

GOETHE (1829)

III.1. AUTOCONHECIMENTO E AUTO-ENGANO

Nada é tão difícil quanto não se enganar a si próprio.

WITTGENSTEIN (1938)

Se existisse um verbo que significasse "acreditar falsamente", ele não teria uma primeira pessoa do presente do indicativo dotada de significado.

WITTGENSTEIN (1953)

A mentira mais freqüente é aquela que se conta para si mesmo; mentir para os outros é relativamente a exceção.

NIETZSCHE (1888)

Homens de natureza vivaz mentem só por um instante: logo em seguida eles mentem para si mesmos e ficam convencidos e se sentem honestos.

NIETZSCHE (1881)

Existe um modo de descobrir se um homem é honesto: pergunte a ele. Se ele disser que sim, sabemos que é desonesto.

MARK TWAIN (SEM DATA)

A maioria dos homens são maus juízes quando seus próprios interesses estão envolvidos.

ARISTÓTELES (SÉCULO IV A.C.)

Nem ao homem mais imparcial do mundo é permitido que se torne juiz em seu próprio caso.

PASCAL (1662)

III.1. AUTOCONHECIMENTO E AUTO-ENGANO

Não existe objeto de nossas paixões, não importa quão vil ou desprezível possa parecer, que deixemos de julgar como bom quando sentimos prazer em possuí-lo. [...] Todas as coisas são merecedoras de amor ou aversão, seja em si mesmas, seja por meio de algo a que estejam associadas; e, quando somos movidos por alguma paixão, nós rapidamente descobrimos no objeto o bem ou o mal que a alimenta. [...] Isso é suficiente para fazer a razão, comumente um instrumento do prazer, funcionar de modo a defender a causa desse prazer.

MALEBRANCHE (1674)

Existem duas ocasiões distintas em que examinamos nossa própria conduta e buscamos vê-la sob a luz em que o espectador imparcial a veria: primeiro, quando estamos prestes a agir; e, segundo, depois que agimos. Em ambos os casos os nossos juízos tendem a ser bastante parciais, mas eles tendem a se tornar ainda mais parciais quando seria da maior importância que não fossem. Quando estamos prestes a agir, a veemência da paixão raramente nos permitirá considerá-la com a isenção de uma pessoa neutra. As violentas emoções que nesse momento nos agitam distorcem nossos juízos sobre as coisas, mesmo quando buscamos nos colocar na situação de outra pessoa. [...] Por essa razão, como diz o padre Malebranche, as nossas paixões todas se justificam a si próprias, e parecem razoáveis e proporcionais aos seus objetos enquanto nós as permanecemos sentindo. [...] A opinião que cultivamos do nosso próprio caráter depende inteiramente dos nossos juízos acerca de nossa conduta passada. Mas é tão desagradável pensarmos mal de nós mesmos que amiúde afastamos propositalmente o nosso olhar das circunstâncias que poderiam tornar o julga-

III.1. AUTOCONHECIMENTO E AUTO-ENGANO

mento desfavorável. [...] Esse auto-engano, essa fraqueza fatal dos homens, é a fonte de metade das desordens da vida humana. Se pudéssemos nos ver como os outros nos vêem, ou como veriam se estivessem a par de tudo, uma reforma geral seria inevitável. Seria impossível, de outro modo, suportar a visão.

ADAM SMITH (1759)

Não há nada com relação ao caráter dos homens que seja mais surpreendente ou inexplicável do que esta parcialidade a favor de si próprios que se observa em muitos deles; e não há nada mais melancólico que se possa refletir acerca da moralidade, virtude e religião. [...] Daí que muitos homens parecem ser completamente alheios ao seu próprio caráter, revelando uma auto-ignorância e autoparcialidade nos mais diferentes graus. Salomão observou isso sob uma luz intensa quando disse: "Aquele que confia em seu próprio coração é um tolo". Essa é, também, a razão por que o preceito "Conhece-te a ti mesmo" foi tão freqüentemente inculcado pelos filósofos antigos. Pois, se não fosse por essa consideração parcial e carinhosa que temos por nós mesmos, decerto não seria difícil conhecer nosso próprio caráter, e muito menos haveria qualquer dificuldade em julgar corretamente nossas próprias ações. [...] Existe claramente, na generalidade dos homens, uma ausência de dúvida e desconfiança, em grande medida, no tocante ao seu caráter moral e comportamento, assim como uma disposição em dar como certa a crença de que tudo está bem com eles no que diz respeito a isso.

JOSEPH BUTLER (1726)

III.1. AUTOCONHECIMENTO E AUTO-ENGANO

Agora me diga: pode um homem que odeia a si próprio amar alguém? Pode ele estar em harmonia com alguém se está internamente cindido, ou dar prazer a alguém se é apenas um peso detestável para si mesmo? Ninguém, suponho, dirá que pode, a não ser que seja mais louco ainda que a Loucura. Pois bem, remova-me [a Loucura], e ninguém mais conseguirá suportar seu semelhante; cada um passará a feder em suas próprias narinas e a considerar tudo a seu próprio respeito fétido e repulsivo. [...] O que existe de mais tolo que a auto-satisfação e a auto-admiração? Mas como agir com graça, brilho e encanto se não se está satisfeito consigo mesmo? Retire esse sal da vida, e imediatamente o orador se tornará maçante, o músico produzirá tédio com sua melodia, o desempenho do ator será vaiado, o poeta e as musas serão objeto de riso, o pintor e suas obras perderão valor, e o médico passará fome com seus remédios.

ERASMO DE ROTTERDAM (1511)

Existem somente dois tipos de homem: os íntegros que se consideram pecadores e os pecadores que se consideram íntegros.

PASCAL (1662)

[Bentinho, arrependido, promete rezar pela saúde de d. Glória, sua mãe.] Então levado do remorso, usei ainda uma vez do meu velho meio das promessas espirituais, e pedi a Deus que me perdoasse e salvasse a vida de minha mãe, e eu lhe rezaria dois mil padre-nossos. Padre que me lês, perdoa este recurso; foi a última vez que o empreguei. A crise em que me achava, não menos que o costume e a fé,

III.1. AUTOCONHECIMENTO E AUTO-ENGANO

explica tudo. Eram mais dois mil, onde iam os antigos? Não paguei uns nem outros, mas saindo de almas cândidas e verdadeiras tais promessas são como a moeda fiduciária, — ainda que o devedor as não pague, valem a soma que dizem.

MACHADO DE ASSIS (1900)

Ninguém é capaz de verdadeiramente se dizer imundo. Pois, se eu de fato disser tal coisa, embora possa ser verdade em algum sentido, não será uma verdade pela qual eu mesmo possa ser tomado: se assim fosse, eu deveria enlouquecer ou transformar-me.

WITTGENSTEIN (1937)

Minha alma tem sido uma estranha no curso de minha peregrinação.

FRANCIS BACON (1621)*

Nas lembranças de cada homem há coisas que ele não revelará para todos, mas apenas para seus amigos. Há outras coisas que ele não revelará nem mesmo para seus amigos, mas apenas para si próprio, e ainda somente com a promessa de manter segredo. Finalmente, há algumas coisas que um homem teme revelar até para si mesmo, e qualquer homem honesto acumula um número bem considerável de tais coisas. Quer dizer, quanto mais respeitável é um homem, mais dessas coisas ele tem.

DOSTOIEVSKI (1864)

---

* Verso redigido pelo filósofo/magistrado após sua condenação por corrupção em 1621.

2. O desconhecimento do outro

— Eles falam mal de mim? Ah, se me conhecessem como eu me conheço!

EPITETO (SÉCULO II D.C.)

Como é por dentro outra pessoa? Quem é que o saberá sonhar? A alma de outrem é outro universo, com que não há comunicação possível, com que não há verdadeiro entendimento. Nada sabemos da alma senão da nossa; as dos outros são olhares, são gestos, são palavras, com a suposição de qualquer semelhança no fundo.

FERNANDO PESSOA (1934)

Se alguma coisa há que esta vida tem para nós, e, salvo a mesma vida, tenhamos que agradecer aos deuses, é o dom de nos desconhecermos: de nos desconhecermos a nós mesmos e de nos desconhecermos uns aos outros. A alma humana é um abismo escuro e viscoso, um poço que não se usa na superfície do mundo. Ninguém se amaria a si mesmo se deveras se conhecesse, e assim, não havendo a vaidade, que é o sangue da vida espiritual, morreríamos na alma de anemia. Ninguém conhece o outro, e ainda bem que não o conhece, e, se o conhe-

III.2. O DESCONHECIMENTO DO OUTRO

cesse, conheceria nele, ainda que mãe, mulher ou filho, o íntimo, metafísico inimigo. Entendemo-nos porque nos ignoramos. Que seria de tantos cônjuges felizes se pudessem ver um na alma do outro, se pudessem compreender-se, como dizem os românticos, que não sabem o perigo — se bem que perigo fútil — do que dizem. [...] A vida que se vive é um desentendimento fluido, uma média alegre entre a grandeza que não há e a felicidade que não pode haver.

BERNARDO SOARES/FERNANDO PESSOA (1931)

Apenas pondere consigo mesmo como são diversos os sentimentos, como são divididas as opiniões, mesmo entre os conhecidos mais próximos; e como até mesmo opiniões iguais têm, na cabeça de seus amigos, posição ou força muito diferente da que têm na sua: como são múltiplas as ocasiões para o mal-entendido e para a ruptura hostil. Depois disso, você dirá a si mesmo: como é inseguro o terreno em que repousam as nossas alianças e amizades, como estão próximos os frios temporais e o tempo feio, como é isolado cada ser humano! Se alguém se dá conta disso, e também de que todas as opiniões, sejam de que espécie e intensidade forem, são para os nossos amigos tão necessárias e independentes de sua responsabilidade como seus atos; se alguém chega a compreender como essa necessidade interna das opiniões decorre do indissolúvel entrelaçamento de caráter, ocupação, talento e ambiente — talvez se livre da amargura e aspereza de sentimento que levou aquele sábio a lamentar: "Amigos, não há amigos!". Essa pessoa dirá antes a si mesma: sim, há amigos, mas foram os erros e ilusões deles acerca de você que os conduziram até você; e eles devem ter aprendido a calar, a fim de continuar seus amigos; pois quase sem-

III.2. O DESCONHECIMENTO DO OUTRO

pre tais laços humanos se baseiam em que certas coisas jamais serão ditas nem tocadas: se essas pedrinhas começam a rolar, porém, a amizade segue atrás e se rompe. Haverá homens que não seriam fatalmente feridos se soubessem o que a respeito deles sabem no fundo seus mais íntimos amigos? — Conhecendo a nós mesmos e vendo o nosso ser como uma esfera cambiante de opiniões e humores, aprendendo assim a nos menosprezar um pouco, colocamo-nos novamente em equilíbrio com os outros.

NIETZSCHE (1878)

Todos nós temos uma prodigiosa parcialidade em favor de nós mesmos, e, se sempre déssemos vazão a esses nossos sentimentos, causaríamos a maior indignação uns aos outros, não somente pela presença imediata de um objeto de comparação tão desagradável, mas também pela contrariedade de nossos respectivos juízos. Assim, do mesmo modo que estabelecemos o *direito natural* para assegurar a propriedade dentro da sociedade e impedir o choque entre interesses pessoais, também estabelecemos as *regras da boa educação*, a fim de impedir o choque entre os orgulhos dos homens e tornar seu relacionamento agradável e inofensivo. Nada é mais desagradável que um homem com uma imagem presunçosa de si mesmo, embora quase todo mundo tenha uma forte inclinação para esse vício.

DAVID HUME (1740)

Portanto, desconhecendo as particularidades de cada caso, aventuro-me a assegurar a todos aqueles que pensam ter recebido tratamento indigno ou injurioso que eles podem estar até certo ponto seguros de

III.2. O DESCONHECIMENTO DO OUTRO

que a ofensa não é tão grande quanto imaginam. Nós estamos em situação de tal modo peculiar com respeito às injúrias que nos são cometidas que dificilmente podemos vê-las como realmente são, assim como o olho não pode ver a si próprio. Se pudéssemos nos colocar na devida distância, isto é, ser realmente sem preconceito, nós com freqüência perceberíamos que, no fundo, não é mais que descuido e equívoco de nosso inimigo aquilo que imaginamos ser malícia ou desprezo.

JOSEPH BUTLER (1726)

Se a todos nós fosse concedido o poder, como num passe de mágica, de ler a mente uns dos outros, suponho que o primeiro efeito seria que quase todas as amizades se desfariam. O segundo efeito, entretanto, poderia ser excelente, pois um mundo sem amigos seria sentido como intolerável, e nós teríamos de aprender a gostar uns dos outros sem a necessidade de um véu de ilusão para esconder de nós mesmos que não nos consideramos uns aos outros pessoas absolutamente perfeitas. Sabemos que nossos amigos têm suas falhas, e que apesar disso são pessoas de um modo geral aprazíveis das quais gostamos. Consideramos intolerável, no entanto, que tenham a mesma atitude conosco. Esperamos que pensem que, ao contrário do resto da humanidade, nós não temos falhas. Quando somos compelidos a reconhecer que temos falhas, tomamos esse fato óbvio com demasiada seriedade.

BERTRAND RUSSELL (1930)

III.2. O DESCONHECIMENTO DO OUTRO

Digo em verdade que se todos os homens soubessem o que dizem uns dos outros, não haveria quatro amigos no mundo. Isso se vê pelas querelas que provocam as indiscrições ocasionais.

PASCAL (1662)

Há muito mais coisas acontecendo todo o tempo dentro de nós do que estamos dispostos a expressar, e a civilização seria impossível se pudéssemos todos ler a mente uns dos outros. Fora qualquer outra coisa, existe a luxúria tropical brutamente caótica da vida interior. Para citar Simmel: "Tudo aquilo que comunicamos a outro indivíduo por meio de palavras ou quiçá de outra forma — mesmo nos assuntos mais íntimos, subjetivos e impulsivos — é apenas uma seleção daquele todo psicológico real cujo relato fidedigno (absolutamente exato em termos de conteúdo e seqüência) implicaria o envio de todos sem exceção para o manicômio".

THOMAS NAGEL (2002)

Cada um de nós é só o raio estético que há no interior do seu pensamento, e, enquanto não se conhece a natureza desse raio, não se tem idéia do que o homem realmente é.

JOAQUIM NABUCO (1900)

Quem suportaria ter como amigo ou familiar um velho que aliasse, à experiência completa da vida, a vantagem do vigor mental e do juízo penetrante?

ERASMO DE ROTTERDAM (1511)

III.2. O DESCONHECIMENTO DO OUTRO

GARCIN: O inferno são os outros.

SARTRE (1944)

O que é a tolerância? Trata-se de uma prerrogativa da humanidade. Estamos todos imersos em erros e fraquezas: perdoemo-nos reciprocamente as nossas tolices, eis a primeira lei da natureza.

VOLTAIRE (1764)

3. A vida desde o início *versus* a vida desde o fim

REI CRESO: Temos ouvido muito, estrangeiro de Atenas, sobre a sua sabedoria e suas viagens por muitas terras, pelo amor ao conhecimento e desejo de ver o mundo. Estou curioso, portanto, de perguntar a você quem é, entre todos os homens que conheceu, aquele que você considera mais feliz. [...] SÓLON: Você me indaga sobre a condição do homem, Creso, a mim, que não desconheço que o poder que existe acima de nós está repleto de traiçoeiro ciúme e adora perturbar nosso destino. [...] Quanto a você, Creso, vejo que possui maravilhosas riquezas e que é senhor de muitas nações; porém, com relação à sua questão, não tenho resposta a dar até saber que você completou sua vida em condição feliz [...], pois muitas vezes os deuses dão aos homens um bafejo de felicidade e depois os afundam em ruína.

HERÓDOTO (SÉCULO V A.C.)

CORO: Olhe sempre o último dia. Não considere nenhum mortal feliz até que ele tenha morrido.

SÓFOCLES (SÉCULO V A.C.)

III.3. A VIDA DESDE O INÍCIO *VERSUS* A VIDA DESDE O FIM

Ninguém deveria, então, ser considerado feliz enquanto permanecer vivo? Será preciso, como diz Sólon, ver o fim?

ARISTÓTELES (SÉCULO IV A.C.)

Somente o homem que alcança a velhice adquire uma imagem mental completa e consistente da vida. Pois ele a vê por inteiro e no seu curso natural; especificamente, ele a vê não apenas do ponto de vista da entrada, como os demais, mas também da saída. Desse modo, ele percebe especialmente e de forma plena sua consumada vaidade, ao passo que os outros permanecem ainda presos à idéia errônea de que tudo pode ainda se endireitar no final. [...] A característica fundamental da velhice é a desilusão. As ilusões que conferiam à vida o seu charme e nos instigavam a agir se dissiparam. [...] Apenas quando se tem setenta anos de idade é que se pode compreender plenamente o primeiro verso do Eclesiastes ["Vaidade das vaidades, tudo é vaidade"].

SCHOPENHAUER (1851)

O filósofo e a velhice. — Não é bom deixar a noite julgar o dia: pois com freqüência o cansaço torna-se juiz da força, do êxito e da boa vontade. Assim também é aconselhável extrema cautela em relação à *idade* e seu julgamento da vida, uma vez que a velhice, como a noite, ama disfarçar-se de uma nova e atraente moralidade e sabe humilhar o dia com os vermelhos do crepúsculo e o silêncio apaziguador ou nostálgico.

NIETZSCHE (1881)

III.3. A VIDA DESDE O INÍCIO *VERSUS* A VIDA DESDE O FIM

As pessoas sempre imaginam que precisamos ficar velhos para virar sábios, mas, na verdade, à medida que os anos avançam, é difícil nos mantermos tão sábios como éramos. De fato, o homem se torna um ser distinto em diferentes etapas da vida. Mas ele não pode dizer que se tornou melhor, e, em alguns aspectos, é igualmente provável que ele esteja certo aos vinte ou aos sessenta. Vemos o mundo de um modo a partir da planície, de outro a partir do topo de uma escarpa, e de outro ainda das geleiras de uma cordilheira. De alguns desses pontos podemos ver uma porção maior do mundo que de outros, mas isso é tudo. Não se pode dizer que vemos de modo mais verdadeiro de um desses pontos que dos restantes.

GOETHE (1831)

Os jovens amam o que é interessante e peculiar, não importa até onde seja verdadeiro ou falso. Espíritos mais maduros amam na verdade aquilo que nela é interessante e peculiar. Por fim, cabeças totalmente amadurecidas amam a verdade também onde ela parece ingênua e simples e é enfadonha para o homem comum, porque notaram que a verdade costuma dizer com ar de simplicidade o que tem de mais alto em espírito.

NIETZSCHE (1878)

Sei que meu nascimento é fortuito, um acidente risível. Não obstante, tão logo me esqueço de mim mesmo, comporto-me como se fosse um evento capital, indispensável para o progresso e o equilíbrio do mundo.

E. M. CIORAN (1973)

III.3. A VIDA DESDE O INÍCIO *VERSUS* A VIDA DESDE O FIM

Encarada do ponto de vista da juventude, a vida é um futuro indefinidamente longo, ao passo que na velhice ela parece um passado deveras curto. Assim, a vida no seu início se apresenta da mesma maneira que as coisas quando nós as olhamos através de um binóculo usado ao contrário, mas, no seu final, ela se parece com as coisas tal como são vistas quando o binóculo é usado do modo normal. Um homem precisa ter envelhecido e vivido bastante para perceber quão curta é a vida.

SCHOPENHAUER (1851)

Todo feito de promessas é o pobre homem procrastinador. E isso em cada etapa [da vida]. Enquanto jovens, de fato, por vezes plenos de contentamento altivamente repousamos, despreocupados de nós mesmos, e somente desejamos, como filhos devotos, que nossos pais fossem mais sábios. Aos trinta nasce no homem a suspeita de que ele é um tolo; aos quarenta ele sabe disso, e revê seus planos. Aos cinqüenta maldiz sua infame demora e força em si mesmo a prudente intenção de resolver-se. Com toda a magnanimidade do pensamento ele resolve, re-resolve e, então, igualmente morre. E por quê? Porque ele se supõe imortal.

EDWARD YOUNG (1745)

Como acredita o homem, em sua juventude, estar tão perto de seu objetivo! É a mais bela de todas as ilusões com a qual a natureza ampara a fraqueza de nosso ser.

HÖLDERLIN (1797)

III.3. A VIDA DESDE O INÍCIO *VERSUS* A VIDA DESDE O FIM

Em nenhuma fase da vida humana o desprezo pelo risco e a esperança presunçosa de sucesso se encontram mais ativos do que naquela idade em que os jovens escolhem sua profissão.

ADAM SMITH (1776)

A juventude é uma longa intoxicação: ela é a razão em estado febril.

LA ROCHEFOUCAULD (1665)

A idade em que o otimismo alegre e espontâneo da juventude dá lugar a uma atitude de apreensão temerosa varia enormemente entre as pessoas e as profissões.

E. C. K. GONNER (1906)

Um dos ofícios do homem é fechar e apertar muito os olhos a ver se continua pela noite velha o sonho truncado da noite moça.

MACHADO DE ASSIS (1900)

Assim como, na segunda metade do verso, os maus poetas buscam o pensamento que se ajuste à rima, na segunda metade da vida, tendo se tornado mais receosas, as pessoas buscam as ações, atitudes e situações que combinem com as de sua vida anterior, de modo que exteriormente tudo seja harmonioso: mas sua vida já não é dominada e repetidamente orientada por um pensamento forte; no lugar deste surge a intenção de encontrar uma rima.

NIETZSCHE (1878)

III.3. A VIDA DESDE O INÍCIO *VERSUS* A VIDA DESDE O FIM

Cada ano traz novos problemas de forma e conteúdo, novos inimigos a cutucar: aos vinte tentei irritar os mais velhos; depois dos sessenta, são os jovens que espero incomodar.

W. H. AUDEN (1969)

POSAS: Diga-lhe que, quando ele [d. Carlos] for um homem-feito, ele deverá reverenciar os sonhos de sua juventude.

SCHILLER (1787)

Ao reler o seu livro [*A condição da classe operária na Inglaterra* (1844)], dei-me conta com pesar do avanço de nossa idade. Quão vigorosa e apaixonadamente, com que ousadia e ausência de dúvidas científicas tudo era ainda tratado ali! E a própria ilusão de que o resultado irromperia à luz clara da história logo no dia seguinte ou no próximo dá ao livro um tom caloroso e jovial, perto do qual o "cinza sobre cinza" de agora representa um maldito e desagradável contraste.

MARX (1863)*

Cedo ou tarde, a todo homem chega a grande renúncia. Para o jovem não existe nada inalcançável. Que algo bom e desejado com toda a força de uma vontade apaixonada seja impossível, não lhe parece crível. Mas, ou por meio da morte ou da doença, da pobreza ou da voz do dever, cada um de nós é forçado a aprender que o mundo não foi feito para nós e que, não importa quão belas as coisas que almejamos,

---

* Carta a Friedrich Engels.

III.3. A VIDA DESDE O INÍCIO *VERSUS* A VIDA DESDE O FIM

o destino pode, não obstante, proibi-las. É parte da coragem, quando a adversidade vem, suportá-la sem lamentar a derrocada de nossas esperanças, afastando nossos pensamentos de vãos arrependimentos. Esse grau de submissão [...] não é somente justo e correto: ele é o portal da sabedoria.

BERTRAND RUSSELL (1903)

Temos todos duas vidas: a verdadeira, que é a que sonhamos na infância, e a que continuamos sonhando, adultos num substrato de névoa; a falsa, que é a que vivemos em convivência com outros, que é a prática, a útil, aquela em que acabam por nos meter num caixão.

ÁLVARO DE CAMPOS/FERNANDO PESSOA (1933)

Sei que o papel que eu fazia não era bonito; mas já lá vão vinte e sete anos. Confio do Tempo, que é um insigne alquimista. Dá-se-lhe um punhado de lodo, ele o restitui em diamantes; quando menos, em cascalho. Assim é que, se um homem de Estado escrever e publicar suas memórias, tão sem escrúpulo, que lhes não falte nada, nem confidências pessoais, nem segredos do governo, nem até amores, amores particularíssimos e inconfessáveis, verá que escândalo levanta o livro. Dirão, e dirão bem, que o autor é um cínico, indigno dos homens que confiaram nele e das mulheres que o amaram. [...] Mas deixai pingar os anos na cuba de um século. Cheio o século, passa o livro a documento histórico, psicológico, anedótico. Hão de lê-lo a frio; estudar-se-á nele a vida íntima do nosso tempo, a maneira de amar, a de compor os ministérios e deitá-los abaixo, se as mulheres eram mais animosas que dissimuladas. [...] Daí a esperança que me fica, de não

III.3. A VIDA DESDE O INÍCIO *VERSUS* A VIDA DESDE O FIM

ser condenado absolutamente pela consciência dos que me lêem. Já lá vão vinte e sete anos!

MACHADO DE ASSIS (1882)

A natureza nos dá a vida, como dinheiro emprestado a juros, sem fixar o dia da restituição.

CÍCERO (SÉCULO II A.C.)

Com relação à *força vital* podemos nos comparar, até alcançarmos os trinta e seis anos de idade, aos que vivem da renda de juros: o que se gasta hoje é reposto amanhã. Porém, depois daquela idade, nossa posição é análoga à de alguém que, vivendo de rendas, passa a consumir seu capital. De início, mal se percebe; a maior parte das despesas é de novo automaticamente reposta, e um déficit pequeno não chega a ser notado. Gradualmente, contudo, ele cresce e se faz notar; o aumento se torna maior a cada dia. [...] O declínio se acelera cada vez mais no caminho, como a queda dos corpos, até que por fim nada mais resta. É deprimente quando as duas coisas aqui comparadas, a força vital e a propriedade, estão a ponto de sumir juntas. Por essa razão, o amor à posse cresce com a idade. Por outro lado, no começo da vida e até a maturidade, e mesmo algum tempo depois, nós nos parecemos, no tocante à força vital, com aqueles que adicionam uma parte dos juros ao seu capital. Pagam-se as despesas, e o capital ainda aumenta. [...] Ó juventude feliz! Ó triste velhice!

SCHOPENHAUER (1851)

III.3. A VIDA DESDE O INÍCIO *VERSUS* A VIDA DESDE O FIM

Os excessos da nossa juventude são saques sobre a nossa velhice, pagáveis com juros cerca de trinta anos mais tarde.

CHARLES COLTON (1821)

Na juventude vestimo-nos com arco-íris e avançamos destemidos como o zodíaco. Com a idade exalamos outro tipo de transpiração — artrite, febre, reumatismo, capricho, dúvida, ansiedade e avareza.

EMERSON (1870)

Tabaco, café, álcool, ácido prússico, estricnina — todos não passam de poções diluídas: o mais infalível veneno é o tempo. Essa taça, que a natureza nos põe nos lábios, possui uma propriedade maravilhosa que supera qualquer outra bebida. Ela abre os sentidos, adiciona poder e nos povoa de sonhos exaltados, a que chamamos esperança, amor, ambição, ciência. Em particular, ela desperta o desejo por maiores doses de si. Mas aqueles que tomam as maiores doses ficam embriagados, perdem estatura, força, beleza e sentidos, e terminam em fantasia e delírio. Nós adiamos nosso trabalho literário até que tenhamos maturidade e técnica para escrever, mas um dia descobrimos que nosso talento literário não passava de uma efervescência juvenil que perdemos.

EMERSON (1870)

Ó juventude que eu conheci tão diferente! Não há orações que outra vez te tragam, nunca mais! Não há caminho que me leve atrás?

HÖLDERLIN (1801)

III.3. A VIDA DESDE O INÍCIO *VERSUS* A VIDA DESDE O FIM

CATÃO: Se um poder divino me conferisse o privilégio de retroceder, caso eu desejasse, da minha idade atual à infância, e de começar de novo a partir do berço, eu me recusaria terminantemente a fazê-lo; pois, como me encontro já bem próximo do final da jornada, eu ficaria extremamente contrariado de ser chamado de volta e forçado a começar outra vez.

CÍCERO (SÉCULO II A.C.)

DEMEA: Pergunte-se a si mesmo, pergunte a qualquer um dos seus conhecidos, se eles concordariam em viver de novo os últimos dez ou vinte anos de suas vidas. Não! Mas os próximos vinte, eles dizem, serão melhores. "E dos despojos da vida eles esperam obter o que as primeiras e vivazes carreiras não puderam ofertar" [John Dryden].

DAVID HUME (1779)

E se um dia, ou uma noite, um demônio lhe aparecesse furtivamente em sua mais desolada solidão e dissesse: "Esta vida, como você a está vivendo e já viveu, você terá de viver mais uma vez e por incontáveis vezes; e nada haverá de novo nela, mas cada dor e cada prazer e cada suspiro e pensamento, e tudo o que é inefavelmente grande e pequeno em sua vida, terão de lhe suceder novamente, tudo na mesma seqüência e ordem [...]. A perene ampulheta do existir será sempre virada novamente — e você com ela, partícula de poeira!". — Você não se prostraria e rangeria os dentes e amaldiçoaria o demônio que assim falou? Ou você já experimentou um instante imenso, no qual lhe responderia: "Você é um deus e jamais ouvi coisa tão divina!". Se esse pensamento tomasse conta de você, tal como você é, ele o transformaria

III.3. A VIDA DESDE O INÍCIO *VERSUS* A VIDA DESDE O FIM

e o esmagaria talvez; a questão [...] "Você quer isso mais uma vez e por incontáveis vezes", pesaria sobre os seus atos como o maior dos pesos!

NIETZSCHE (1882)

Na juventude, dar-se conta a tempo das vantagens da velhice e, na velhice, preservar as vantagens da juventude — são ambos uma única e mesma dádiva.

GOETHE (1826)

O que desejamos na mocidade temos em abundância na velhice.

GOETHE (1830)

A velhice é uma tirana que proíbe todos os prazeres da juventude sob pena de morte.

LA ROCHEFOUCAULD (1665)

A velhice é a mais inesperada de todas as coisas que acontecem a um homem.

LEON TROTSKI (1929)

4. A ansiedade do tempo

O tempo é gasto a um preço altíssimo.
TEOFRASTO (SÉCULO III A.C.)

Se agarrares o momento antes que ele esteja maduro, as lágrimas do arrependimento tu decerto colherás; mas, se o momento certo alguma vez deixares escapar, as lágrimas do pesar tu jamais apagarás.
WILLIAM BLAKE (1789)

Aqueles que são pródigos com o seu tempo desprezam suas próprias almas.
MATTHEW HENRY (1706)

O desperdício de tempo é, assim, o primeiro e o principal de todos os pecados. A duração da vida é infinitamente curta e preciosa para se estar seguro da própria salvação. A perda de tempo por meio da sociabilidade, da conversa ociosa, do luxo, e até mesmo do sono além do necessário para a saúde, seis a oito horas no máximo, é merecedora da mais absoluta condenação moral. [A ética puritana] ainda não sustenta, como fará Franklin, que "tempo é dinheiro", mas

III.4. A ANSIEDADE DO TEMPO

a proposição é tomada como verdadeira num sentido espiritual. Ela é infinitamente valiosa porque cada hora perdida é perdida para o trabalho pela glorificação de Deus.

WEBER (1905)

Mantenha o tempo em alta estima e seja cada dia mais cuidadoso para não perder nada do seu tempo, mais até do que para não perder nada do seu ouro e prata. E, se a recreação vã, roupas, festas, conversas ociosas, companhias sem proveito, ou sono forem, qualquer deles, uma tentação para roubá-lo do seu tempo, redobre a sua vigilância.

RICHARD BAXTER (1673)

O tempo é a medida dos negócios, como o dinheiro é das mercadorias.

FRANCIS BACON (1625)

Lembre que tempo é dinheiro. Aquele que pode ganhar dez *shillings* por dia com seu trabalho mas sai a passeio ou fica ocioso por metade desse dia, ainda que gaste apenas seis *pence* durante o ócio ou a diversão, não deve considerar esse valor como sua única despesa, pois na realidade foram gastos além disso, ou melhor, jogados fora, cinco *shillings*. [...] Se o tempo é de todas as coisas a mais preciosa, desperdiçar o tempo é a maior prodigalidade. O tempo perdido nunca será recuperado, e o que chamamos tempo bastante sempre se revela insuficiente.

BENJAMIN FRANKLIN (1748 & 1751)

III.4. A ANSIEDADE DO TEMPO

Eu não posso me dar ao luxo de perder o meu tempo ganhando dinheiro.

ATRIBUÍDO A JEAN AGASSIZ (1873)*

Passei o dia fazendo um resumo do estado atual de minha fortuna pecuniária e cheguei à conclusão que possuo muito mais capital dinheiro do que capital tempo, e portanto é o último que merece particular atenção. [...] Ora, eu posso aumentar o dinheiro, mas, tempo, a única coisa que eu posso fazer é economizar [...]. A questão é esta: o que se deve considerar como tempo perdido?

JOSÉ VIEIRA COUTO DE MAGALHÃES (1880)**

Todas as maneiras de abreviar o tempo não o poupam.

MADAME DE STAËL (1814)

Diferentes restrições [às nossas ações] são decisivas em diferentes situações, mas a mais fundamental restrição é o tempo limitado. O progresso médico e econômico estendeu em grande medida a duração da vida, mas não o fluxo físico do tempo, que sempre a todos está restrito a vinte e quatro horas por dia. Assim, ao passo que os bens e serviços se expandiram enormemente nos países ricos, o tempo total disponível para consumi-los não o fez. Desse modo, desejos permanecem insatisfeitos nos países ricos assim como nos pobres. Pois, embora a crescente abundância de bens possa reduzir o

---

* Em resposta a um convite para proferir um bem remunerado ciclo de palestras.
** Fragmentos de um diário íntimo.

III.4. A ANSIEDADE DO TEMPO

valor de bens adicionais, o tempo se torna mais valioso à proporção que os bens ficam mais abundantes. Numa utopia em que os desejos de cada um estão plenamente satisfeitos, o bem-estar das pessoas não pode ser melhorado; mas o fluxo constante do tempo torna essa utopia impossível.

GARY BECKER (1993)

A constante pressão do *tempo* não é o menor dos tormentos que envenenam a nossa existência. Ela mal nos permite tomar fôlego e logo nos persegue como um bedel munido de chicote. A perseguição cessa apenas para aquele que foi entregue ao tédio.

SCHOPENHAUER (1851)

Um homem que ousa desperdiçar uma hora do tempo não descobriu o valor da vida.

DARWIN (1836)*

Aproveitar o tempo! Mas o que é o tempo, que eu o aproveite? Aproveitar o tempo! Nenhum dia sem linhas... O trabalho honesto e superior... O trabalho à Virgílio, à Milton... Mas é tão difícil ser honesto ou superior! É tão pouco provável ser Milton ou ser Virgílio! [...] Aproveitar o tempo! Meu coração está cansado como mendigo verdadeiro. Meu cérebro está pronto como um fardo posto ao canto. Meu canto (verbalismo!) está tal como está e é triste. Aproveitar o tempo! Desde que comecei a escrever passaram cinco minutos.

* Carta à irmã Susan, escrita no final da viagem a bordo do *Beagle*.

III.4. A ANSIEDADE DO TEMPO

Aproveitei-os ou não? Se não sei se os aproveitei, que saberei de outros minutos?!

ÁLVARO DE CAMPOS/FERNANDO PESSOA (1928)

Os povos primitivos não conheciam a necessidade de dividir o tempo em filigranas. Para os antigos não existiam minutos ou segundos. Artistas como Stevenson ou Gauguin fugiram da Europa e aportaram em ilhas onde não havia relógios. Nem o carteiro nem o telefone apoquentavam Platão. Virgílio nunca precisou correr para pegar um trem. Descartes se perdeu em pensamentos nos canais de Amsterdã. Hoje, porém, nossos movimentos são regidos por frações exatas de tempo. Até mesmo a vigésima parte de um segundo começa a não mais ser irrelevante em certas áreas técnicas.

PAUL VALÉRY (1935)

Mas aquilo a que Heráclito fugiu é ainda o mesmo que atualmente evitamos: o ruído e o palavrório democrático dos efésios, sua política, suas novidades do "Império" (a Pérsia, entenda-se), suas miudezas do "hoje" — pois nós, filósofos, necessitamos descanso de *uma* coisa sobretudo: do "hoje".

NIETZSCHE (1887)

[O tempo] é algo tão antinatural que não deseja outra coisa senão terminar. O homem está submetido ao tempo e, de fato, é por natureza estranho a ele. Estranho a tal ponto que a idéia de felicidade eterna, unida à de tempo, lhe causa fadiga e horror.

JOSEPH DE MAISTRE (1821)

III.4. A ANSIEDADE DO TEMPO

Algumas vezes, quando encontro velhos amigos, isso me lembra como o tempo passa depressa. E me faz indagar se temos ou não usado nosso tempo de modo adequado. O uso adequado do tempo é tão importante. Penso que cada minuto é algo precioso enquanto nós possuímos este corpo e, especialmente, este assombroso cérebro humano. Nosso dia-a-dia se mantém alimentado pela esperança, embora não haja garantia alguma do nosso futuro. Não há garantia de que amanhã, a esta hora, estaremos aqui. [...] Precisamos, portanto, fazer o melhor uso do nosso tempo. Acredito que a utilização adequada do tempo seja esta: se você puder, servir outras pessoas, outros seres dotados de sentimentos. Se não, ao menos tratar de não prejudicá-los. Penso que essa é toda a base de minha filosofia.

DALAI LAMA (1998)

Toda gente vive apressada, e sai-se no momento em que devia se chegar.

PROUST (1923)

Toda forma de pressa, mesmo que voltada para o bem, trai alguma desordem mental.

E. M. CIORAN (1973)

É de grande importância para o desfrute de qualquer cenário natural estarmos liberados da necessidade de apreciá-lo sob condições de pressa e ansiedade; termos em nosso poder a capacidade de nos render passiva e serenamente à influência dos objetos à medida que eles gradualmente se revelam; e não estarmos sob nenhuma pressão para

III.4. A ANSIEDADE DO TEMPO

comprimir toda a nossa energia visual na tarefa de examiná-los em um quarto de hora.

THOMAS DE QUINCEY (1840)

Decerto, em minutos pode abrir-se e fechar-se diante dos nossos olhos um espetáculo que não esqueceremos nunca. [...] Em caso algum, porém, pode-se sentir uma obra de arte *de passagem*, isto é, sem que ela produza em nós uma vibração correspondente ao esforço, à sensação do criador quando a compôs. [...] De passagem, pode-se ver muita coisa, mas não se tem a revelação de nada. A primeira condição para o espírito receber a impressão de uma grande criação qualquer, seja ela de Deus, seja das épocas — nada é puramente individual — é o repouso, a ocasião, a passividade, o apagamento do pensamento próprio; dar à forma divina o tempo que ela quiser para refletir-se em nós, para deixar-nos compreendê-la e admirá-la, para revelar-nos o pensamento originário donde nasceu.

JOAQUIM NABUCO (1900)

São talvez as vantagens de nosso tempo que trazem consigo um retrocesso e uma ocasional subestimação da *vita contemplativa*. [...] Como falta tempo para pensar e tranqüilidade no pensar, as pessoas não mais ponderam as opiniões divergentes: contentam-se em odiá-las. Com o enorme aceleramento da vida, o espírito e o olhar se acostumam a ver e julgar parcial ou erradamente, e cada qual semelha o viajante que conhece terras e povos pela janela do trem.

NIETZSCHE (1878)

III.4. A ANSIEDADE DO TEMPO

É mister limitar a correria sem direção praticada pela maior parte dos homens, zunindo em meio às casas, teatros e mercados. Metem-se nos negócios alheios e sempre fazem parecer como se eles próprios estivessem ocupados. [...] Movem-se desnecessariamente e sem plano algum, como formigas trepando em arbustos, indo até o topo e de volta ao chão, sem nada alcançar. Muitos homens despendem a vida precisamente assim, naquilo que se poderia chamar de frenética indolência. Você sentiria pena de alguns deles se os visse correndo apressados, como se suas casas ardessem em chamas.

SÊNECA (SÉCULO I D.C.)

À medida que andamos para o Ocidente se torna cada vez maior a agitação moderna, de modo que no conjunto os habitantes da Europa se apresentam aos americanos como amantes da tranqüilidade e do prazer, embora se movimentem como abelhas ou vespas em vôo. Essa agitação se torna tão grande que a cultura superior já não pode amadurecer seus frutos; é como se as estações do ano se seguissem com demasiada rapidez. Por falta de tranqüilidade, nossa civilização se transforma numa nova barbárie. Em nenhum outro tempo os ativos, isto é, os intranqüilos, valeram tanto. Logo, entre as correções que necessitamos fazer no caráter da humanidade está fortalecer em grande medida o elemento contemplativo.

NIETZSCHE (1878)

Há uma selvageria pele-vermelha, própria do sangue indígena, no modo como os americanos buscam o ouro: e a asfixiante pressa com que trabalham — o vício peculiar ao Novo Mundo — já contamina

III.4. A ANSIEDADE DO TEMPO

a velha Europa, tornando-a selvagem e sobre ela espalhando uma singular ausência de espírito. As pessoas já se envergonham do descanso; a reflexão demorada quase produz remorso. Pensam com o relógio na mão, enquanto almoçam, tendo os olhos voltados para os boletins da bolsa — vivem como alguém que a todo instante poderia "perder algo". "Melhor fazer qualquer coisa do que nada" — este princípio é também uma corda, boa para liquidar toda cultura e gosto superior. Assim como todas as formas sucumbem visivelmente à pressa dos que trabalham, o próprio sentimento da forma, o ouvido e o olho para a melodia dos movimentos também sucumbem. [...] Pois viver continuamente à caça de ganhos obriga a despender o espírito até a exaustão, sempre fingindo, fraudando, antecipando-se aos outros: a autêntica virtude, agora, é fazer algo em menos tempo que os demais.

NIETZSCHE (1882)

É que o jogo da vida nos tempos modernos — muito mais nos séculos que vão vir, em que a concorrência será ainda mais numerosa e implacável — não se parece com figuras de minuete ou com divertimentos campestres do século passado [XVIII], como os vemos em um Boucher ou em um Goya; parece-se com as chamadas *montanhas-russas*: é um incessante despenhar a toda a velocidade, montanha abaixo, de trens que com o impulso da descida transpõem as escarpas fronteiras para se precipitarem de novo e de novo reaparecerem mais longe, e para essa contínua sensação de vertigem é principalmente o coração que precisa ser robustecido. Segundo toda probabilidade, os Estados Unidos hão de um dia

III.4. A ANSIEDADE DO TEMPO

parar, e então terão tempo para produzir a sua sociedade culta, como os velhos países da Europa.

JOAQUIM NABUCO (1900)

Nós estamos tão atormentados pelo caos de estímulos que nos obcecam, que terminamos nos tornando *dependentes dele*. Não são tais condições deploráveis para a produção futura de obras de arte que sejam comparáveis àquelas que a humanidade criou nos séculos precedentes? [...] Estamos todos envenenados. Creio-me justificado em afirmar que padecemos de uma intoxicação de energia, assim como estamos intoxicados de pressa.

PAUL VALÉRY (1932 & 1935)

A pressa, o nervosismo, a instabilidade, observados desde o surgimento das grandes cidades, alastram-se nos dias de hoje de uma forma tão epidêmica quanto outrora a peste e a cólera. Nesse processo manifestam-se forças das quais os passantes apressados do século XIX não eram capazes de fazer a menor idéia. Todas as pessoas têm necessariamente algum projeto. O tempo de lazer exige que se o esgote. Ele é planejado, utilizado para que se empreenda alguma coisa, preenchido com vistas a toda espécie de espetáculo, ou ainda apenas com locomoções tão rápidas quanto possível. A sombra de tudo isso cai sobre o trabalho intelectual. Este é realizado com má consciência, como se tivesse sido roubado a alguma ocupação urgente, ainda que meramente imaginária. A fim de justificar-se perante si mesmo, ele se dá ares de uma agitação febril, de um grande afã, de uma empresa que opera a todo vapor devido à urgência do tempo e para a qual toda

III.4. A ANSIEDADE DO TEMPO

reflexão — isto é, ele mesmo — é um estorvo. Com freqüência tudo se passa como se os intelectuais reservassem para sua própria produção precisamente apenas aquelas horas que sobram de suas obrigações, saídas, compromissos, e divertimentos inevitáveis.

THEODOR ADORNO (1951)

A impossibilidade de participar de todas as combinações em desenvolvimento a qualquer instante numa grande cidade tem sido uma das dores de minha vida. Sofro como se sentisse em mim, como se houvesse em mim uma capacidade desmesurada de agir. Entretanto, na parte de ação que a vida me reserva, muitas vezes me abstenho e outras me confundo. [...] A idéia de que diariamente, a cada hora, a cada minuto e em cada lugar se realizam milhares de ações que me teriam profundamente interessado, de que eu certamente deveria tomar conhecimento e que entretanto jamais me serão comunicadas — basta para tirar o sabor a todas as perspectivas de ação que encontro à minha frente. O pouco que eu pudesse obter não compensaria jamais esse infinito perdido. Nem me consola o pensamento de que, entrando na confrontação simultânea de tantos acontecimentos, eu não pudesse sequer registrá-los, quanto mais dirigi-los à minha maneira ou mesmo tomar de cada um o aspecto singular, o tom e o desenho próprios, uma porção, mínima que fosse, de sua peculiar substância.

CARLOS DRUMMOND DE ANDRADE (1944)

Ah não ser eu toda a gente e toda a parte!

ÁLVARO DE CAMPOS/FERNANDO PESSOA (1914)

5. O bálsamo da inconsciência e o elogio do sono

Algumas vezes também é agradável perder a razão.

MENANDRO (SÉCULO III A.C.)

Mesmo o homem mais racional precisa, de tempo em tempo, novamente da natureza, isto é, de sua *ilógica relação fundamental com todas as coisas*.

NIETZSCHE (1878)

A divisão entre um dia e outro é decerto uma das mais profundas peculiaridades da vida neste planeta. Tudo considerado, o arranjo é providencial. Nós não estamos condenados a vôos prolongados de existência, mas somos constantemente renovados por breves férias de nós mesmos. Somos criaturas intermitentes, sempre sucumbindo a pequenos términos e surgindo para novos recomeços. Nossa consciência facilmente fatigada nos é parcelada em capítulos, e, gostemos ou não desse fato, é geralmente verdade que o mundo parecerá muito diferente amanhã. E que coisa maravilhosa é também o encaixe entre a noite e o sono, doce imagem sua, tão precisamente ajustado à nossa necessidade. Os anjos devem assombrar-se diante desses seres que

III.5. O BÁLSAMO DA INCONSCIÊNCIA E O ELOGIO DO SONO

escapam tão regularmente do estado de consciência para uma escuridão infestada de fantasmas. Como nossas frágeis identidades sobrevivem a esses hiatos, nenhum filósofo foi ainda capaz de explicar.

IRIS MURDOCH (1973)

O que fazer para se estimular quando se está cansado e saturado de si mesmo? Uma pessoa recomenda o cassino, a outra o cristianismo, a terceira a eletricidade. O melhor, porém, meu caro melancólico, é *dormir muito*, em sentido próprio e impróprio! Assim teremos novamente a nossa manhã! A peça de arte, na sabedoria de viver, é saber intercalar o sono de toda espécie no momento certo.

NIETZSCHE (1881)

A natureza humana possui maravilhosos poderes e nos reserva algo de bom em prontidão para quando menos esperávamos por isso. Houve vezes em que adormeci aos prantos, mas em meus sonhos surgiram as mais cativantes formas para me consolar e animar, e levantei-me na manhã seguinte renovado e alegre.

GOETHE (1828)

Amas a noite pelo poder de aniquilamento que encerra e sabes que, dormindo, os problemas te dispensam de morrer.

CARLOS DRUMMOND DE ANDRADE (1940)

Eu presto homenagem à saúde como a primeira musa, e ao sono como condição de saúde. O sono nos beneficia principalmente pela saúde que propicia; e também ocasionalmente pelos sonhos, em

III.5. O BÁLSAMO DA INCONSCIÊNCIA E O ELOGIO DO SONO

cuja confusa trama uma lição divina por vezes se infiltra. A vida se dá em breves ciclos ou períodos; depressa nos cansamos, mas rapidamente nos relançamos. Um homem se encontra exaurido pelo trabalho, faminto, prostrado; ele mal é capaz de erguer a mão para salvar sua vida; já nem pensa. Ele afunda no sono profundo e desperta com renovada juventude, cheio de esperança, coragem, pródigo em recursos e pronto para ousadas aventuras. "O sono é como a morte, e depois dele o mundo parece recomeçar de novo. Pensamentos claros surgem firmes e luminosos, como estátuas sob o sol. Refrescada por fontes supra-sensíveis, a alma escala a mais clara visão" [William Allingham].

EMERSON (1876)

Aspiro a um repouso absoluto e a uma noite contínua. Poeta das loucas voluptuosidades do vinho e do ópio, não tenho outra sede a não ser a de um licor desconhecido na Terra e que nem mesmo a farmacopéia celeste poderia me proporcionar; um licor que não é feito nem de vitalidade, nem de morte, nem de excitação, nem de nada. Nada saber, nada ensinar, nada querer, nada sentir, dormir e sempre dormir, tal é atualmente minha única aspiração. Aspiração infame e desanimadora, porém sincera.

BAUDELAIRE (1865)

Que a noite caia a cada dia; que a graça do sono se estenda todas as noites, apaziguadora, trazendo o esquecimento sobre os tormentos e as misérias, o sofrimento e a angústia; que ainda uma vez esta bebida de consolo e letargia se distribua aos nossos lábios ressecados; que

III.5. O BÁLSAMO DA INCONSCIÊNCIA E O ELOGIO DO SONO

ainda uma vez, após a luta, este banho morno acolha nosso corpo fremente para que, purificado do suor, da poeira e do sangue, revigorado, renovado, remoçado inconscientemente, dele emerja com sua vitalidade e prazer originais.

THOMAS MANN (1909)

É uma exigência da natureza que o homem de tempos em tempos se anestesie sem dormir; daí o gosto de fumar tabaco, beber aguardente ou fumar ópio.

GOETHE (1820)

Às vezes também é preciso chegar até a embriaguez, não para que ela nos trague, mas para que nos acalme: pois ela dissipa as preocupações, revolve até o mais fundo da alma e a cura da tristeza assim como de certas enfermidades. E Líber foi chamado o inventor do vinho não porque solta a língua, mas sim porque liberta a alma da escravidão das inquietações; restabelece-a, fortalece-a e a faz mais audaz para todos os esforços. Mas, como na liberdade, também no vinho é salutar a moderação. Crê-se que Sólon e Arcésilas eram dados ao vinho; a Catão, reprovou-se-lhe a embriaguez: mais facilmente se fará honesto esse crime do que Catão desonroso.

SÊNECA (SÉCULO I D.C.)

Um amigo meu, homem superior, considera que a eternidade é uma manhã, e dez mil anos, um simples pestanejar. O sol e a chuva são as janelas de sua casa. Os oito confins, suas avenidas. Caminha, ligeiro e sem destino, sem deixar rastro: o céu como teto, a terra como chão.

III.5. O BÁLSAMO DA INCONSCIÊNCIA E O ELOGIO DO SONO

Quando se detém, empunha uma garrafa e um copo; quando viaja, leva na cintura um cantil e uma vasilha. Seu único pensamento é o vinho; nada mais, aquém ou além, o preocupa. Seu modo de vida chegou aos ouvidos de dois respeitáveis filantropos: um deles, um jovem nobre; o outro, um literato famoso. Foram até ele e com olhar furioso e ranger de dentes, agitando as mangas de seus trajes, reprovaram vivamente sua conduta. Falaram-lhe dos ritos e das leis, do método e do equilíbrio, e suas palavras zuniam como enxame de abelhas. Enquanto isso, o ouvinte apanhou uma vasilha e entornou-a num só trago. Depois sentou no chão cruzando as pernas, apanhou de novo a vasilha, cofiou a barba e começou a beber aos goles até que, com a cabeça inclinada sobre o peito, caiu num estado de venturosa inconsciência, interrompida apenas por relâmpagos de semilucidez. Seus ouvidos não teriam escutado a voz do trono; seus olhos não teriam notado um penhasco. Cessaram frio e calor, alegria e tristeza. Submergiu o seu pensar. Inclinado sobre o mundo, contemplava o tumulto dos seres e da natureza como algas flutuando nas águas de um rio. Quanto aos dois homens eminentes que discursavam a seu lado, pareceram-lhe vespas que tratavam de converter um casulo de bicho-da-seda.

LIEU LING (SÉCULO III D.C.)

É de manhã, copeiro, encha meu copo com vinho. Faça-o depressa, pois a abóbada celeste desconhece a demora. Antes que este mundo passageiro se arruíne e destrua, arruíne-me com uma *flûte* de vinho rosado. O sol do vinho desponta no leste da taça. Siga os prazeres da vida, abandone os sonhos, e, no dia em que a roda fizer jarras de minha argila, cuide de encher meu crânio com vinho! Nós não

III.5. O BÁLSAMO DA INCONSCIÊNCIA E O ELOGIO DO SONO

fomos feitos para a piedade, para as penitências e pregações; preferimos um sermão em louvor do vinho translúcido. O culto ao vinho é uma nobre tarefa, ó Hafiz; erga-se e prossiga firme em sua nobre incumbência.

HAFIZ (SÉCULO XIV)

É necessário estar sempre bêbado. Tudo se reduz a isso: eis o único problema. Para não sentirdes o fardo horrível do tempo, que vos abate e vos faz pender para a terra, é preciso que vos embriagueis sem cessar. Mas — de quê? De vinho, de poesia ou de virtude, como achardes melhor. Contanto que vos embriagueis. E, se algumas vezes, nos degraus de um palácio, na verde relva de um fosso, na desolada solidão do vosso quarto, despertardes, com a embriaguez já atenuada ou desaparecida, perguntai ao vento, à vaga, à estrela, ao pássaro, ao relógio, a tudo o que foge, a tudo o que geme, a tudo o que rola, a tudo o que canta, a tudo o que fala, perguntai-lhes que horas são; e o vento, e a vaga, e a estrela, e o pássaro, e o relógio, hão de responder: — É a hora de embriagar-se! Para não serdes os martirizados escravos do tempo, embriagai-vos; embriagai-vos sem tréguas! De vinho, de poesia ou de virtude, como achardes melhor.

BAUDELAIRE (1869)

Melhor morrer de vodca que de tédio!

MAIAKOVSKI (1926)

Tenho tal sono que pensar é um mal. Tenho sono. Dormir é ser igual, no homem, ao despertar do animal. É viver fundo nesse inconsciente

III.5. O BÁLSAMO DA INCONSCIÊNCIA E O ELOGIO DO SONO

com que à tona da vida o animal sente. É ser meu ser profundo alheiamente. Tenho sono talvez porque toquei onde sinto o animal que abandonei. E o sono é uma lembrança que encontrei.

FERNANDO PESSOA (SEM DATA)

Eu penso que poderia retornar e viver com animais, tão plácidos e autocontidos; eu paro e me ponho a observá-los longamente. Eles não se exaurem e gemem sobre a sua condição; eles não se deitam despertos no escuro e choram pelos seus pecados; eles não me deixam nauseado discutindo o seu dever perante Deus. Nenhum deles é insatisfeito, nenhum enlouquecido pela mania de possuir coisas; nenhum se ajoelha para o outro, nem para os que viveram há milhares de anos; nenhum deles é respeitável ou infeliz em todo o mundo.

WALT WHITMAN (1881)

O rebanho pasta ao nosso redor: ele não distingue entre ontem e hoje, passeia a esmo, come, dorme, digere, passeia mais um pouco, e prossegue desse modo desde a manhã até a noite, dia após dia, atado à coleira dos seus prazeres e desprazeres momentâneos, e por isso não se aborrece ou entedia. É duro para um ser humano observar isso, uma vez que ele se considera melhor que o animal e, não obstante, cobiça a sua felicidade: pois o que ele deseja é viver livre do tédio e da tristeza, como o animal: e, no entanto, o seu desejo é vão e a nada conduz. "Ó, como eu o invejo! Não só porque você parece estar quase livre de todos os sofrimentos, — esquecendo a cada momento privações, perdas e as piores ansiedades — mas ainda mais porque você jamais é atormentado pelo tédio" [Giacomo Leopardi]. Nós suspira-

III.5. O BÁLSAMO DA INCONSCIÊNCIA E O ELOGIO DO SONO

mos por nós mesmos porque não podemos nos desvencilhar do passado e precisamos constantemente arrastar seus grilhões conosco, ao passo que o animal nos parece feliz pois não se entedia, imediatamente esquece e continuamente vê cada momento mergulhar de volta nas brumas e na noite.

NIETZSCHE (1873)

No fundo do seu coração, o homem aspira a reencontrar a condição que tinha antes de possuir consciência. A história é meramente um desvio que ele toma para chegar lá.

E. M. CIORAN (1973)

HAMLET: Ser ou não ser, essa é a questão: será mais nobre suportar na mente as flechadas da trágica fortuna, ou tomar armas contra um mar de obstáculos e, enfrentando-os, vencer? Morrer — dormir, nada mais; e dizer que pelo sono se findam as dores, como os mil abalos inerentes à carne — é a conclusão que devemos buscar. Morrer — dormir; dormir, talvez sonhar — eis o problema: pois os sonhos que vierem nesse sono de morte, uma vez livres deste invólucro mortal, fazem cismar. Esse é o motivo que prolonga a desdita desta vida.

SHAKESPEARE (1604)

As horas passam tanto mais velozes quanto mais agradáveis; tanto mais lentas, quanto mais tormentosas, porque a dor, não o prazer, é positiva, e assim sua presença se faz sentida. Exatamente por isso somos conscientes do tédio, não do passatempo. O que prova ser a

III.5. O BÁLSAMO DA INCONSCIÊNCIA E O ELOGIO DO SONO

nossa existência a mais feliz possível quanto menos a percebemos: daí se segue que seria melhor não a possuirmos.

SCHOPENHAUER (1844)

Afinal, o sofrimento é a única causa da consciência. Embora tenha dito antes que, na minha opinião, a consciência é o maior infortúnio do homem, ainda assim sei que ele a ama e não a trocaria por nenhum outro tipo de satisfação.

DOSTOIEVSKI (1864)

Voltaire diz que os céus nos deram duas coisas para compensar as inúmeras misérias da vida: a *esperança* e o *sono*. Ele poderia ter acrescentado o *riso* à lista.

KANT (1790)

6. Amor, sexo, amizade

FEDRO: Aquele que ama é um ser mais divino que o amado, pois está possuído por um deus. [...] Concluo, portanto, que Eros é o mais antigo, o mais honorável e o mais capaz entre os deuses de propiciar a virtude e a felicidade dos homens, seja durante a vida, seja após a morte.

PLATÃO (SÉCULO IV A.C.)

Considere que Platão teve um sonho semelhante quando escreveu que o furor dos amantes é de todos o mais feliz. De fato, o amante apaixonado já não vive mais em si, mas inteirinho no objeto amado; quanto mais sai de si mesmo para se fundir neste objeto, mais se sente feliz. Assim, quando a alma pensa em escapar do corpo e renuncia servir-se normalmente de seus órgãos, julga-se com razão que ela tresvaria. As expressões correntes não querem dizer outra coisa: "ele está fora de si", "volte a si", "ele caiu em si". E quanto mais perfeito é o amor, mais forte o tresvario — e mais feliz.

ERASMO DE ROTTERDAM (1511)

III.6. AMOR, SEXO, AMIZADE

No amor basta uma noite para fazer de um homem um deus.
PROPÉRCIO (SÉCULO I A.C.)

Basta um grau muito pequeno de esperança para que nasça o amor.
STENDHAL (1822)

No amor tenho sempre a impressão de que uma felicidade ilimitada, além dos meus mais desvairados sonhos, está logo ali dobrando a esquina, aguardando apenas uma palavra ou um sorriso. [...] A beleza não é senão a promessa de felicidade.
STENDHAL (1822)

Quando não se ousa amar sem reservas é que o amor já está muito doente.
GOETHE (1830)

Nem a um deus é facultado amar e manter-se sábio.
PUBLILIUS SYRUS (SÉCULO I A.C.)

Desejar violentamente uma coisa é tornar-se cego para o demais.
DEMÓCRITO (SÉCULO V A.C.)

Na manhã seguinte, é claro, acordei atormentado. O leitor poderá pensar que foi rematada estupidez minha não perceber que não conseguiria derivar só felicidade da situação em que estava. Mas o leitor provavelmente esqueceu, se é que jamais chegou a saber, o que significa estar passando por isso, a não ser que esteja ele próprio, no

III.6. AMOR, SEXO, AMIZADE

momento desta leitura, loucamente apaixonado. Trata-se, como observei, de uma forma de insanidade. Não é insano concentrar toda a atenção exclusivamente numa só pessoa, privando todo o resto do mundo de sentido? Não é insano não ter mais nenhum pensamento, nenhum sentimento, nenhuma existência, a não ser em relação à pessoa amada? O que ela "é" ou "é de fato" não importa. É claro que alguns enlouquecem por causa de pessoas que, aos olhos de outros, não têm nenhum valor. [...] Mas, mesmo que um homem ou uma mulher fossem tão preciosos e sábios que ninguém pudesse negar isso, ainda assim seria uma forma de loucura fixar sobre um único indivíduo esse tipo de atenção idólatra que é estar apaixonado.

IRIS MURDOCH (1973)

Nas minas de sal de Salzburgo, costuma-se jogar nas profundezas abandonadas da mina um ramo de árvore desfolhado pelo inverno; dois ou três meses depois, ele é retirado coberto de cristalizações brilhantes: os menores raminhos, aqueles que não são maiores do que a pata de um chapim, são guarnecidos de uma infinidade de diamantes móveis e cintilantes; já não podemos reconhecer o ramo primitivo. Chamo de cristalização a operação mental que de algum modo consegue derivar, de tudo o que passa no mundo, a descoberta de que a pessoa amada tem novas perfeições. Um viajante fala do frescor do bosque de laranjeiras em Gênova, à beira-mar, nos dias ardentes de verão: que prazer saborear com ela esse frescor! Um de nossos amigos quebra o braço durante a caçada: que doçura receber os cuidados da mulher que amamos! [...] Em suma, basta pensar numa perfeição para encontrá-la na amada.

STENDHAL (1822)

III.6. AMOR, SEXO, AMIZADE

Quando dois seres humanos estão perfeitamente contentes um com o outro podemos assegurar-nos, as mais das vezes, que eles se enganam.
GOETHE (SEM DATA)

LORD HENRY: Quando se está amando, sempre se começa enganando-se a si mesmo e sempre se termina enganando-se os outros.
OSCAR WILDE (1891)

LISANDRO: Nunca é sereno o curso do verdadeiro amor.
SHAKESPEARE (1600)

Se queres sentir a felicidade de amar, esquece a tua alma. A alma é que estraga o amor. Só em Deus ela pode encontrar satisfação. Não noutra alma. Só em Deus — ou fora do mundo. As almas são incomunicáveis. Deixa o teu corpo entender-se com outro corpo. Porque os corpos se entendem, mas as almas não.
MANUEL BANDEIRA (1948)

L'amour est éternel tant qu'il dure [O amor é eterno enquanto dura].
HENRI DE RÉGNIER (1928)

Todos os apetites que se originam de algum estado do corpo parecem sugerir os meios de sua própria gratificação. [...] No apetite por sexo, que com freqüência e, segundo creio, quase sempre, surge um longo tempo antes da puberdade, isso é perfeita e distintamente evidente.
ADAM SMITH (1790)

III.6. AMOR, SEXO, AMIZADE

A ação de servir à espécie por meio da fertilização e fecundação é sucedida, no caso de cada animal individual, pela momentânea exaustão e debilidade de todos os seus poderes, e no caso da maioria dos insetos até mesmo pela morte antecipada; por essa razão, afirma Celsus: "A ejaculação do esperma é a dispersão de uma parte da alma". No caso do homem, a extinção do poder de procriar revela que o indivíduo se aproxima da morte; em qualquer idade, o uso excessivo desse poder encurta a vida, ao passo que a moderação promove todos os poderes, especialmente a força muscular. Por essa razão, a abstenção e a moderação faziam parte do treinamento dos atletas gregos. A mesma moderação estende a vida do inseto até a primavera seguinte. Tudo isso sugere que, no fundo, a vida do indivíduo é apenas algo tomado de empréstimo da vida da espécie, e que toda a força vital é, por assim dizer, força da espécie contida por meio de um represamento.

SCHOPENHAUER (1844)

O amor, enquanto afeição humana, é o amor que deseja o bem, possui uma disposição amigável, promove a felicidade dos demais e se alegra com ela. Mas é patente que aqueles que possuem uma inclinação meramente sexual não amam a pessoa por nenhum dos motivos ligados à verdadeira afeição e não se preocupam com a sua felicidade, mas podem até mesmo levá-la à maior infelicidade simplesmente visando satisfazer sua própria inclinação e apetite. O amor sexual faz da pessoa amada um objeto do apetite; tão logo foi possuída e o apetite saciado, ela é descartada "tal como um limão sugado".

KANT (1782)

III.6. AMOR, SEXO, AMIZADE

EMILIA: Não são um ou dois anos que nos revelam um homem. Eles não passam de estômagos, e nós, de comida. Eles nos devoram famintos e, quando estão repletos, nos arrotam.

SHAKESPEARE (1622)

"Branca para casar, mulata para foder, negra para trabalhar."

GILBERTO FREYRE (1933)*

Um marido surdo e uma mulher cega são sempre um casal feliz.

HAROLD THOMPSON (1939)

A vida sexual do homem civilizado encontra-se, não obstante, severamente prejudicada e dá a impressão, por vezes, de estar em processo de involução enquanto função, tal como parece acontecer com nossos dentes e cabelos. É provavelmente justificado supor que sua importância como fonte de sentimentos de felicidade e, portanto, na realização de nosso objetivo na vida tenha diminuído sensivelmente. Às vezes somos levados a pensar que não é somente a pressão da civilização, mas algo ligado à natureza da própria função que nos nega plena satisfação e nos incita a buscar outros caminhos. Isto pode estar errado; é difícil decidir.

FREUD (1930)

O que é ganho do lado da inteligência é perdido do lado do instinto. Qual deles é maior, o ganho ou a perda?

LA METTRIE (1747)

* Ditado popular brasileiro registrado pelo autor de *Casa grande & senzala*.

III.6. AMOR, SEXO, AMIZADE

Uma das conseqüências prováveis da independência social e econômica da mulher será uma diminuição do mal da superpopulação. É a dedicação de metade da espécie humana à função exclusiva da procriação — fazendo com que esta preencha toda a vida de um dos sexos e se misture a quase todos os objetivos do outro — que leva o instinto animal em questão a assumir a importância desproporcional que até hoje ocupa na vida humana.

JOHN STUART MILL (1848)

A experiência mostra que os homens rústicos, de espírito mais grosseiro, dão parceiros sexuais mais vigorosos e desejáveis; deitar-se com um carroceiro é com freqüência mais gratificante que deitar-se com um gentil-homem. Como poderíamos explicar tal coisa, exceto pela suposição de que as emoções no interior da alma do gentil-homem minam e esgotam a força do seu corpo, assim como exaurem e deformam o seu espírito?

MONTAIGNE (1592)

Só o bruto trepa bem: a trepada é o lirismo do povo.

BAUDELAIRE (1867)

Suporá alguém que os analfabetos tenham mais dificuldade em ter ereções?

HORÁCIO (SÉCULO I A.C.)

O ato sexual é no tempo o que o tigre é no espaço.

GEORGES BATAILLE (1949)

III.6. AMOR, SEXO, AMIZADE

FREI LOURENÇO: Deleites violentos têm fins violentos. Morrem no meio do seu triunfo, como o fogo e a pólvora que se consomem logo que se beijam.

SHAKESPEARE (1599)

Lá me achava eu, portanto, que por medo do inferno me condenei a tal prisão, tendo apenas escorpiões e feras selvagens por companhia. Não obstante, estava com freqüência cercado de jovens dançarinas. Minha face empalidecera por causa do jejum, e minha mente ardia de desejo num corpo frio como gelo. Embora minha carne, perante o seu inquilino, estivesse como que morta, as chamas da paixão fervilhavam dentro de mim. E assim, privado de qualquer ajuda, eu me prostrava aos pés de Jesus, banhando-os com minhas lágrimas e polindo-os com meus cabelos. Quando minha carne se rebelava, eu a subjugava com semanas de jejum.

SÃO JERÔNIMO (SÉCULO IV D.C.)*

As paixões tornam-se más e pérfidas quando são consideradas más e pérfidas. Desse modo, o cristianismo conseguiu transformar Eros e Afrodite — grandes poderes passíveis de idealização — em espíritos e gênios infernais, mediante os tormentos que fez surgir na consciência dos crentes quando há excitação sexual. Não é algo terrível transformar sensações regulares e necessárias em fonte de miséria interior, e assim pretender tornar a miséria interior, *em cada pessoa*, algo regular e necessário? [...] Por fim, essa demonização de Eros

---

* Carta a Eustóquio.

III.6. AMOR, SEXO, AMIZADE

teve um desfecho de comédia: o "demônio" Eros veio a tornar-se mais interessante, para as pessoas, do que todos os anjos e santos, graças ao murmúrio e sigilo da Igreja nas coisas eróticas: seu efeito, até em nossa época, foi tornar a *história de amor* o único verdadeiro interesse comum a *todos* os círculos — num exagero incompreensível para a Antigüidade, e que um dia dará lugar à risada. Toda a produção de nossos poetas e pensadores, da maior à mais insignificante, é mais que caracterizada pela excessiva importância da história de amor, que nela surge como história principal: por conta disso, talvez a posteridade julgue que em toda a herança da cultura cristã há algo mesquinho e maluco.

NIETZSCHE (1881)

Mesmo quando ela provém de nossa escolha, não se pode comparar a paixão que os homens sentem pelas mulheres com a amizade, nem colocá-las na mesma categoria. É preciso admitir que o fogo da paixão [...] é mais ativo, mais agudo, mais intenso. Mas trata-se de chama impulsiva, agitada e volúvel: um fogo febril e intermitente, sujeito a surtos e recaídas, que apenas se apodera de parte de nós. O afeto entre amigos tem um calor que se espalha por todo o nosso ser; ele é geral e uniforme, temperado e sereno, suave e delicado, nada tendo de áspero ou excessivo. O amor sexual é antes de mais nada um louco e violento desejo daquilo que nos escapa, "como o caçador que persegue a lebre no frio e no calor, por montanhas e vales, mas deixa de estimá-la no momento em que ela é pega, o desejo aceso apenas na perseguição" [Ariosto]. Quando o amor reveste as formas da amizade, na qual prevalece a sintonia das vontades, ele se esvai e definha.

III.6. AMOR, SEXO, AMIZADE

O gozo o apaga, pois o seu alvo é carnal, e a saciedade o extingue. A amizade, ao contrário, dotada de uma essência espiritual, é desfrutada na medida do nosso desejo, uma vez que sua prática eleva, desenvolve e apura a alma.

MONTAIGNE (1592)

Sem amigos ninguém escolheria viver, mesmo que possuísse todos os demais bens; considera-se que até os homens ricos e aqueles que ocupam altos cargos e posições de autoridade precisam de amigos, ainda mais que todos, pois qual é a utilidade de tal prosperidade sem a oportunidade da beneficência, exercida principalmente, e do modo mais louvável, em relação aos amigos? [...] Porém a amizade não é apenas útil, ela também é nobre; pois elogiamos aqueles que amam seus amigos e ter muitos amigos é considerado algo valioso; pensamos que são as mesmas pessoas que são homens bons e são amigos.

ARISTÓTELES (SÉCULO IV A.C.)

Os romances são tão úteis como as bíblias quando nos ensinam o segredo de que o melhor da vida é conversar, e o maior sucesso é a confiança, ou o perfeito entendimento, entre pessoas sinceras. Essa é a definição francesa de amizade, *rien que s'entendre*, bom entendimento.

EMERSON (1860)

Por mais raro que possa ser o amor, ainda mais rara é a verdadeira amizade.

LA ROCHEFOUCAULD (1665)

III.6. AMOR, SEXO, AMIZADE

A posse da amizade é de longe a maior de todas as coisas que a sabedoria prepara para a felicidade de uma vida. Os prazeres do amor nunca trazem benefícios a um homem, e ele tem sorte se não lhe causam dano. [...] A alma nobre se ocupa da sabedoria e da amizade: destas, a primeira é um bem mortal, a outra imortal.

EPICURO (SÉCULO IV A.C.)

O amor é o desejo de alcançar a amizade de uma pessoa que nos atrai pela beleza.

CÍCERO (SÉCULO II A.C.)

7. A vida plena e o medo de ser feliz

Não importa o que digam os relógios ou as atitudes e labores dos homens. De manhã é quando estou desperto e há uma alvorada em mim. A reforma moral é o esforço de se desvencilhar do sono. Por que razão dão os homens um balanço tão pobre do seu dia, senão pelo fato de que estiveram atordoados pelo sono? Eles não são tão mal calculadores assim. Se não estivessem tomados pela sonolência, eles teriam realizado algo. Os milhões estão suficientemente despertos para o trabalho físico; mas somente um em um milhão está desperto o suficiente para um trabalho intelectual efetivo, e só um em cem milhões para uma vida poética ou divina. Estar desperto é estar vivo. Nunca até hoje encontrei um homem desperto o suficiente. Como eu poderia olhá-lo de frente? [...] Afetar a qualidade do dia, eis a mais elevada das artes. Todo homem recebe a tarefa de tornar a sua vida, até mesmo nos seus detalhes, digna da contemplação de sua hora mais crítica e elevada.

HENRY THOREAU (1854)

Ter vontade todos os dias de ser o maior dos homens!

BAUDELAIRE (1867)

III.7. A VIDA PLENA E O MEDO DE SER FELIZ

Quem quer que faça o melhor que suas circunstâncias permitem age bem, age com nobreza: os anjos não fariam melhor.

EDWARD YOUNG (1745)

Se computarmos em termos de tempo, é possível que em cinqüenta anos tenhamos tido meia dúzia de horas razoáveis.

EMERSON (1850)

Sonhos! sempre sonhos! e quanto mais ambiciosa e fina é a alma, tanto mais os sonhos a afastam do possível. Cada homem traz em si sua dose de ópio natural, constantemente segregada e renovada. E, do nascimento à morte, quantas horas podemos contar preenchidas pelo verdadeiro prazer, pela ação feliz e resoluta?

BAUDELAIRE (1869)

Apenas em Roma pude sentir o que é ser verdadeiramente um homem. A essa elevação, a essa felicidade de sentimento, nunca mais pude me erguer. De fato, comparada à minha situação em Roma, nunca mais cheguei a sentir um real contentamento. Porém, não nos rendamos a pensamentos melancólicos. Como caminha sua leitura de *Fair maid of Perth* [romance de Walter Scott]?

GOETHE (1828)*

---

* Em conversa com o jovem literato Johan Peter Eckermann, assistente do poeta no final da vida.

III.7. A VIDA PLENA E O MEDO DE SER FELIZ

Não gozei nunca, talvez, uma hora indelével, isenta de um fundo espiritual de falência e de desânimo. Em todas as minhas horas libertas uma dor dormia, floria vagamente, por detrás dos muros da minha consciência, em outros quintais; mas o aroma e a própria cor dessas flores tristes atravessavam intuitivamente os muros, e o lado de lá deles, onde floriam as rosas, nunca deixava de ser, no mistério confuso do meu ser, um lado de cá esbatido na minha sonolência de viver.

BERNARDO SOARES/FERNANDO PESSOA (1932)

Não são as coisas em si mesmas que perturbam os homens, mas os juízos que eles fazem sobre as coisas.

EPITETO (SÉCULO I D.C.)

Os mais severos e freqüentes males são aqueles que a imaginação nos faz alimentar.

MONTAIGNE (1592)

A felicidade existe apenas na imaginação.

MOZART (1777)*

MARY STUART: Se existe alguma forma de felicidade pela qual a razão é responsável, ela é como aquele tipo de "boa" saúde que depende inteiramente de medicação — nunca robusta ou estável.

FONTENELLE (1680)

---

* Carta em resposta ao pai, Leopold, que o repreendera por não ter um emprego regular e pelos gastos excessivos.

III.7. A VIDA PLENA E O MEDO DE SER FELIZ

A felicidade ou infelicidade dos homens depende não menos do seu temperamento do que de sua fortuna.

LA ROCHEFOUCAULD (1665)

O bem e o mal, tanto o natural como o moral, são inteiramente relativos ao sentimento e afeição humanos. Nenhum homem jamais seria infeliz caso pudesse alterar os seus sentimentos. Como um Proteu, ele neutralizaria todos os ataques por meio da contínua alteração de sua forma e contorno.

DAVID HUME (1742)

Foram as coisas reais ou as coisas imaginadas que mais contribuíram para a felicidade humana? É certo que a *amplidão do espaço* entre a suprema felicidade e a mais profunda infelicidade foi criada apenas com o auxílio das coisas imaginadas. *Esse* tipo de sentimento do espaço, então, é reduzido cada vez mais pela ação da ciência: de modo que dela aprendemos a perceber a Terra como pequena, e o próprio sistema solar como simples ponto.

NIETZSCHE (1881)

O que pode ser acrescentado à felicidade do homem que goza de boa saúde, não tem dívidas e está com a consciência limpa? Para alguém nessa condição, todos os acréscimos de fortuna podem ser justificadamente considerados supérfluos; e, se ele muito se exaltar por causa deles, isso só poderá ser fruto da mais frívola ligeirice. [...] Mas, embora pouco se possa acrescentar a essa condição, muito se pode subtrair dela. Pois, ainda que o intervalo entre ela e o ponto mais

III.7. A VIDA PLENA E O MEDO DE SER FELIZ

extremo da prosperidade humana não seja mais que uma ninharia, o intervalo entre ela e o fosso da mais profunda infelicidade é imenso e prodigioso. A adversidade, em razão disso, necessariamente deprime a mente do sofredor a um ponto muito mais baixo do seu estado natural do que a prosperidade é capaz de fazê-lo erguer-se acima deste.

ADAM SMITH (1759)

Uma condição de exaltado prazer somente se mantém por momentos ou, em alguns casos, e com algumas interrupções, por horas ou dias. Ela é o brilhante clarão ocasional da alegria, e não sua chama firme e constante. Disso sempre estiveram tão cientes os filósofos que ensinaram ser a felicidade a finalidade da vida como aqueles que a eles se opuseram. A felicidade que concebiam não era a do arrebatamento, mas de momentos assim em meio a uma existência constituída de poucas e transitórias dores, muitos e variados prazeres, com um predomínio decidido do componente ativo sobre o passivo, e tendo como fundamento do todo não esperar da vida mais do que ela é capaz de oferecer. Uma vida assim constituída, para aqueles que tiveram a boa fortuna de obtê-la, sempre pareceu merecedora da designação de feliz. E uma existência assim é, mesmo hoje em dia, o destino de muitos durante uma parte considerável de suas vidas. A educação falida e os arranjos sociais falidos são os únicos obstáculos reais que impedem que isso esteja ao alcance de quase todos.

JOHN STUART MILL (1863)

Tudo na vida clama que a felicidade terrena está destinada a ser malograda ou reconhecida como uma ilusão. Os dispositivos para isso

III.7. A VIDA PLENA E O MEDO DE SER FELIZ

encontram-se profundamente na essência das coisas. [...] A vida se expõe como um engodo contínuo, tanto em coisas pequenas como grandes. Caso ela tenha prometido, não cumpre; caso cumpra, é para mostrar quão pouco digno de desejo era o desejado: assim nos enganam ora a esperança ora o objeto da esperança. Forneceu-nos a vida algo, é para nos tirar. O encanto da distância nos mostra paraísos, os quais somem como ilusões de ótica quando nos permitimos ser por eles ludibriados. A felicidade, em consonância com tudo isso, reside sempre no futuro, ou também no passado, e o presente é comparável a uma pequena nuvem negra que o vento impele sobre a superfície do Sol: em frente e atrás tudo é brilhante, apenas ela mesma lança sempre uma sombra. O presente, por conseguinte, é a todo momento insuficiente; o futuro, entretanto, incerto; o passado, irrecuperável. [...] A vida é um negócio que não cobre os seus custos.

SCHOPENHAUER (1844)

CLEANTES: Suas descrições [Demea] são exageradas; suas imagens melancólicas são na maior parte fictícias; suas inferências contradizem os fatos e a experiência. A saúde é mais comum que a doença, o prazer que a dor, a felicidade que a tristeza. E, para cada dissabor que encontramos, revela-se, quando contamos, uma centena de contentamentos.

DAVID HUME (1779)

Se a grande massa dos homens fosse computar de maneira justa as horas que passam em situação confortável, ou mesmo com algum grau de prazer, isso revelaria como tais horas em muito excedem o

III.7. A VIDA PLENA E O MEDO DE SER FELIZ

número de horas que despendemos em estado de absoluta dor no corpo ou na mente.

HUGH BLAIR (1777)

Tome o planeta como um todo em média: para cada homem que padece com dor ou miséria, encontraremos vinte na prosperidade e alegria ou, pelo menos, em circunstâncias toleráveis. Nenhuma razão seguramente pode ser dada pela qual deveríamos chorar por causa de um, em vez de nos rejubilarmos com os vinte. [...] Qual a finalidade de nos atormentarmos com o mundo da lua?

ADAM SMITH (1759)

FILO: Admitindo [Cleantes] seu ponto de vista, ainda que extremamente duvidoso, você [Cleantes] deve ao mesmo tempo reconhecer que a dor, embora menos freqüente que o prazer, é infinitamente mais violenta e durável. Uma hora de dor é muitas vezes capaz de suplantar um dia, uma semana, um mês de nossos triviais e insípidos prazeres. E quantos dias, semanas e meses muitos não passam em meio aos mais agudos tormentos? Quase apenas numa única situação o prazer consegue alcançar o êxtase e arrebatamento, e, em nenhuma situação, ele é capaz de se manter por mais tempo em seu ponto mais intenso e elevado. Os humores se evaporam, os nervos relaxam, o tecido se desordena, e o desfrute rapidamente degenera em fadiga e desconforto. Mas a dor com freqüência — com que freqüência, Bom Deus! — galga a tortura e a agonia, e, quanto mais ela se prolonga, mais genuína se tornam a agonia e a tortura.

DAVID HUME (1779)

III.7. A VIDA PLENA E O MEDO DE SER FELIZ

Basta que [os alvos dos esforços e desejos humanos] sejam alcançados, e já não nos parecem os mesmos. Por conseguinte, logo são esquecidos, tornando-se antiquados, e, inevitavelmente, embora nunca se admita, sempre são postos de lado como ilusões passageiras. Portanto, será felicidade suficiente caso reste algo para desejar-se e pelo que se esforçar, para que o jogo de transição contínua entre desejo e satisfação, e desta para um novo desejo — cujo curso rápido se chama felicidade e o lento se chama sofrimento — seja jogado sem resvalar naquela imobilidade que se mostra como tédio horroroso, paralisante, anseio incolor sem objeto determinado, langor mortífero.

SCHOPENHAUER (1819)

GRAZIANO: Algo sempre se mantém. Quem se despede no final de um banquete com o mesmo apetite aceso com que sentou à mesa? [...] Todas as coisas que são, são com mais ímpeto perseguidas que desfrutadas.

SHAKESPEARE (1600)

— Dê a um homem tudo o que ele deseja, e ele, apesar disso, naquele mesmo momento, sentirá que esse *tudo* não é *tudo*.

KANT (1789)*

MENDOZA: Existem duas tragédias na vida. Uma é não conquistar o que seu coração deseja. A outra é conquistar.

BERNARD SHAW (1903)

---

* Em conversa com o historiador russo Nikolai Karamzin.

III.7. A VIDA PLENA E O MEDO DE SER FELIZ

SIR ROBERT CHILTERN: Quando os deuses querem nos punir, eles atendem às nossas preces.

OSCAR WILDE (1895)

Nós rezamos pela subida do Nilo. O Nilo subiu, e fomos devastados pela inundação.

PROVÉRBIO ÁRABE

Sinto-me tão feliz que me sinto amedrontado, como Polícrates; eu sinto que o destino deve ter algo de ruim reservado.

BERTRAND RUSSELL (1925)*

ORLANDO: Oh, mas como é amargo olhar a felicidade pelos olhos de um outro homem!

SHAKESPEARE (1600)

Pergunte-se a si próprio se você é feliz, e você deixa de sê-lo.

JOHN STUART MILL (1873)

Por que é que, para ser feliz, é preciso não sabê-lo?

FERNANDO PESSOA (1932)

---

* Carta a Ottoline Morrell. Polícrates (tirano da colônia grega de Samos no século VI a.C.) teria despertado a nêmesis divina por causa de sua exuberante felicidade (*hybris*); mesmo quando, temeroso dos deuses, tenta moderar sua boa fortuna, ela retorna inadvertidamente a ele.

III.7. A VIDA PLENA E O MEDO DE SER FELIZ

A felicidade entre os homens jamais permanece por longo tempo no mesmo sítio.

HERÓDOTO (SÉCULO V A.C.)

Uma era de felicidade simplesmente não é possível porque as pessoas querem apenas desejá-la, mas não possuí-la, e cada indivíduo aprende durante os seus bons tempos a de fato rezar por inquietações e desconforto. O destino do homem está projetado para *momentos felizes* — toda vida os têm —, mas não para eras felizes. Estas, porém, permanecerão fixadas na imaginação humana como "o que está além das montanhas", como um legado de nossos ancestrais: pois o conceito de uma era de felicidade foi sem dúvida adquirido nos tempos primordiais, a partir da condição em que, depois de um esforço violento na caça e na guerra, o homem se entrega ao repouso, estica os membros e sente as asas do sono roçando sua pele. Será uma falsa conclusão se, na trilha dessa remota e familiar experiência, o homem imaginar que, após eras inteiras de labor e inquietação, ele poderá usufruir, de modo correspondente, daquela condição de felicidade intensa e prolongada.

NIETZSCHE (1878)

A História não é o palco da felicidade; nela, os períodos de felicidade são páginas em branco.

HEGEL (1830)

Agora lhe pergunto: o que podemos esperar do homem enquanto criatura dotada de tão estranhas qualidades? Faça chover sobre ele todos os tipos de bênçãos terrenas; submerja-o em felicidade até

III.7. A VIDA PLENA E O MEDO DE SER FELIZ

acima da cabeça, de modo que só pequenas bolhas apareçam na superfície dessa felicidade, como se em água; dê a ele uma prosperidade econômica tamanha que nada mais lhe reste para ser feito, exceto dormir, comer pão-de-ló e preocupar-se com a continuação da história mundial — mesmo assim, por pura ingratidão, por exclusiva perversidade, ele vai cometer algum ato repulsivo. Ele até mesmo arriscará perder o seu pão-de-ló e desejará intencionalmente o mais depravado lodo, o mais antieconômico absurdo, simplesmente a fim de injetar o seu fantástico e pernicioso elemento no âmago de toda essa racionalidade positiva.

DOSTOIEVSKI (1864)

Quem acusa os outros pelos seus próprios infortúnios revela uma total falta de educação; quem acusa a si mesmo mostra que a sua educação já começou; mas quem não acusa nem a si mesmo nem aos outros revela que a sua educação está completa.

EPITETO (SÉCULO I D.C.)

Se a felicidade é atividade de acordo com a virtude, é razoável que deva ser de acordo com a mais elevada virtude; e esta será aquela condizente com o que há de melhor em nós. [...] O homem que exercita e cultiva sua razão [*nous*] parece ser tanto o que possui o melhor estado mental como o mais querido dos deuses. Pois, se os deuses têm qualquer preocupação com assuntos humanos, como se concebe ser o caso, então é razoável supor que eles se deleitem com o que é melhor e mais próximo deles, ou seja, o exercício da razão, e que recompensem aqueles que mais amam e honram isso, agindo bem e correta-

III.7. A VIDA PLENA E O MEDO DE SER FELIZ

mente ao cultivar aquilo que eles próprios estimam. E que todos esses atributos pertencem sobretudo ao filósofo é algo evidente. Ele, portanto, é o mais querido dos deuses. E aquele que os deuses amam será também, presumivelmente, o mais feliz. De modo que também por isso o filósofo será, mais que qualquer outro, feliz.

ARISTÓTELES (SÉCULO IV A.C.)

Dois homens bastante diferentes, Platão e Aristóteles, concordaram em que *a felicidade suprema*, não só para eles ou os homens em geral, mas em si mesma, até para deuses de altas venturas, consiste no *conhecer*, na atividade de um bem treinado *entendimento* que procura e inventa (*não* na "intuição", como os teólogos e semiteólogos alemães; *não* na visão, como os místicos, e tampouco no fazer, como todos os práticos). De modo semelhante julgaram Descartes e Espinosa: como devem ter *fruído* o conhecimento todos eles! E que perigo para a sua honestidade, o de assim tornarem-se panegiristas das coisas!

NIETZSCHE (1881)

Poucas criaturas humanas consentiriam ser transformadas em qualquer dos animais inferiores em troca da promessa do mais pleno acesso aos seus prazeres bestiais; nenhum ser humano inteligente consentiria tornar-se um tolo, nenhuma pessoa instruída, um ignorante, ninguém de sensibilidade e consciência, um ser egoísta e reles, e isso mesmo que eles fossem persuadidos de que o tolo, o beócio ou o infame estavam mais satisfeitos com a sua sorte do que eles estão com a deles. [...] É melhor ser um ser humano insatisfeito que um porco satisfeito; melhor ser um Sócrates insatisfeito que um tolo satisfeito; e, se o tolo ou o porco tem uma opinião distinta, é porque eles só conhecem o seu próprio lado da questão.

JOHN STUART MILL (1863)

Em suma: a contemplação da natureza propicia-nos um gosto antecipado da graça celeste, uma alegria constante para a alma e o princípio de sua completa renovação — nela reside o ponto mais alto da felicidade humana.

LINEU (1748)

Eu resolvi examinar as diversas ocupações que as pessoas têm na vida, buscando escolher a melhor entre elas; e, sem desejar dizer algo a respeito delas, concluí que não poderia fazer nada melhor do que continuar naquela que encontrei para mim, ou seja, ocupando toda a minha vida no cultivo da razão e na busca do conhecimento da verdade, seguindo o Método que prescrevi a mim mesmo. Eu havia sentido um contentamento tão profundo desde que comecei a usar esse Método, que não acreditava que alguém pudesse obter algo mais doce ou mais inocente nesta vida; e, ao seguir descobrindo, a cada dia, por meio dele, verdades que me pareciam dotadas de certa importância e das quais os outros não estavam em geral cientes, a satisfação que senti preencheu minha mente de maneira tão plena que nada mais de modo nenhum me afetava.

DESCARTES (1637)

O hábito de recolher-me a mim mesmo terminou por me tornar imune aos males que me acossam, e quase me fez perder a memória

III.7. A VIDA PLENA E O MEDO DE SER FELIZ

deles. Desse modo, aprendi com base em minha própria experiência que a fonte da felicidade reside dentro de nós e que não está no poder dos homens fazer com que fique realmente desgostosa uma pessoa determinada a ser feliz. Por quatro ou cinco anos desfrutei regularmente de alegrias interiores que almas gentis e afetuosas encontram numa vida de contemplação.

ROUSSEAU (1782)

Talvez as horas de maior prazer em minha vida tenham se dado como resultado da capacidade do piano de ser em si mesmo um meio de expressão musical completo. Em retrospecto, penso que essas incontáveis horas de solitude com a música unificaram a energia diretiva de minha vida.

BILL EVANS (1968)

Querei só o que podeis, e sereis omnipotentes.

PADRE ANTÔNIO VIEIRA (1641)

8. *Vanitas vanitatum, et omnia vanitas*

Embora todos os homens estejam de acordo sobre a doutrina geral da vaidade do mundo, tal é a sedução do amor-próprio que, não obstante, quase todos se vangloriam de que o seu próprio caso é uma exceção à regra comum.

HUGH BLAIR (1777)

Por muito que examine minha vaidade, não lhe vejo o mesmo tom desagradável da dos outros. O que é uma vaidade suplementar.

CARLOS DRUMMOND DE ANDRADE (1952)

Os homens não estão cientes do calor que emana de seu coração, embora ele dê vida e movimento a todas as outras partes do seu corpo. [...] O mesmo se dá com a vaidade: ela é tão natural para o homem que ele não a percebe. E, embora seja isso que dê, por assim dizer, vida e movimento à maioria dos seus pensamentos e desígnios, isso ocorre de um modo que é imperceptível para o sujeito. [...] Os homens não percebem suficientemente que é a vaidade que dá ímpeto à maioria de suas ações.

MALEBRANCHE (1674)

III.8. VANITAS VANITATUM, ET OMNIA VANITAS

Que algo tão óbvio como a vaidade do mundo seja tão pouco reconhecido que as pessoas estranhem e fiquem surpresas quando se diz a elas que a busca da grandeza é uma tolice — isso é o mais notável.

PASCAL (1662)

Em seu coração, os homens desejam ser estimados, mas eles cuidadosamente ocultam esse desejo porque querem se passar por virtuosos e porque o desejo de receber da virtude qualquer vantagem além dela mesma não seria ser virtuoso, mas amar a estima e o elogio — ou seja, ser vaidoso. Os homens são muito vaidosos, mas não há nada que eles mais detestem do que serem considerados vaidosos.

LA BRUYÈRE (1696)

Não há homem, não importa quão rude, rústico ou cultivado, que não arda com uma quase infinita *gloriae cupiditas* [cobiça de glória]. [...] Nenhuma arte consegue extirpá-la, nenhuma lei ou temor de punição, reprimi-la. [...] Não há raça, condição ou idade que não esteja inflamada por esse desejo. É espantoso como as crianças e até bebês são suscetíveis à influência do elogio.

JUAN DE MARIANA (1599)

A característica fundamental da velhice é a desilusão. As ilusões que conferiam à vida o seu charme e nos instigavam a agir se dissiparam. A vaidade e o vazio de todos os esplendores do mundo, especialmente da pompa, brilho e ostentação, se fizeram por fim reconhecidos. Aprendemos que existe muito pouco por trás da maior parte das coisas desejadas e dos prazeres pelos quais se espera. Gra-

III.8. VANITAS VANITATUM, ET OMNIA VANITAS

dualmente conquistamos uma visão mais penetrante da grande pobreza e vacuidade de toda a nossa existência. Apenas quando se tem setenta anos de idade é que se pode compreender plenamente o primeiro verso do Eclesiastes ["Vaidade das vaidades, tudo é vaidade"], mas é isso também que dá à velhice um certo toque de rabugice e mau humor.

SCHOPENHAUER (1851)

— Já vivi o suficiente, e sou grato a Deus por ter desfrutado uma vida feliz; mas, no final das contas, esta vida não é nada senão vaidade.

JOHN LOCKE (1704)*

Se alguma vez chegamos a admitir as nossas deficiências, fazemos isso por vaidade.

LA ROCHEFOUCAULD (1665)

A virtude não iria longe se a vaidade não lhe fizesse companhia.

LA ROCHEFOUCAULD (1665)

Aquele que nega possuir vaidade normalmente a possui de forma tão brutal que instintivamente ele fecha os seus olhos diante dela para não se ver obrigado a desprezar a si mesmo.

NIETZSCHE (1886)

---

* Derradeiras palavras do filósofo em seu leito de morte, confidenciadas a Lady Masham.

III.8. VANITAS VANITATUM, ET OMNIA VANITAS

[Stalin] organizou a edição de uma descrição oficial de sua vida, e nesse livro marcado pela "bajulação mais desbragada", que lhe pareceu insuficiente, inseriu ele mesmo, *inter alia*, estas frases: "Stalin é o digno continuador da obra de Lenin" [...], e, finalmente, esta pincelada incomparável: "Stalin jamais deixou que seu trabalho fosse prejudicado pela mais leve sombra de vaidade, presunção ou autolatria".

ISAAC DEUTSCHER (1967)

Aquilo que existe de mais vulnerável e, apesar disso, de mais inconquistável é a vaidade humana: de fato, sua força aumenta e pode tornar-se por fim gigantesca quando ela é ferida.

NIETZSCHE (1886)

A vaidade intelectual, seja nele próprio, seja nos demais, era algo que Wittgenstein detestava. Creio que ele considerava mais importante manter-se livre de qualquer vestígio de vaidade do que alcançar uma grande reputação em filosofia. Certa vez, ele me disse: "A vaidade ferida é a mais terrível força do mundo. A fonte dos maiores males".

M. O'C. DRURY (1976)

A autoconfiança é o primeiro requisito para qualquer empresa. Mas aquele que forma a opinião que tem de si mesmo em isolamento, sem conhecer o poder de outros homens, está muito sujeito a errar. Contudo, a felicidade de [Alexander] Pope era saber avaliar o seu mérito pelo seu real valor. Como ele mesmo confessa, ele "se tinha a si próprio como o maior gênio que jamais existiu".

SAMUEL JOHNSON (1781)

III.8. VANITAS VANITATUM, ET OMNIA VANITAS

[Ferido por uma crítica adversa, um poeta busca consolo para a mágoa relendo seus próprios versos.] Desgosto [...], mas desgosto curto. Ele irá dali remirar-se nos próprios livros. A justiça que um atrevido lhe negou, não lhe negarão as páginas dele. Oh! a mãe que gerou o filho, que o amamenta e acalanta, que põe nessa frágil criaturinha o mais puro de todos os amores, essa mãe é Medéia, se a compararmos àquele engenho, que se consola da injúria, relendo-se; porque se o amor de mãe é a mais elevada forma de altruísmo, o dele é a mais profunda forma de egoísmo, e só há uma coisa mais forte que o amor materno, é o amor de si próprio.

MACHADO DE ASSIS (1878)

A maior parte dos homens gosta de sua própria escrita acima de todas as outras.

THOMAS MORE (1516)

A vaidade está tão arraigada no coração do homem que um soldado, o ajudante de um soldado, um cozinheiro, um porteiro, todos vivem a se gabar e a procurar admiradores, e mesmo os filósofos desejam tê-los. E aqueles que escrevem contra a vaidade desejam ter a glória de escrever bem; e aqueles que lêem o que estes escreveram desejam a glória de ter lido isso; e eu, que escrevo este ataque à vaidade, talvez alimente também o mesmo anseio de glória: e talvez também os que lêem isto.

PASCAL (1662)

Lutar pela glória significa "fazer-se superior e desejar que isso também apareça publicamente". Se falta a primeira coisa, e a segunda é

III.8. VANITAS VANITATUM, ET OMNIA VANITAS

mesmo assim desejada, fala-se de *vaidade*. Quando falta a segunda, e esta ausência não é sentida, fala-se de *orgulho*.

NIETZSCHE (1878)

O orgulho é a consciência (certa ou errada) de nosso próprio mérito, a vaidade, a consciência (certa ou errada) da evidência de nosso próprio mérito para os outros. Um homem pode ser orgulhoso sem ser vaidoso, pode ser ambas as coisas, vaidoso e orgulhoso, pode ser — pois tal é a natureza humana — vaidoso sem ser orgulhoso. É difícil à primeira vista compreender como podemos ter consciência da evidência de nosso mérito para os outros, sem a consciência de nosso próprio mérito. Se a natureza humana fosse racional, não haveria explicação alguma. Contudo, o homem vive a princípio uma vida exterior, e mais tarde uma interior; a noção de efeito precede, na evolução da mente, a noção de causa interior desse mesmo efeito. O homem prefere ser exaltado por aquilo que não é, a ser tido em menor conta por aquilo que é. É a vaidade em ação.

FERNANDO PESSOA (1923)

Tudo o que nos proporciona uma certa elevação em relação aos outros porque nos torna mais perfeitos, como, por exemplo, a ciência e a virtude, ou porque nos confere uma certa autoridade sobre eles tornando-nos mais poderosos, como as honras e as riquezas, parece fazer-nos independentes em certa medida. Todos os que estão abaixo de nós nos temem e reverenciam; estão sempre prontos a fazer o que nos agrada para nossa preservação, e não ousam nos prejudicar ou resistir aos nossos desejos. [...] A reputação de ser rico, culto e vir-

III.8. VANITAS VANITATUM, ET OMNIA VANITAS

tuoso produz na imaginação daqueles que nos cercam ou dos que nos são mais íntimos disposições de espírito que são muito vantajosas para nós. Ela os deixa prostrados aos nossos pés; instiga-os a nos agradar; inspira neles todos os impulsos que tendem à preservação de nossa pessoa e ao aumento de nossa grandeza. Assim, os homens preservam sua reputação tanto quanto necessário a fim de viver confortavelmente neste mundo.

MALEBRANCHE (1674)

Qual a finalidade da avareza e da ambição, da busca de riqueza, poder e preeminência? Será para suprir as necessidades da natureza? O salário do mais pobre trabalhador pode supri-las. Vemos que esse salário lhe permite ter comida e roupas, o conforto de uma casa e de uma família. Se examinássemos sua economia com rigor, constataríamos que ele gasta grande parte do que ganha com conveniências que podem ser consideradas supérfluas. [...] Qual é, então, a causa de nossa aversão à sua situação, e por que os que foram educados nas camadas mais elevadas consideram pior que a morte serem reduzidos a viver, mesmo sem trabalhar, compartilhando com ele a mesma comida simples, a habitar o mesmo teto modesto e a vestir-se com os mesmos trajes humildes? Por acaso imaginam que têm um estômago superior ou que dormem melhor num palácio do que numa cabana? [...] De onde, portanto, nasce a emulação que permeia todas as diferentes classes de homens, e quais são as vantagens que pretendemos com esse grande propósito da vida humana a que chamamos melhorar nossa condição? Ser notado, ser ouvido, ser tratado com simpatia e afabilidade e ser visto com aprovação são todas as vantagens que se

III.8. VANITAS VANITATUM, ET OMNIA VANITAS

pode pretender obter com isso. É a vaidade, e não a tranqüilidade ou o prazer, que nos interessa. Mas a vaidade sempre tem por base a convicção de sermos objeto de atenção e aprovação. O homem rico deleita-se com suas riquezas por julgar que elas naturalmente lhe atraem a atenção do mundo e que os homens estão dispostos a acompanhá-lo em todas as agradáveis emoções que as vantagens de sua situação tão prontamente inspiram a ele. Quando tal pensamento lhe ocorre, seu coração parece crescer e dilatar-se dentro do peito, e ele aprecia mais sua riqueza por esse motivo do que por todas as outras vantagens que ela lhe traz.

ADAM SMITH (1759)

Se o que se deseja é apenas dar sustento à natureza, bastam três libras esterlinas por ano, segundo a estimativa de William Petty; mas, como os tempos andam muito alterados, vamos supor seis libras. Essa quantia permitirá encher a pança, obter proteção contra as intempéries do clima, e até mesmo a compra de um casaco resistente, desde que feito de um bom couro de boi. Agora, tudo o que vá além disso é artificial e será desejado com vistas a obter um maior grau de respeito dos nossos concidadãos. E, se seiscentas libras por ano proporcionam a um homem mais distinção social e, é claro, mais felicidade do que seis libras por ano, a mesma proporção vai se manter para seis mil, e assim por diante, até onde se possa levar a opulência. Talvez o dono de uma grande fortuna possa não ser tão feliz como alguém que tem menos; mas isso decorrerá de outras causas que não a posse da grande fortuna.

SAMUEL JOHNSON (1763)

III.8. *VANITAS VANITATUM, ET OMNIA VANITAS*

Para a maior parte das pessoas ricas, o principal prazer proporcionado pelas riquezas consiste em exibi-las, prazer esse que a seu ver nunca é mais completo do que quando essas pessoas parecem possuir aquelas marcas decisivas de opulência que ninguém além delas pode possuir.

ADAM SMITH (1776)

Quando os meios de vida já foram obtidos, a maior parte do trabalho e do esforço restantes que ocorrem no planeta tem como objetivo adquirir o respeito ou a opinião favorável dos homens, ser admirado ou, ao menos, não ser desprezado por eles. A atividade industrial e a atividade comercial que fazem avançar a civilização, assim como a frivolidade, a prodigalidade e a sede egoísta de engrandecimento que a retardam, originam-se igualmente dessa mesma fonte.

JOHN STUART MILL (1874)

O desejo de obter a estima e a admiração de outras pessoas, quando se dá por meio de qualidades e talentos que são objetos naturais e apropriados da estima e da admiração, é o amor real da verdadeira glória; uma paixão que, se não é a melhor da natureza humana, está certamente entre as melhores. A vaidade é com freqüência nada mais que a tentativa de usurpar prematuramente essa glória antes que seja devida. Embora seu filho, antes dos vinte e cinco anos, não passe de um pretensioso, não desespere, por isso, de que ele se torne, antes de chegar aos quarenta, um homem sábio e valoroso, com real aptidão para todos os talentos e virtudes em relação aos quais não passa, no presente, de um vazio e exibido dissimulador. O grande

III.8. VANITAS VANITATUM, ET OMNIA VANITAS

segredo da educação reside em direcionar a vaidade para objetos apropriados.

ADAM SMITH (1759)

O mais sólido conhecimento (aquele acerca da total falta de liberdade da vontade humana) é não obstante o mais carente de sucesso: pois ele sempre tem o mais sólido adversário, a vaidade humana.

NIETZSCHE (1886)

É difícil para um homem falar longamente sobre si mesmo sem vaidade; portanto, serei breve.

DAVID HUME (1777)

9. A inconstância dos homens

Não é coisa fácil decidir se nossa época se caracteriza pelo excesso ou pela míngua de crença.

CARLOS DRUMMOND DE ANDRADE (1952)

Os que se dedicam à crítica das ações humanas jamais se sentem tão embaraçados como quando procuram agrupar e harmonizar sob uma mesma luz todos os atos dos homens, pois estes se contradizem comumente a tal ponto que não parecem provir de um mesmo indivíduo. [...] Somos todos constituídos de peças e pedaços juntados de maneira casual e diversa, e cada peça funciona independentemente das demais. Daí ser tão grande a diferença entre nós e nós mesmos quanto entre nós e outrem: "Crede-me, não é coisa fácil conduzir-se como um só homem" [Sêneca].

MONTAIGNE (1592)

Pois tal é a matéria de que o homem é feito: em princípio ou na prática, na trilha certa ou na errada, a mais rara de todas as qualidades humanas é a consistência.

BENTHAM (1789)

III.9. A INCONSTÂNCIA DOS HOMENS

Esses princípios da natureza humana, dirão vocês, são contraditórios. Mas o que é o homem senão um amontoado de contradições!

DAVID HUME (1742)

ULRICH VON HUTTEN: Eu não sou um livro bem raciocinado; sou um homem com suas contradições.

CONRAD MEYER (1871)

Quer dizer que eu me contradigo? Pois bem, então me contradigo (eu sou vasto, eu abrigo multidões).

WALT WHITMAN (1881)

É apenas na lógica que contradições não podem existir.

ATRIBUÍDO A FREUD

São assim os homens; as águas que passam, e os ventos que rugem não são outra coisa.

MACHADO DE ASSIS (1891)

Não somente o vento dos acontecimentos me agita conforme o rumo de onde vem, como eu mesmo me agito e perturbo em conseqüência da instabilidade da posição em que esteja. Quem se examina de perto raramente se vê duas vezes no mesmo estado. Dou à minha alma ora um aspecto ora outro, segundo o lado para o qual me volto. Se falo de mim de diversas maneiras, é porque me olho de diferentes modos. Todas as contradições em mim se deparam, no fundo como na forma. Envergonhado, insolente, casto, libidinoso, tagarela,

III.9. A INCONSTÂNCIA DOS HOMENS

taciturno, trabalhador, requintado, engenhoso, tolo, aborrecido, complacente, mentiroso, sincero, sábio, ignorante, liberal, avarento, pródigo, assim me vejo de acordo com cada mudança que se opera em mim. E quem quer que se estude atentamente reconhecerá igualmente em si, e até em seu julgamento, essa mesma volubilidade, essa mesma discordância. Não posso aplicar a mim mesmo um juízo completo, simples, sólido, sem confusão nem mistura, nem o exprimir com uma só palavra.

MONTAIGNE (1592)

Nada é mais dessemelhante a mim mesmo que eu mesmo; daí por que seria inútil tentar definir o meu caráter por qualquer outra coisa que não a variedade; a mutabilidade é uma parte integrante de minha mente de um modo tal que minhas crenças se alteram de um momento para outro: algumas vezes sou um sombrio misantropo, em outras me sinto intensamente feliz em meio aos encantos da sociedade e aos prazeres do amor. Há momentos em que sou austero e piedoso [...], então subitamente me torno um franco libertino. [...] Em suma, um protéico, um camaleão e uma mulher são todos criaturas menos mutáveis que eu.

ROUSSEAU (1747)

Alguém que se dedicasse por três anos ao estudo sem pensar em recompensa [obtenção de um cargo remunerado] seria realmente difícil de encontrar.

CONFÚCIO (SÉCULO V A.C.)

III.9. A INCONSTÂNCIA DOS HOMENS

A vida traz a cada um sua tarefa e, seja qual for a ocupação escolhida, álgebra, pintura, arquitetura, poesia, comércio, política — todas estão ao nosso alcance, até mesmo na realização de miraculosos triunfos, tudo na dependência da seleção daquilo para que temos aptidão: comece pelo começo, prossiga na ordem certa, passo a passo. É tão fácil retorcer âncoras de ferro e talhar canhões como entrelaçar palha, tão fácil ferver granito como ferver água, se você fizer todos os passos em ordem. Onde quer que haja insucesso é porque houve titubeio, houve alguma superstição sobre a sorte, algum passo omitido, que a natureza jamais perdoa. Condições felizes de vida podem ser obtidas nos mesmos termos. A atração que elas suscitam é a promessa de que estão ao nosso alcance. Nossas preces são profetas. É preciso fidelidade; é preciso adesão firme. Quão respeitável é a vida que se aferra aos seus objetivos! As aspirações juvenis são coisas belas, suas teorias e planos de vida são legítimos e recomendáveis: mas você será fiel a eles? Nem um homem sequer, eu receio, naquele pátio repleto de gente, ou não mais que um em mil. E, quando você cobra deles a traição cometida, e os faz relembrar de suas altas resoluções, eles já não se recordam dos votos que fizeram. [...] A corrida é longa, e o ideal, legítimo, mas os homens são inconstantes e incertos. O herói é aquele imovelmente centrado. A principal diferença entre as pessoas parece ser a de que um homem é capaz de se sujeitar a obrigações das quais podemos depender — é obrigável; e outro não é. Como não tem a lei dentro de si, não há nada que o prenda.

EMERSON (1860)

III.9. A INCONSTÂNCIA DOS HOMENS

O que provoca inconstância é a constatação de que os prazeres presentes são falsos aliada à falta de constatação de que os prazeres ausentes são vãos.

PASCAL (1662)

A consistência é o último refúgio dos sem imaginação.

OSCAR WILDE (1885)

Outrora foi o mundo tão estável que a palavra dada era obrigação. Hoje é tudo tão falso e condenável que nada há de comum entre ela e a ação. Houve no mundo tal transformação que, em meio da vaidade e avareza, tudo se perde à falta de firmeza.

CHAUCER (SÉCULO XIV)

ATOR REI: Acredito, sim, que [tu, atriz rainha] penses o que dizes agora; mas aquilo que decidimos, não raro violamos. O propósito não passa de servo da memória, de nascer violento mas fraca validade. E que agora, como fruta verde, à árvore se agarra, mas, quando amadurecida, despenca sem chacoalho. Imprescindível é que nos esqueçamos de nos pagar a nós mesmos o que a nós é devido. Aquilo que a nós mesmos em paixão propomos, a paixão cessando, o propósito está perdido.

SHAKESPEARE (1604)

Quando meu amor jura que ela é feita da verdade, acredito, sim, no que diz, embora saiba que está mentindo.

SHAKESPEARE (1609)

III.9. A INCONSTÂNCIA DOS HOMENS

PRÓSPERO: Os mais fortes juramentos são palha para o fogo nas veias.

SHAKESPEARE (1623)

No despontar da juventude eu havia deploravelmente faltado. Rezava a Deus pela castidade e dizia: "Dai-me a castidade e a continência, mas não já". Pois temia que Deus atendesse prontamente às minhas preces, e cedo demais me curasse da enfermidade da lascívia, a que desejava satisfazer, não suprimir.

SANTO AGOSTINHO (SÉCULO IV D.C.)

O maestro Aschermann, violinista, dirige o requintado quinteto de cordas. Guadagnin, segundo violino, Gioglia na viola. O violoncelo é de Targino. Ao piano, Nazinha Prates. Haydn flutua no ar da Rua Bahia. Por que maligna inclinação, vou ver o melodrama dos Garridos no palco-poeira do Cinema Floresta?

CARLOS DRUMMOND DE ANDRADE (1979)

CASSIUS: Quem é tão firme que não pode ser seduzido?

SHAKESPEARE (1623)

Aquilo que um homem diz, promete e decide na paixão deve depois sustentar na frieza e na sobriedade — tal exigência é um dos fardos que mais pesam sobre a humanidade. Ter de reconhecer, por todo o tempo futuro, as conseqüências da ira, da vingança inflamada, da devoção entusiasmada — isto pode suscitar, contra esses sentimentos, uma irritação tanto maior por eles serem objeto de idolatria, em toda parte e sobretudo pelos artistas. [...] Por termos jurado fidelidade, talvez até a um ser apenas fictício como um deus, por termos entregado o coração a um príncipe, a um partido, a uma mulher, a uma ordem sacerdotal, a um artista, a um pensador, num estado de cega ilusão que nos pôs encantados e os fez parecer dignos de toda veneração, todo sacrifício — estamos agora inescapavelmente comprometidos? Não teríamos enganado a nós mesmos naquela época? Não teria sido uma promessa hipotética, feita sob o pressuposto (tácito, sem dúvida) de que os seres aos quais nos consagramos eram realmente os mesmos que apareciam em nossa imaginação? Estamos obrigados a ser fiéis aos nossos erros, ainda percebendo que com essa fidelidade causamos prejuízo ao nosso eu superior? — Não, não existe nenhuma lei, nenhuma obrigação dessa espécie; *temos* de nos tornar traidores, praticar a infidelidade, sempre abandonar nossos ideais. Não passamos de um período a outro da vida sem causar essas dores da traição e sem sofrê-las também.

NIETZSCHE (1878)

Oh, o homem é um deus quando sonha, mas um mendigo quando reflete; e, quando o entusiasmo acaba, ele fica ali parado, como um filho desgarrado, expulso da casa paterna, observando o miserável centavo que a compaixão jogou em seu caminho.

HÖLDERLIN (1797)

FAUSTO: Falas assim [Wagner] porque só tens uma aflição, não procuras jamais as outras desvendar. Duas almas residem no meu peito, e cada uma delas anseia da outra se apartar. Uma rude me arrasta aos

III.9. A INCONSTÂNCIA DOS HOMENS

prazeres mundanos, e a este mundo se agarra com tenacidade. A outra ascende aos ares, e às esferas rarefeitas quer se alçar.

GOETHE (1797)

Fausto reclamou de ter duas almas no seu peito. Eu possuo toda uma multidão batendo boca. É como se fosse uma república.

ATRIBUÍDO A BISMARCK

Cada ser humano é uma pequena sociedade.

NOVALIS (1798)

IV
ÉTICA CÍVICA:
ECONOMIA, SOCIEDADE, IDENTIDADES

1. *Auri sacra fames*

Quanto à riqueza, não há limite claramente definido. Pois aqueles que hoje dispõem das maiores fortunas entre nós possuem também o dobro da voracidade dos demais, e quem poderá satisfazer a todos?

SÓLON (SÉCULO VI A.C.)

CREONTE: Nada suscitou nos homens tantas ignomínias como o dinheiro. É capaz de arruinar cidades, de expulsar os homens de seus lares; seduz e deturpa o espírito nobre dos justos, levando-os a ações abomináveis. Ensina ao mortal os caminhos da astúcia e da perfídia, e o induz a realizar obras amaldiçoadas pelos deuses.

SÓFOCLES (SÉCULO V A.C.)

Estar satisfeito com a nossa própria riqueza é a maior e mais segura riqueza. [...] Nada é mais revelador de um espírito pequeno e mesquinho do que o amor à riqueza; nada mais honorável do que desprezar o dinheiro se você não o possui, mas dedicá-lo à beneficência se você o possui.

CÍCERO (SÉCULO II A.C.)

IV.1. AURI SACRA FAMES

A que não obrigas o coração, ó execranda fome de ouro [*auri sacra fames*]?

VIRGÍLIO (SÉCULO I A.C.)

Quando surgiu a propriedade e o ouro foi descoberto, a força e a beleza perderam muito do seu brilho. Pois não importa quão belos ou fortes sejam os homens, eles em geral seguem atrás do mais rico.

LUCRÉCIO (SÉCULO I A.C.)

Por meios honestos se você conseguir, mas por quaisquer meios faça dinheiro.

HORÁCIO (SÉCULO I A.C.)

Quem liga para a reputação se consegue agarrar o seu dinheiro?

JUVENAL (SÉCULO I D.C.)

EUMOLPO: É o amor ao dinheiro que causou essa transformação. Nos tempos antigos, quando se sabia apreciar a virtude por si mesma, as artes liberais e a ciência floresciam, e uma nobre emulação levava os homens a darem o melhor de si na busca de descobertas que beneficiariam os séculos vindouros. Foi assim que Demócrito extraiu o suco de todas as ervas e folhas, e consumiu a vida em experimentos visando revelar as propriedades das plantas e minerais. [...] E nós, entretanto, mergulhados no vinho e na perdição, não temos sequer a determinação de estudar as artes que nos foram legadas, e como detratores da Antigüidade trilhamos um currículo de decadência. Onde foi parar a dialética? E a astronomia? Onde a estrada do saber? Quem hoje em dia

IV.1. AURI SACRA FAMES

vai a um templo e faz uma oferenda a um deus para conquistar a eloqüência ou por um gole na fonte da filosofia? Nem mesmo mente sã em corpo são é o que pedem, mas, assim que adentram o templo, prometem oferendas em troca do prazer de sepultar um parente rico, desenterrar um tesouro ou amealhar sem esforço trezentos mil sestércios. O próprio Senado, antigo guardião das virtudes, faz votos de mil libras de ouro a Júpiter no Capitólio, ornando o deus com seu ouro e assim sancionando a ganância dos mortais. Não admira, portanto, que a arte da pintura tenha morrido, já que deuses e homens encontram agora mais beleza em barras de ouro do que nas obras-primas de Apeles e Fídias.

PETRÔNIO (SÉCULO I D.C.)

O amor ao dinheiro é a raiz de todos os males.

SÃO PAULO (SÉCULO I D.C.)

Toda riqueza provém do pecado. Ninguém pode ganhar sem que alguém perca. Se o pecado não foi cometido pelo atual proprietário da riqueza, então a riqueza é produto do pecado cometido por seus antepassados.

SÃO JERÔNIMO (SÉCULO IV D.C.)

O ouro é uma coisa maravilhosa! Seu dono é o senhor de tudo o que deseja. O ouro faz até mesmo as almas entrarem no paraíso.

COLOMBO (1503)*

* Carta enviada da Jamaica aos reis da Espanha.

IV.1. AURI SACRA FAMES

Os pagãos puderam concluir, à luz da razão, que um usurário é um ladrão redobrado e um assassino. Mas nós, cristãos, os temos em tão honrosa conta que quase os adoramos por causa do seu dinheiro. [...] Quem extrai, rouba e furta o alimento de outro é moralmente um homicida, como quem mata uma pessoa de fome ou a arruína por completo. É o que faz o usurário. Entretanto, senta-se tranqüilamente em sua poltrona quando, com justiça, deveria estar suspenso na forca e ser devorado por tantos corvos quantos fossem os florins por ele roubados, supondo que tenha carne suficiente para que tamanha multidão de corvos pudesse perfurá-la e reparti-la entre si. [...] Não há sobre a Terra maior inimigo do ser humano, depois do demônio, do que um avarento sugador de dinheiro, sequioso de dominar como Deus todos os homens. Os turcos, os guerreiros, os tiranos são também homens maus, todavia têm de deixar os outros viver, e confessam que são maus e são inimigos. Mas um usurário, obcecado por dinheiro, deseja que todo mundo pereça de fome e sede, miséria e necessidade, o que faria se fosse capaz, de modo a tomar tudo para si e obrigar todos a recorrer a ele como a um Deus e a se tornarem para sempre seus servos.

LUTERO (1524)

O ouro apazigua o marido ciumento e amolece o coração de seu impetuoso rival. O ouro dobra os guardas mais escrupulosos e faz todas as portas se abrirem. Todo leito nupcial tem o seu preço em ouro. A mais espessa trava de porta, o rochedo mais duro, os elos inquebrantáveis do matrimônio — a todos eles o ouro parte ao meio. Como espantar-se de que virgens, moças, matronas, viúvas, freiras

IV.1. AURI SACRA FAMES

sejam venais, quando o próprio Cristo é vendido por ouro? Incontável é o número dos que se alçaram das mais baixas camadas até os cumes da nobreza tendo o ouro propiciador como líder. Um homem prostitui a esposa e se faz senador, outro prostitui a filha e, surpresa, torna-se um conde. [...] Diversos cardeais e papas obtiveram vultosos benefícios por meio de semelhantes artes, e nenhum outro caminho na Igreja se revela mais expedito.

CORNELIUS AGRIPPA (1530)

TIMON: Ouro amarelo, fulgurante, ouro precioso! [...] Basta uma porção dele para fazer do preto, branco; do feio, belo; do errado, certo; do baixo, nobre; do velho, jovem; do covarde, valente. Ó deuses!, por que isso? O que é isso, ó deuses? [...] [O ouro] arrasta os sacerdotes e os servos para longe do seu altar, arranca o travesseiro onde repousa a cabeça dos íntegros. Esse escravo dourado ata e desata vínculos sagrados; abençoa o amaldiçoado; torna adorável a lepra repugnante; nomeia ladrões e lhes confere títulos, genuflexões e a aprovação na bancada dos senadores. É isso que faz a viúva anciã casar-se de novo [...]. Venha, mineral execrável, prostituta vil da humanidade [...] eu o farei executar o que é próprio da sua natureza.

SHAKESPEARE (1623)

Por diferentes que sejam, numa mesma coisa se parecem o espanhol [Don Juan] e o veneziano [Casanova]: ambos lançam mão de todos os recursos para vencer a fortaleza feminina. É ingenuidade supor que a beleza, a graça física, o *it* bastem a esses fins. Casanova tinha tudo isso no mais alto grau: era verdadeiramente um demônio, capaz de

IV.1. AURI SACRA FAMES

seduzir três irmãs em comum. Todavia não se fiava de tão raros recursos (nenhum verdadeiro sedutor se fiará jamais). Corrompia sempre pelo dinheiro, e confessa mais de uma vez nas *Memórias* que em noventa por cento de suas conquistas o dinheiro foi o instrumento mais eficaz de triunfo. O dinheiro em si ou por tudo o que proporciona de fácil, amável. Assim o conselho dele é o mesmo de Iago a Rodrigo: "*Put money in thy purse…* [Ponha dinheiro em sua bolsa] *I say, put money in thy purse*". Primeira grande lição de Casanova.

MANUEL BANDEIRA (1937)

Na sociedade civilizada, o mérito jamais o servirá tão bem como faz o dinheiro. Cada um pode fazer o experimento por si. Vá até a rua e ofereça a um homem uma preleção sobre moralidade, a outro um *shilling*, e daí observe qual dos dois o respeitará mais.

SAMUEL JOHNSON (1763)

Essa paixão inextinguível pelo ganho, a *auri sacra fames*, guiará sempre os capitalistas.

MCCULLOCH (1830)

O pagamento em dinheiro tornou-se o único vínculo entre um homem e outro.

THOMAS CARLYLE (1839)

Os ingleses têm pouco que desvie sua atenção do trabalho ou que diminua o domínio que tem sobre eles aquela propensão que é a paixão dos que não têm nenhuma outra e cuja satisfação compreende

IV.1. AURI SACRA FAMES

tudo o que eles imaginam como sendo sucesso na vida — o desejo de tornar-se mais rico.

JOHN STUART MILL (1848)

Em alguma hora distante e ainda insuspeita, posso até mesmo imaginar a Inglaterra se desfazendo de todos os pensamentos de riqueza possessiva e devolvendo-os às nações bárbaras em meio às quais eles originariamente surgiram.

JOHN RUSKIN (1862)

O comércio é natural e, portanto, vergonhoso. O menos vil de todos os comerciantes é o que diz: "Sejamos virtuosos, já que assim ganharemos mais dinheiro que os tolos desonestos". Para o comerciante até a honestidade é especulação financeira.

BAUDELAIRE (1867)

A sociedade antiga denuncia o dinheiro como elemento corrosivo da ordem econômica e moral. A sociedade moderna, que já nos seus primórdios arranca Plutão pelos cabelos das entranhas da terra, saúda no ouro o Santo Graal, a resplandecente encarnação do princípio mais autêntico de sua vida. [...] Nunca se deve considerar o valor de uso o objetivo imediato do capitalista. Tampouco o lucro isolado de cada transação. O seu alvo é o interminável processo de obtenção de lucros. Esse impulso de enriquecimento absoluto, essa caça apaixonada ao valor, é comum ao capitalista e ao avarento, mas enquanto este é um capitalista enlouquecido aquele é o avaro racional. A expansão incessante do valor, que o avarento procura obter pelo entesou-

IV.1. AURI SACRA FAMES

ramento, é conquistada pelo sagaz capitalista por meio da contínua recolocação do dinheiro em circulação.

MARX (1867)

Por toda parte parece estar se espalhando algum tipo de droga, uma comichão para a devassidão. As pessoas tornaram-se sujeitas a uma distorção de idéias sem precedentes, uma idolatria em massa do materialismo. Por materialismo, neste caso, refiro-me à idolatria do dinheiro pelas pessoas, à adoração do poder inerente a um saco de ouro. Subitamente parece ter ocorrido às pessoas a noção de que o tal saco contém todo o poder, e que tudo o que lhes foi dito e ensinado até o presente por seus pais é bobagem. [...] Repito: alguma coisa saturada de materialismo e ceticismo está se espalhando pelo ar, uma adoração do ganho fortuito, do desfrute sem trabalho. Toda fraude, toda vilania é perpetrada a sangue frio; as pessoas são assassinadas para que se roube até mesmo um único rublo dos seus bolsos.

DOSTOIEVSKI (1876)

Um utiliza pesos falsos, outro põe fogo na casa depois de fazer um bom seguro, um terceiro falsifica moedas, e três quartos da mais alta sociedade se dedicam à fraude lícita, tendo só ações e especulação na cabeça: o que os impele? Não a necessidade, pois seus negócios não vão mal. O que os aflige e impele, dia e noite, é uma terrível impaciência pela lentidão com que seu dinheiro se acumula e um prazer igualmente terrível com o dinheiro acumulado. [...] Os meios utilizados pelo desejo de poder são outros, mas o mesmo vulcão continua ardendo e o amor desmesurado reclama o seu sacrifício. O que antes

IV.1. AURI SACRA FAMES

se fazia "por amor a Deus" se faz hoje por amor ao dinheiro, quer dizer, em nome daquilo que agora dá a máxima sensação de poder e boa consciência.

NIETZSCHE (1881)

O impulso para a aquisição, a busca do ganho, do dinheiro, da maior quantidade possível de dinheiro, não tem nada a ver com o capitalismo. Tal impulso existe e tem existido entre garçons, médicos, artistas, cocheiros, prostitutas, funcionários desonestos, soldados, nobres, cruzados, apostadores e mendigos. Pode-se dizer que ele tem sido comum a todos os tipos de homens, de todas as condições, em todas as épocas e países do planeta, onde quer que a possibilidade objetiva dele exista ou tenha existido. [...] A *auri sacra fames* é tão antiga quanto a história do homem.

WEBER (1920)

Aquilo que o homem atual típico deseja conseguir com o dinheiro é mais dinheiro, com o objetivo de ostentar e sobrepujar àqueles que eram até então seus iguais. [...] Mais que isso: fez-se do dinheiro a medida aceita da inteligência. Aquele que ganha muito é esperto; aquele que não, não é. Ninguém gosta de ser visto como um tolo.

BERTRAND RUSSELL (1930)

Quando a acumulação de riqueza já não for mais de alta importância social, haverá grandes mudanças no código moral. Estaremos em condições de nos desfazer de muitos falsos princípios morais que nos acorrentam por duzentos anos, e pelos quais temos exaltado alguns

IV.1. *AURI SACRA FAMES*

dos mais repugnantes atributos humanos como se fossem as maiores virtudes. Estaremos, então, em condições de ousar atribuir ao motivo-monetário o seu verdadeiro valor. O amor ao dinheiro como posse — algo distinto do amor ao dinheiro como um meio para os prazeres e as exigências da vida — será reconhecido pelo que é, uma morbidez bastante repulsiva, uma dessas propensões semicriminosas e semipatológicas que se conduzem com um arrepio para os especialistas em doenças mentais.

JOHN MAYNARD KEYNES (1930)

A mais diligente das épocas — a nossa — não sabe o que fazer com sua diligência e seu dinheiro, exceto cada vez mais dinheiro e mais diligência: é preciso mais gênio para gastar do que para adquirir! — Bem, nós teremos os nossos "netos"!

NIETZSCHE (1882)

2. Ricos, pobres e remediados

Considere qualquer pessoa a vastidão da diferença entre a vida dos homens em alguma das nações mais civilizadas da Europa e na região mais bárbara e selvagem da Nova Índia. Ela concluirá que diferem a tal ponto que se pode justificadamente afirmar que "o homem é um Deus para o homem", não apenas devido à assistência e ao benefício, mas também no contraste de suas condições. E isso se deve não ao solo ou ao clima ou às qualidades corporais, mas ao engenho.

FRANCIS BACON (1620)

O rei de um vasto e fértil território [na América do Norte] alimenta-se, veste-se e mora pior que um trabalhador diarista na Inglaterra.

JOHN LOCKE (1698)

Se remontarmos às nações mais prósperas em sua origem, descobriremos que nos primórdios de toda sociedade os homens mais ricos e proeminentes em seu meio estavam em grande medida privados de inúmeras comodidades de vida que são agora desfrutadas pelo mais acanhado e humilde desafortunado.

BERNARD DE MANDEVILLE (1714)

IV.2. RICOS, POBRES E REMEDIADOS

Embora a perseverança e a agilidade de um indígena despertem nossa admiração, tais atributos, no entanto, não são capazes de fornecer a ele as comodidades que são desfrutadas por um mendigo erradio numa nação civilizada.

SAMUEL JOHNSON (1753)

Entre os selvagens [da América do Norte] não existem proprietários de terra, nem usurários, nem coletores de impostos, de modo que cada um dispõe integralmente dos frutos do seu próprio trabalho e, portanto, deveria desfrutar da maior abundância, mas isso está muito longe de ser o caso.

ADAM SMITH (1763)

Observe a acomodação do mais simples artesão ou trabalhador diarista numa nação civilizada e pujante, e você constatará que o número de pessoas cujo trabalho e engenho tomam parte, ainda que pequena, no suprimento de sua moradia excede qualquer estimativa. O casaco de lã, por exemplo, que agasalha o diarista, por rude e tosco que possa parecer, é o produto do trabalho combinado de uma grande multidão de trabalhadores. [...] Comparada, de fato, com o mais extravagante luxo dos ricos, sua acomodação [do trabalhador comum] sem dúvida parecerá extremamente simples e despojada. E, no entanto, não parece inverossímil talvez supor que a acomodação de um príncipe europeu nem sempre está tão acima daquela de um camponês diligente e frugal quanto a acomodação deste está acima da de muitos reis africanos, senhores absolutos da vida e liberdade de dez mil selvagens nus.

ADAM SMITH (1776)

IV.2. RICOS, POBRES E REMEDIADOS

Uma nação de duzentos ou trezentos selvagens norte-americanos viverá quase faminta ocupando uma faixa de terra que na Europa, com administração européia, seria suficiente para a provisão de muitos milhares. [...] A escassez de provisão vai levá-los muitas vezes a se devorarem uns aos outros.

WILLIAM PALEY (1785)

Que episódio extraordinário no progresso econômico do homem a era que chegou ao seu término em agosto de 1914! A maior parte da população, é verdade, trabalhava duro e tinha um baixo padrão de conforto, porém estava, ao que tudo indicava, razoavelmente satisfeita com seu quinhão. Para qualquer pessoa de capacidade ou de caráter um pouco superior ao da média, contudo, era possível ascender às classes média e alta, para as quais a vida oferecia, a um baixo custo e com o mínimo de dificuldade, conveniências, confortos e amenidades que estavam fora do alcance dos mais ricos e mais poderosos monarcas de outras eras. O habitante de Londres podia encomendar pelo telefone, enquanto sorvia o seu chá matinal na cama, os mais variados produtos de todo o planeta, na quantidade que julgasse apropriada, e tranqüilamente esperar sua rápida entrega na porta de casa. Podia, ao mesmo tempo e da mesma maneira, empatar sua riqueza em recursos naturais e novos empreendimentos em qualquer canto do mundo, e sem esforço ou complicação partilhar dos frutos prospectivos e das vantagens do negócio.

JOHN MAYNARD KEYNES (1919)

IV.2. RICOS, POBRES E REMEDIADOS

Existem sem dúvida certas coisas à disposição do operário moderno que até mesmo Luís XIV teria se deleitado em possuir caso pudesse obtê-las, como, por exemplo, os produtos modernos de higiene dentária. [...] A rainha Isabel possuía meias de seda. O aporte capitalista não consiste, normalmente, em produzir mais meias de seda para rainhas, mas em colocá-las ao alcance das moças das fábricas, como recompensa por seu esforço continuamente decrescente.

JOSEPH SCHUMPETER (1942)

A renda real (renda monetária corrigida pela inflação) dos vinte por cento dos domicílios mais pobres [dos Estados Unidos] aumentou nove vezes entre 1890 e 1990. [...] Os pobres da década de 1990 são relativamente ricos pelos padrões de 1890, uma vez que, há um século, somente os dez por cento dos domicílios no topo da distribuição de renda tinham rendas reais que superavam nossa atual linha de pobreza.

ROBERT FOGEL (2000)

As pessoas hoje em dia vivem mais seguras, são mais saudáveis, bem alimentadas e longevas do que em qualquer período da história. Porém, não passamos a vida dando pulos de alegria, e presumivelmente nossos ancestrais não viviam cronicamente deprimidos. Não é reacionário salientar que muitos pobres nos países ocidentais da atualidade vivem em condições com as quais os aristocratas de outrora nem teriam sonhado. As pessoas em diferentes classes e países muitas vezes se contentam com sua sorte até que se comparam aos mais ricos.

STEVEN PINKER (1997)

IV.2. RICOS, POBRES E REMEDIADOS

As classes mais baixas [...] equivocam-se enormemente ao estimar a quantidade e o valor dos prêmios na loteria da vida: elas pensam que tiraram bilhetes com prêmios quase nulos e crêem naqueles que lhes dizem que, se todos os prêmios mais altos fossem abolidos, todos poderiam receber uma nota de cem libras.

NASSAU SENIOR (1849)

A felicidade, na medida em que a vida permite, não se deixa monopolizar por nenhuma classe de homens em detrimento das demais. Ao contrário, ela é com freqüência encontrada onde, à primeira vista, seria menos esperada. Quando a condição humana parece estar mais deprimida, os sentimentos dos homens, por meio de um bondoso arranjo da Providência, ajustam-se maravilhosamente ao seu estado e permitem a eles extrair satisfação de fontes totalmente desconhecidas dos outros. [...] Um bom homem desfruta de mais felicidade no curso de uma vida aparentemente pouco próspera do que um mau homem o faz em meio à afluência e luxúria.

HUGH BLAIR (1777)

Quando a Providência dividiu a terra entre uns poucos altivos senhores, ela não esqueceu, tampouco abandonou, aqueles que pareciam ter ficado de fora da partilha. Também estes desfrutam sua parte em tudo o que ela produz. Naquilo que constitui a verdadeira felicidade da vida humana, eles de maneira nenhuma se encontram numa situação inferior à daqueles que pareceriam estar tão acima deles. No bem-estar do corpo e na paz de espírito, todos os diferentes estratos da vida se situam quase no mesmo nível, e o mendigo que se banha de sol ao pé de uma estrada possui a segurança pela qual se batem os reis.

ADAM SMITH (1759)

Com relação ao ser humano, embora tivesse sido necessário, tendo em vista os grandes propósitos da vida humana, conferir posses, capacidades e saúde aos indivíduos de modo muito parcial, no tocante à felicidade, não obstante, o Todo-Poderoso tramou de tal forma a natureza das coisas que ela foi distribuída com mão mais igual. [...] A ignorância, ou a falta de conhecimento e leitura, que é o destino reservado a todos os que nascem para a pobreza e as agruras da vida, é o único ópio capaz de infundir aquela insensibilidade que lhes permite suportar as misérias e fadigas de sua existência. É um bálsamo ministrado pela mão bondosa da Providência e do qual eles não deveriam jamais ser privados por uma educação imprópria e equivocada.

SOAME JENYNS (1757)

A infância é a fase animal da existência humana, ao passo que a maioridade é a intelectual. Quando a debilidade física, moral e mental da idade infantil permanece na pessoa adulta, despida porém de sua simplicidade e pureza — que espetáculo degradante! Pois é a esse estado que fica reduzido o escravo [...]. Não lhe é necessário providenciar a alimentação para a família ou fazer um pé-de-meia para assegurar uma velhice tranqüila. Sua motivação para o trabalho consiste unicamente no temor da punição. Para ele não existe nenhuma esperança de melhoria de sua condição, ou de um futuro brilhante ao qual possa almejar. Tudo o que recebe não passa de favores. Direitos, não tem; que

IV.2. RICOS, POBRES E REMEDIADOS

pode então saber sobre seus deveres? Fora do estreito âmbito de suas atividades cotidianas, qualquer desejo é simplesmente inalcançável. Prazeres intelectuais, nunca os sentiu. Tivesse educação e talvez os conhecesse, mas eles seguramente só serviriam para amargurar-lhe a existência, conscientizando-o da inutilidade seja de aumentar seus conhecimentos, seja de ampliar sua compreensão das maravilhas da natureza ou dos triunfos da arte.

ALFRED WALLACE (1853)

Nos engenhos, tanto nas plantações como dentro de casa, nos tanques de bater roupa, nas cozinhas, lavando roupa, enxugando prato, fazendo doce, pilando café; nas cidades, carregando sacos de açúcar, pianos, sofás de jacarandá de ioiôs brancos — os negros trabalharam sempre cantando; seus cantos de trabalho, tanto quanto os de Xangô, os de festa, os de ninar menino pequeno, encheram de alegria africana a vida brasileira. [...] Mas não foi toda de alegria a vida dos negros, escravos dos ioiôs e das iaiás brancas. Houve os que se suicidaram comendo terra, enforcando-se, envenenando-se com ervas e potagens dos mandingueiros. O *banzo* deu cabo de muitos. O *banzo* — a saudade da África.

GILBERTO FREYRE (1933)

A escravidão, por felicidade nossa, não azedou nunca a alma do escravo contra o senhor — falando coletivamente — nem criou entre as duas raças o ódio recíproco que existe naturalmente entre opressores e oprimidos. [...] [Thomas] Macaulay disse na Câmara dos Comuns em 1845, ano da Bill Aberdeen: "Eu não julgo improvável

IV.2. RICOS, POBRES E REMEDIADOS

que a população preta do Brasil seja livre e feliz dentro de oitenta ou cem anos. Não vejo porém perspectiva razoável de igual mudança nos Estados Unidos". Essa intuição de felicidade relativa da raça nos dois países parece hoje ser tão certa quanto provou ser errada a suposição de que os Estados Unidos tardariam mais do que nós a emancipar os seus escravos.

JOAQUIM NABUCO (1883)

A opressão retirou de uma só vez dos descendentes de africanos quase todos os privilégios da condição humana! O negro dos Estados Unidos perdeu até mesmo a memória do seu país. Ele já não compreende a língua que seus pais falavam, renegou sua religião e esqueceu os seus costumes. Ao deixar assim de pertencer à África, ele, no entanto, não adquiriu direito algum aos benefícios do europeu, mas permaneceu isolado entre os dois povos, vendido por um e repudiado pelo outro, encontrando apenas no abrigo do seu senhor a imagem incompleta de sua nativa nação. O negro não tem família e não é capaz de ver nas mulheres nada além de companheiras fugazes de seus prazeres [...]. Gesto benevolente de Deus ou maldição derradeira de sua ira? Como encarar aquela disposição da alma que torna o homem insensível às misérias extremas e, com freqüência, dá a ele até mesmo um gosto perverso pela causa dos seus infortúnios? Imerso no abismo dos males, o negro quase não sente sua desgraça. A violência submeteu-o à escravidão, e o hábito da servidão lhe deu os pensamentos e ambições de um escravo. Ele admira mais que odeia os seus tiranos, e encontra sua alegria e orgulho na imitação servil daqueles que o oprimem.

TOCQUEVILLE (1840)

IV.2. RICOS, POBRES E REMEDIADOS

Uma das grandes falácias do modo americano de pensar é a de que o valor humano se constitui de um conjunto particular de atributos que conduzem ao avanço econômico. Isso está longe de ser verdadeiro. Dois terços das pessoas que conseguem ganhar dinheiro são medíocres, e pelo menos metade delas se encontra moralmente em baixo nível. No seu conjunto, elas são vastamente inferiores a outros tipos que não se animam por conta de motivos econômicos, como artistas, professores e outros profissionais que realizam trabalhos dos quais gostam por si mesmos e ganham apenas o suficiente para prosseguir. Essa elevação habitual do tipo de habilidade que conduz ao avanço econômico é um dos piores equívocos do modo americano de pensar e precisa ser incessantemente corrigida por aqueles que falam publicamente.

ALFRED WHITEHEAD (1954)

Se um país é regido pelos princípios da razão, a pobreza e a miséria são objeto de vergonha. Se um país não é regido pelos princípios da razão, a riqueza e as honras são objeto de vergonha.

CONFÚCIO (SÉCULO V A.C.)

A riqueza significa muitas coisas em nossa sociedade. Ela significa estar livre de privações e ter liberdade de fazer coisas. Em não menor grau, contudo, a riqueza é um gerador de sinais de autopromoção em interações sociais. O fato simples é que muitas pessoas respondem positivamente àqueles com recursos financeiros. Sua adulação se expressa na fixação e dilatação das pupilas, no tom e no volume da voz, nos movimentos das mãos, em sorrisos e gestos faciais, na orientação corporal. Essas senhas não verbais (juntamente com as verbais) funcionam

IV.2. RICOS, POBRES E REMEDIADOS

como reforçadoras e promotoras da auto-estima. É notável o ponto a que as pessoas chegam a fim de suscitar esses simples mas poderosos gestos de aprovação umas nas outras. Eles são os equivalentes interpessoais do aplauso, honrarias, prêmios, promoções e monumentos.

LOYAL RUE (1994)

Dizia, acima, que basta considerar um homem de elevada situação social, ainda que o soubéssemos uma pessoa insignificante três dias antes, e, sem nos darmos conta, passamos a imaginá-lo como dotado de grandeza, capacidades e talento, e persuadimo-nos, ante sua atual condição e sua importância, de que seus méritos também cresceram. Apreciamo-lo não mais segundo seu valor, mas (como no caso das contas de um ábaco) de acordo com as contas de sua posição social. Basta, porém, que a sorte mude, que ele caia e volte a se perder na multidão, e logo nos perguntamos com espanto o que o fez subir tão alto. "Será o mesmo homem?", indagamos.

MONTAIGNE (1592)

Nada possui maior tendência a produzir nosso apreço por uma pessoa que seu poder e riqueza; ou a produzir nosso desprezo, que sua pobreza ou condição inferior. [...] Nós naturalmente estimamos e respeitamos os ricos, antes mesmo de descobrir neles qualquer disposição favorável para conosco. [...] De tudo o que foi dito, concluímos que não resta nada que possa produzir em nós uma estima pelo poder e riqueza, e um desprezo pela inferioridade e pobreza, exceto o princípio da *simpatia*, por meio do qual penetramos nos sentimentos dos ricos e dos pobres e compartilhamos seu prazer e desprazer. A riqueza

IV.2. RICOS, POBRES E REMEDIADOS

dá uma satisfação a seu proprietário, e essa satisfação é transmitida ao observador pela imaginação, que produz uma idéia semelhante à impressão original em força e vivacidade.

DAVID HUME (1740)

O homem rico deleita-se com suas riquezas por julgar que elas naturalmente lhe atraem a atenção do mundo e que os homens estão dispostos a acompanhá-lo em todas as agradáveis emoções que as vantagens de sua situação tão prontamente inspiram a ele. Quando tal pensamento lhe ocorre, seu coração parece crescer e dilatar-se dentro do peito, e ele aprecia mais sua riqueza por esse motivo do que por todas as outras vantagens que ela lhe traz. O homem pobre, ao contrário, se envergonha de sua pobreza. Ele sente que ela o coloca fora da vista dos demais homens ou que, se estes prestam alguma atenção nele, quase não possuem, no entanto, nenhum sentimento solidário para com a miséria e aflição de que padece. [...] Uma pessoa ignorante da natureza humana e que observasse a indiferença dos homens acerca da miséria de seus inferiores, e a mágoa e indignação que sentem pelos infortúnios e sofrimentos dos que estão acima deles, seria capaz de imaginar que a dor deve ser mais agonizante e as convulsões da morte mais terríveis em pessoas de elevada condição do que naquelas de estratos inferiores.

ADAM SMITH (1759)

CALPÚRNIA: Quando mendigos morrem, nenhum cometa é visto; mas os próprios céus cospem fogo quando morrem os príncipes.

SHAKESPEARE (1623)

IV.2. RICOS, POBRES E REMEDIADOS

O pobre é constrangido a regatear a sua dor. O rico exibe a sua por inteiro.

BAUDELAIRE (1869)

Para a maior parte das pessoas ricas a principal fruição da riqueza consiste em poder exibi-la, algo que aos seus olhos nunca se dá de modo tão completo como quando elas parecem possuir aqueles sinais definitivos de opulência que ninguém mais pode ter a não ser elas mesmas.

ADAM SMITH (1776)

Só me interessam os bens que despertam no populacho a inveja de mim por possuí-los.

PETRÔNIO (SÉCULO I D.C.)

Todos os ornamentos que decoram as residências dos ricos, aqueles enfeites reluzentes, aquelas esculturas que a arte e o bom gosto parecem ter criado para o deleite da mente, não passam de espécies de placares mágicos exibindo os dizeres: "Admirem a extensão das minhas posses".

HEINRICH VON STORCH (1824)

REI CRONUS: Mas, de um modo geral, vocês precisam se dar conta de que vocês, homens pobres, foram enganados e têm uma noção falsa dos ricos. Vocês pensam que eles são completamente felizes, e que só eles levam uma vida prazerosa porque podem dar jantares dispendiosos, embriagar-se de vinhos suaves, misturar-se a belas moças e rapazes, e vestir roupas elegantes. Vocês não têm a menor idéia da verdade.

IV.2. RICOS, POBRES E REMEDIADOS

Em primeiro lugar, a preocupação que essas coisas trazem não é pouca. [...] Se vocês soubessem os medos e preocupações que eles têm, considerariam a riqueza algo a ser de todo evitado. [...] Há muito que vocês desconhecem. Vocês vêem apenas o ouro e a púrpura, e, toda vez que miram suas carruagens prateadas, ficam boquiabertos e obsequiosos. Porém, se vocês os ignorassem e desprezassem, se não se volvessem para olhar suas majestosas liteiras ou admirar seus anéis de esmeralda e tocar suas vestes sedosas mas os deixassem ser ricos somente para eles mesmos, podem estar seguros de que eles viriam até vocês de vontade própria e implorariam que fossem jantar com eles para que pudessem exibir seus divãs e mesas e cálices, coisas que não teriam utilidade alguma se as pessoas não vissem que eram deles. De fato, vocês descobririam que a maior parte do que os ricos possuem eles adquirem não para uso próprio, mas por conta de vocês, homens pobres, visando impressioná-los. Eis aí, portanto, o conselho que ofereço, tendo conhecido ambos os tipos de vida.

LUCIANO (SÉCULO II D.C.)

Ele [meu pai] sentia que, se os pobres na Índia simplesmente parassem de admirar os ricos e passassem, em vez disso, a rir de seu consumo conspícuo, os ricos iriam se sentir embaraçados e constrangidos a fazer algo que valesse a pena com sua riqueza pessoal.

PARTHA DASGUPTA (1993)

É sempre coisa interessante esse reflexo da alegria do rico no fundo do olhar do pobre.

BAUDELAIRE (1869)

IV.2. RICOS, POBRES E REMEDIADOS

A grande vantagem da origem nobre é que permite suportar melhor a pobreza.

NIETZSCHE (1881)

É muito mais difícil aceitar de bom grado a pobreza quando se *tem* de ser pobre do que quando se poderia também ser rico.

WITTGENSTEIN (1931)

Quando eu era muito pobre e vivia a perambular por esta cidade [Londres], eu era um grande defensor das vantagens da pobreza, embora estivesse ao mesmo tempo aborrecido por ser pobre. Todos os argumentos propostos para sustentar que a pobreza não é um mal revelam que ela é evidentemente um grande mal. Você jamais encontrará alguém empenhado em convencê-lo de que você poderá viver feliz com uma abundante fortuna. É comum ouvirmos as pessoas comentarem quão miserável deve ser a vida de um rei; e, no entanto, todas elas anseiam estar no lugar dele.

SAMUEL JOHNSON (1763)

Por pensarem sem cessar em dinheiro, os pobres chegam ao ponto de perder os benefícios espirituais da ausência de posses, rebaixando-se assim ao nível dos ricos.

E. M. CIORAN (1973)

3. Trabalho alienado

Trabalhas sem alegria para um mundo caduco.

CARLOS DRUMMOND DE ANDRADE (1940)

Quando refletimos que a atividade produtiva ocupa a maior parte das horas que a grande maioria da humanidade passa acordada, decerto não se pode supor sem investigação ou exame que a produção é tão-somente um meio, um mal necessário, um sacrifício feito em nome de algum bem inteiramente fora do processo de produção. Somos impelidos a procurar fins no próprio processo econômico, e a considerar atentamente as possibilidades de participação na atividade econômica como uma esfera de auto-expressão e realização criativa.

FRANK KNIGHT (1923)

No progresso da divisão do trabalho, o emprego da maioria dos que vivem do trabalho, ou seja, a grande massa da população, fica confinado a algumas poucas operações simples, freqüentemente uma ou duas. Mas o intelecto da maior parte dos homens é necessariamente formado por meio de seu emprego comum. O homem cuja vida se consome na execução de poucas operações simples, cujos efeitos tam-

IV.3. TRABALHO ALIENADO

bém são talvez quase sempre os mesmos, não tem a chance de exercer seu intelecto ou exercitar sua inventividade na descoberta de expedientes para remover dificuldades que nunca ocorrem. Ele naturalmente perde, portanto, o hábito de tal exercício, e em geral se torna tão obtuso e ignorante quanto uma criatura humana pode se tornar. O torpor de sua mente o faz incapaz não só de apreciar conversas racionais e nelas tomar parte, mas também de conceber sentimentos generosos, nobres ou ternos e de formar juízos justos com relação até mesmo a muitos deveres comuns da vida privada. [...] A uniformidade de sua vida estacionária naturalmente corrompe a coragem de sua mente e o leva a encarar com repulsa a vida irregular, incerta e aventurosa de um soldado. Ela corrompe até mesmo a atividade do seu corpo [...]. Sua destreza em sua profissão particular parece, assim, ter sido adquirida à custa de suas virtudes intelectuais, sociais e marciais. Mas, em toda sociedade avançada e civilizada, tal é a condição a que forçosamente se rebaixa o trabalhador pobre, ou seja, a grande massa da população, a não ser que o governo tome medidas para preveni-la.

ADAM SMITH (1776)

Com o advento das *máquinas* o homem anula sua própria atividade formal e faz a máquina desempenhar por ele todo o seu trabalho. Mas essa astúcia que ele pratica contra a natureza, e com a ajuda da qual permanece fixo dentro da particularidade da natureza, não se dá sem uma vingança. Pois, quanto mais ele se beneficia da máquina e subjuga a natureza, tanto mais degradado ele próprio se torna. Ao fazer a natureza trabalhar por meio de diversas máquinas, o homem não supera a necessidade do seu próprio trabalho, mas somente retarda tal

IV.3. TRABALHO ALIENADO

necessidade e afasta o seu trabalho da natureza. O seu trabalho já não é aquele de um ser vivo orientado a objetos vivos, mas algo que escapa dessa vitalidade negativa. O trabalho que lhe resta se torna *maquinal*. O homem reduz o trabalho somente para a sociedade como um todo, não para o indivíduo. Ao contrário, ele o aumenta, uma vez que, quanto mais mecânico o trabalho, menos valioso ele se torna, e mais precisa trabalhar para compensar essa deficiência. [...] Desse modo, o homem se faz cada vez mais *mecânico*, sórdido e sem espírito pela abstração do trabalho. O espiritual, a vida plena e autoconsciente, converte-se em vazio labor.

HEGEL (1804)

Vigiar as máquinas, ligar os fios partidos, não são atividades que exijam do operário um esforço do pensamento mas, por outro lado, impedem-no de ocupar o espírito com outros pensamentos. Vimos igualmente que este trabalho também não dá nenhum lugar à atividade física, ao uso de músculos. Assim, não se trata aqui propriamente de um trabalho, mas sim de tédio, do aborrecimento mais paralisante, mais deprimente que existe — o operário fabril está condenado a deixar perecer todas as suas forças físicas e morais nessa monotonia, e a sua missão consiste em aborrecer-se durante todo o dia desde os oito anos de idade. [...] Esta condenação a ser sepultado vivo na fábrica, a vigiar sem cessar a infatigável máquina, exerce um efeito extremamente embrutecedor e o operário se sujeita a isso como à tortura mais penosa possível. Tais efeitos fazem-se sentir tanto sobre os organismos como sobre as faculdades mentais do operário.

ENGELS (1845)

IV.3. TRABALHO ALIENADO

A existência do trabalhador fica assim reduzida à mesma condição que a existência de qualquer outra mercadoria. O trabalhador torna-se uma mercadoria, e ele terá sorte se conseguir encontrar comprador. [...] Desse modo, o trabalhador só se sente ele mesmo quando não está trabalhando; quando está trabalhando, ele não se sente ele mesmo. Ele se sente em casa quando não está trabalhando, e fora de casa enquanto trabalha. O seu trabalho não é portanto voluntário, mas forçado, *trabalho forçado*. Não é a satisfação de uma necessidade, mas um simples *meio* para satisfazer necessidades fora de si. [...] O resultado é que o homem (o trabalhador) sente que age com liberdade apenas em suas funções animais — comendo, bebendo e procriando, ou no máximo em sua moradia e adereços —, ao passo que em suas funções humanas não passa de um animal. [...] Um *aumento forçado dos salários* (desconsiderando todas as dificuldades, inclusive o fato de que tal situação anômala só se sustentaria pela força) nada mais seria, portanto, que um melhor *pagamento para escravos*, e não significaria um aumento de dignidade ou de sentido seja para o trabalhador seja para o trabalho.

MARX (1844)

Trabalhar pelo preço oferecido por outro e para o lucro deste, sem interesse algum pelo trabalho — sendo o preço do trabalho ajustado pela competição hostil, com um lado pedindo o mais possível e o outro pagando o menos que puder —, não é, mesmo quando os salários são elevados, um estado satisfatório para seres humanos de inteligência cultivada, que deixaram de julgar-se inferiores àqueles a quem servem.

JOHN STUART MILL (1848)

IV.3. TRABALHO ALIENADO

Dentro do sistema capitalista, todos os métodos para elevar a produtividade do trabalho coletivo são aplicados à custa do trabalhador individual; todos os meios para desenvolver a produção redundam em meios de dominar e explorar os produtores; mutilam o trabalhador, reduzindo-o a um fragmento de ser humano, degradam-no à categoria de peça de máquina, destroem o conteúdo de seu trabalho transformado em tormento [...], submetem-no constantemente a um despotismo mesquinho e odioso, transformam todas as horas de sua vida em horas de trabalho e lançam sua mulher e seus filhos sob o rolo compressor do capital. Mas todos os métodos para produzir mais-valia são ao mesmo tempo métodos de acumular, e todo aumento de acumulação torna-se, reciprocamente, um meio de desenvolver aqueles métodos. Infere-se daí que, à medida que se acumula o capital, a situação do trabalhador tem de piorar, suba ou desça sua remuneração. [...] Acumulação de riqueza num pólo é, ao mesmo tempo, acumulação de miséria, de trabalho atormentante, de escravatura, ignorância, brutalização e degradação moral no pólo oposto, constituído pela classe cujo produto vira capital.

MARX (1867)

Todos esses operários, homens, mulheres e crianças, são obrigados a começar e a terminar o seu trabalho na hora fixada pela autoridade do vapor, que zomba da autonomia individual. [...] O maquinário automático de uma grande fábrica é muito mais despótico do que jamais foram os pequenos capitalistas que empregam trabalhadores. Pelo menos no que respeita às horas de trabalho, pode-se escrever na porta dessas fábricas: *"Lasciate ogni autonomia, voi che entrate!"*

IV.3. TRABALHO ALIENADO

[Abandonai toda autonomia, vós que entrais!]. Se o homem, com a ciência e o gênio inventivo, submete as forças da natureza, estas se vingam dele submetendo-o, enquanto as emprega, a um verdadeiro despotismo, independentemente de toda organização social. Querer abolir a autoridade na grande indústria é querer abolir a própria indústria, é querer destruir as fábricas de fio a vapor para voltar à roca.

ENGELS (1873)

Pobre, feliz e independente! — tais coisas juntas são possíveis; pobre, feliz e escravo! — isso também é possível, e eu não saberia dizer coisa melhor aos trabalhadores da escravidão fabril; supondo que não sintam como *vergonhoso* ser de tal forma *usados*, é o que sucede, como parafusos de uma máquina e, digamos, tapa-buracos da inventividade humana. Ora, acreditar que um pagamento mais alto pode remover o *essencial* de sua miséria, isto é, sua servidão impessoal! Ora, convencer-se de que um aumento dessa impessoalidade, no interior do funcionamento maquinal de uma nova sociedade, pode tornar uma virtude a vergonha da escravidão! Ora, ter um preço pelo qual não se é mais pessoa, mas engrenagem! Serão vocês cúmplices da atual loucura das nações, que querem sobretudo produzir o máximo possível e tornar-se o mais ricas possível? Deveriam, isto sim, apresentar-lhes a contrapartida: as enormes somas de valor *interior* que são lançadas fora por um objetivo assim exterior! Mas onde está o seu valor interior, se nem sabem mais o que significa respirar livremente?

NIETZSCHE (1881)

IV.3. TRABALHO ALIENADO

Apenas como uma personificação do capital o capitalista é respeitável. Como tal, ele compartilha com o avarento uma ânsia absoluta pelo auto-enriquecimento. Mas o que no avarento se evidencia como a mania de um indivíduo é no capitalista o efeito de um mecanismo social em que ele é apenas uma engrenagem. Ademais, o desenvolvimento da produção capitalista faz necessário aumentar constantemente o capital desembolsado em determinado empreendimento industrial, e a competição subordina todo capitalista individual às leis imanentes da produção capitalista, como leis externas e coercivas.

MARX (1867)

No presente estágio do progresso humano, quando idéias de igualdade se disseminam dia a dia entre as classes mais pobres, e não mais podem ser tolhidas por qualquer coisa além da total supressão da discussão impressa e até mesmo da liberdade de expressão, não se deve esperar que a divisão da raça humana em duas classes hereditárias, empregadores e empregados, possa ser mantida permanentemente.

JOHN STUART MILL (1848)

Existe atualmente uma falação hipócrita sobre o prazer especial da atividade fabril, e, em decorrência disso, somos induzidos a considerar todos aqueles que fazem objeção ao trabalho como pertencendo à classe dos vagabundos naturais. Mas onde está, entre nós, o homem que ama trabalhar? Pois o trabalho ou labor é simplesmente aquilo que é desagradável executar, ou seja, aquilo que todo homem só se dispõe a executar mediante uma certa remuneração. Se os homens

IV.3. TRABALHO ALIENADO

realmente amassem o trabalho, eles pagariam para ter permissão de fazê-lo em vez de requerer pagamento para fazê-lo.

HENRY MAYHEW (1862)

A labuta contínua torna-se mais fácil de suportar à medida que nos habituamos a ela.

DEMÓCRITO (SÉCULO V A.C.)

Buscar trabalho pelo salário — nisso quase todos os homens dos países civilizados são iguais; para eles o trabalho é um meio, não um fim em si; e por isso são pouco refinados na escolha do trabalho, desde que proporcione uma boa renda. Mas existem seres raros, que preferem morrer a trabalhar sem ter *prazer* no trabalho: são aqueles seletivos, difíceis de satisfazer, aos quais não serve uma boa renda, se o trabalho mesmo não for a maior de todas as rendas. A esta rara espécie de homens pertencem os artistas e contemplativos de todo gênero, mas também os ociosos que passam a vida a caçar, em viagens, em atividades amorosas e aventuras. Todos estes querem o trabalho e a necessidade, enquanto estejam associados ao prazer, e até o mais duro e difícil trabalho, se tiver de ser. De outro modo são de uma resoluta indolência, ainda que ela traga miséria, desonra, perigo para a saúde e a vida. Não é o tédio que eles tanto receiam, mas o trabalho sem prazer; necessitam mesmo de muito tédio, para serem bem-sucedidos no *seu* trabalho.

NIETZSCHE (1882)

Só o astucioso entrelaçamento de trabalho e felicidade deixa aberta, debaixo da pressão da sociedade, a possibilidade de uma experiência

IV.3. TRABALHO ALIENADO

propriamente dita. Ela é cada vez menos tolerada. Mesmo as profissões ditas intelectuais alienam-se por completo do prazer, através de sua crescente assimilação aos negócios. A atomização não está em progresso apenas entre seres humanos, mas também no interior de cada indivíduo, entre as esferas de sua vida. Nenhuma realização pode estar ligada ao trabalho, que perderia assim sua modéstia funcional na totalidade dos fins; nenhuma centelha de reflexão pode invadir as horas de lazer, pois ela poderia saltar daí para a esfera do trabalho e incendiá-lo. Enquanto em sua estrutura trabalho e divertimento se tornam cada vez mais semelhantes, as pessoas passam a separá-los de um modo cada vez mais rígido com invisíveis linhas de demarcação. De ambos foram expulsos, na mesma proporção, o prazer e o espírito. Lá como cá imperam a seriedade sem humor e a pseudo-atividade.

THEODOR ADORNO (1951)

O que debilita mais rapidamente do que trabalhar, pensar, sentir sem uma necessidade interna, sem uma profunda escolha pessoal, sem alegria, como um autômato do "dever"? Chega a ser uma receita para a decadência e até mesmo para a imbecilidade.

NIETZSCHE (1888)

Na glorificação do "trabalho", nas incansáveis referências à "bênção do trabalho", vejo a mesma idéia oculta que há no louvor às ações impessoais e de utilidade geral: a do temor ante o que seja individual. No fundo sente-se agora, à visão do trabalho — entendendo por isso a dura laboriosidade desde a manhã até a noite —, que semelhante trabalho é a melhor polícia, que ele detém as rédeas de

IV.3. TRABALHO ALIENADO

cada um e sabe impedir o desenvolvimento da razão, dos anseios, do gosto pela independência. Pois ele despende muita energia nervosa, subtraindo-a à reflexão, à ruminação, aos sonhos, às preocupações, ao amor e ao ódio; ele coloca diante da vista um pequeno objetivo e garante satisfações regulares e fáceis.

NIETZSCHE (1881)

Quando numa pessoa não existe uma disposição especial que prescreva imperativamente a direção que seus interesses na vida tomarão, o trabalho profissional comum, aberto a todos, pode desempenhar o papel a ele atribuído pelo sábio conselho de Voltaire [cultivar o próprio jardim]. [...] Nenhuma outra técnica para a conduta da vida prende o indivíduo tão firmemente à realidade quanto a ênfase concedida ao trabalho [...]. A possibilidade que essa técnica oferece de deslocar uma grande quantidade de componentes libidinais, sejam eles narcísicos, agressivos ou mesmo eróticos, para o trabalho profissional, e para os relacionamentos humanos a ele vinculados, empresta-lhe um valor que de maneira alguma está em segundo plano em relação ao de que goza como algo indispensável à preservação e justificação da existência em sociedade. A atividade profissional constitui fonte de satisfação especial se for livremente escolhida, isto é, se por meio de sublimação tornar possível o uso de inclinações existentes e impulsos instintivos persistentes [...]. Porém, como caminho para a felicidade, o trabalho não é altamente prezado pelos homens. Não se esforçam em relação a ele como o fazem com outras possibilidades de satisfação. A grande maioria das pessoas só trabalha sob a pressão da necessidade, e essa natu-

IV.3. TRABALHO ALIENADO

ral aversão humana ao trabalho suscita problemas sociais extremamente difíceis.

FREUD (1930)

Eu não consigo encarar sem desconforto a idéia da vida sem trabalho; o trabalho e o livre jogo da imaginação são para mim a mesma coisa, eu não derivo prazer de mais nada.

FREUD (1910)*

Qualquer artista ou romancista entenderia — alguns de nós não produzem o melhor de que são capazes quando são comandados. Não nos surpreende que o artista, o romancista e o compositor levem vidas solitárias, com freqüência trabalhando em casa. Embora alguns poucos desses indivíduos criativos estejam em instituições ou universidades, a idéia de uma maioria de romancistas ou pintores renomados trabalhando no "Instituto Nacional de Pintura e Belas-Artes" ou no "Departamento de Redação Criativa" de uma universidade nos parece um tanto esdrúxula. Um cientista solitário é algo tão pouco usual como um cupim solitário, algo encarado como irresponsável ou pior.

JAMES LOVELOCK (2000)

Considero feliz a pessoa que, quando o assunto em questão é o sucesso, olha para o seu trabalho em busca de resposta, e não para o mercado, para a opinião alheia ou para quem a financia.

EMERSON (1860)

* Carta ao pastor protestante e psicanalista Oskar Pfister.

4. Consumo, lazer e tempo livre

Quando perguntaram a Sócrates: "Entre os homens mortais qual pode ser considerado o mais próximo dos deuses em felicidade?", ele respondeu: "Aquele homem que carece de menos coisas". Em sua resposta, Sócrates deixou a critério dos seus interlocutores saber se a falta de carecimentos que conduziria à felicidade significava a amplidão de posses ou a contração do desejo. E, de fato, existe tão pouca diferença entre eles que Alexandre, o Grande, declarou que aquele que tem um barril por moradia é o mais próximo do senhor do mundo e que, não fosse ele Alexandre, desejaria ser Diógenes.

SAMUEL JOHNSON (1753)

As coisas de que o corpo precisa são facilmente obtidas por todos sem labor ou dificuldade; as coisas que exigem labor e são difíceis de obter e oneram a vida são desejadas, não pelo corpo, mas por um estado ruim da mente.

DEMÓCRITO (SÉCULO V A.C.)

A riqueza demandada pela natureza é limitada e facilmente obtida; aquela demandada por fantasias ociosas estende-se ao infinito. [...]

IV.4. CONSUMO, LAZER E TEMPO LIVRE

Aquele que aprendeu os limites da vida sabe que aquilo que remove a dor da carência e torna a vida no seu conjunto completa é fácil de obter; portanto, não existe nenhuma necessidade de ações que envolvam competição.

EPICURO (SÉCULO III A.C.)

Vedes aqui, Senhor, mui claramente como Fortuna em todos tem poder, senão só no que menos sabe e sente, em quem nenhum desejo pode haver. Este se pode rir da cega gente; neste não pode nada acontecer; nem estará suspenso na balança do temor mau, da pérfida esperança.

CAMÕES (1595)

A pobreza resulta do aumento dos desejos do homem, não da diminuição de sua propriedade.

PLATÃO (SÉCULO IV A.C.)

Aquilo de que os homens carecem é o que eles mais desejam.

ARISTÓTELES (SÉCULO IV A.C.)

O melhor dos bens é o que não se possui.

MACHADO DE ASSIS (1883)

Enquanto não o possuímos, o objeto do nosso desejo parece maior que qualquer outra coisa. Porém, tão logo usufruímos dele, ansiamos por algo distinto com a mesma sofreguidão.

LUCRÉCIO (SÉCULO I A.C.)

IV.4. CONSUMO, LAZER E TEMPO LIVRE

Um desejo ardente, seja qual for seu objeto, sempre será capaz de interromper a tranqüilidade. Aquilo de que acreditamos carecer nos atormenta não na proporção do seu real valor, mas de acordo com a avaliação feita por nossa mente. Em certas doenças, observa-se que o paciente anseia por comida de um modo que, caso estivesse são, nenhum extremo da fome o compeliria a engolir. [...] Da mesma natureza são os apetites irregulares da mente e, embora com freqüência excitados por bagatelas, não são menos perturbadores que reais carências. [...] Estimar cada coisa de acordo com seu real uso deveria ser a meta de um ser racional. Há poucas coisas que podem conduzir em maior grau à felicidade e, portanto, poucas coisas a serem ardentemente desejadas. Quem quer que contemple o afã e a agitação do mundo, munido da filosofia de Sócrates ao examinar o mercado de Atenas, vai por fim afastar-se com a mesma exclamação: "Quantas coisas aqui que não desejo!".

SAMUEL JOHNSON (1753)

Se nenhuma quantidade de água conseguisse matar sua sede, você consultaria um médico. Que dizer do fato de que, quanto mais você possui, mais você quer? Não seria o caso de buscar aconselhamento?

HORÁCIO (SÉCULO I A.C.)

O desejo pela riqueza, quando não é limitado pela saciedade, é muito mais difícil de suportar que a mais extrema pobreza, pois maiores desejos geram maiores carências.

DEMÓCRITO (SÉCULO V A.C.)

IV.4. CONSUMO, LAZER E TEMPO LIVRE

Não constitui, com efeito, peculiar evidência de nossa imperfeição o fato de que não conseguimos fixar nossa felicidade em nada definitivo, e até mesmo em nossos desejos e pensamentos somos incapazes de escolher as coisas de que necessitamos? [...] Não importa o que cheguemos a conhecer, não importam os bens de que possamos usufruir, sentimos que algo nos falta, e seguimos suspirando pelo que desconhecemos, por coisas futuras, uma vez que os bens presentes nunca nos deixam saciados. E isso, a meu ver, não porque sejam incapazes de nos satisfazer, mas porque os agarramos de um modo doentio e imoderado. [...] Nossos apetites carecem de firmeza e resolução: não conseguem possuir nem desfrutar de modo apropriado. Obcecado pela noção de que o que possui é imperfeito, o homem se entrega por inteiro e pela imaginação às coisas que não têm e que não conhece, nelas concentrando seu desejo e esperança.

MONTAIGNE (1592)

Existem poucas coisas que nós desejaríamos de forma intensa se soubéssemos realmente o que queremos.

LA ROCHEFOUCAULD (1665)

Se os homens, sentindo ao que parece um peso opressivo em suas mentes, pudessem também compreender as causas disso e saber a origem da montanha de males que pesam sobre o seu peito, eles dificilmente levariam a vida como hoje os vemos com freqüência fazer, ignorantes do que de fato desejam e sempre buscando alguma mudança de lugar, como se pudessem pôr de lado esse fardo. Um homem sai em viagem a todo momento, deixando para trás sua

IV.4. CONSUMO, LAZER E TEMPO LIVRE

casa, porque está enjoado de lá ficar. Quase tão prontamente ele retorna, já que em nenhum outro lugar se sente bem. Depois sai em disparada rumo a sua casa de campo, levando os empregados, como se fosse apagar um incêndio e tivesse de prestar ajuda. Mas, assim que cruza a porta de entrada, boceja ou dorme profundamente para tentar esquecer; pode até mesmo fazer meia-volta e retornar às pressas à cidade. Desse modo, cada pessoa foge de si mesma. Apesar de todos os esforços, no entanto, não há como possam escapar de si e acabam forçadas a engolir quem odeiam — e tudo porque estão doentes e ignoram a causa de sua doença. [...] Essas feridas da vida se alimentam em não pouca medida do medo da morte.

LUCRÉCIO (SÉCULO I A.C.)

A felicidade é o progresso contínuo do desejo de um objeto para outro, a obtenção do primeiro sendo ainda apenas o caminho para o seguinte. [...] Afirmo tratar-se de uma inclinação geral de toda a humanidade, o desejo perpétuo e sem trégua de poder seguido de poder, que cessa apenas com a morte. E a causa disso nem sempre é o fato de que um homem espera uma satisfação mais intensa do que aquela já obtida; ou que ele não possa se contentar com um poder moderado. É porque ele não pode assegurar o poder e os meios para viver bem, que no presente ele possui, sem a aquisição de mais.

HOBBES (1651)

É mister limitar a correria sem direção praticada pela maior parte dos homens, zunindo em meio às casas, teatros e mercados. [...] Essas pessoas irrequietas não se agitam por causa de trabalho, mas ficam men-

IV.4. CONSUMO, LAZER E TEMPO LIVRE

talmente transtornadas devido a idéias equivocadas, pois mesmo elas não se movimentam sem esperança. Excitam-se com a aparência exterior de alguma coisa, e suas mentes atormentadas não são capazes de discernir a sua futilidade.

SÊNECA (SÉCULO I D.C.)

Em conseqüência da cobiça invejosa, poucos são os que podem dizer que tiveram uma vida feliz. [...] Será mesmo necessário que todos, por causa da ganância, vivam contrariados consigo mesmos e invejosos dos que têm outras ocupações?

HORÁCIO (SÉCULO I A.C.)

As coisas que sentimos que "precisamos" dependem dos tipos de coisas que os outros possuem, e, desse modo, nossas necessidades se expandem quando nos deparamos com outros que têm mais que nós. Porém, quando todos nós gastamos mais, o novo nível de gasto se torna simplesmente a norma.

ROBERT FRANK (1997)

Três quartos das demandas existentes no mundo são românticos; baseadas em visões, idealismos, esperanças e afeições; e a regulagem da bolsa é, em essência, a regulagem da imaginação e do coração.

JOHN RUSKIN (1862)

Em comparação com 1957, os americanos possuem duas vezes mais carros por pessoa — além de fornos de microondas, televisores coloridos, videocassetes, aparelhos de ar condicionado, secretárias eletrô-

IV.4. CONSUMO, LAZER E TEMPO LIVRE

nicas e doze bilhões de dólares de tênis de marca novos por ano. Então, os americanos estão mais felizes do que em 1957? Não estão.

DAVID MYERS & ED DIENER (1995)

Que novas oportunidades, tais como visitar a Lua, explorar os oceanos, viajar a velocidades inimagináveis, fitar telas de TV tridimensionais, usar meios de telefonia visual, pressionar as teclas de computadores miraculosos, criar bebês de proveta e muito além disso, estarão disponíveis para os nossos netos — se o mundo sobreviver —, não há por que duvidar. O que é de duvidar, seguramente, é se podemos dar como certo que, passada a novidade, a experiência dessas coisas aprofundará o desfrute da vida em comparação com a vida que as pessoas levaram em outras épocas e civilizações.

E. J. MISHAN (1966)

A persistência do desalento, apesar de um histórico indubitável de conquistas, sugere que o mal-estar em relação à economia é mais moral e psicológico que econômico. [...] Nos países ricos, a alimentação excessiva é um problema mais comum que a má nutrição, e as oportunidades de auto-realização (oportunidades de alcançar o potencial) são mais desigualmente distribuídas que a comida, os bens duráveis ou a assistência médica. O problema da auto-realização tem diferentes aspectos e diferentes soluções para jovens e velhos, minorias raciais e étnicas e para as mulheres, mas apesar disso todos desembocam na crise moral que é o traço distintivo de nossa época e a maior ameaça à sobrevivência de nossa sociedade.

ROBERT FOGEL (2000)

IV.4. CONSUMO, LAZER E TEMPO LIVRE

Nossa época, embora fale tanto de economia, é esbanjadora: esbanja o que é mais precioso, o espírito.

NIETZSCHE (1881)

Por que não deveríamos começar a colher os frutos espirituais de nossas conquistas materiais?

JOHN MAYNARD KEYNES (1927)

Quanto menos tempo uma sociedade requer para produzir trigo, gado etc., mais tempo ela ganha para outras formas de produção, material ou mental. Assim como no caso de um indivíduo, a multiplicidade do seu desenvolvimento e a satisfação dos seus desejos e sua atividade dependem da capacidade de economizar o tempo. Economia de tempo, a isso toda a economia em última instância se reduz.

MARX (1857)

Quando as necessidades prementes estão satisfeitas, o homem se volta para o universal e o mais elevado.

ARISTÓTELES (SÉCULO IV A.C.)

Quanto mais os homens se erguerem acima da pobreza e de uma vida de expedientes, mais a decência prevalecerá em sua conduta e a sobriedade nos seus sentimentos.

WILLIAM GODWIN (1801)

Pelo fato de, em sua boa-fé simplória, a classe operária ter se deixado doutrinar, pelo fato de, com sua impetuosidade inata, ter se

IV.4. CONSUMO, LAZER E TEMPO LIVRE

precipitado às cegas no trabalho e na abstinência, a classe capitalista viu-se condenada à preguiça e ao prazer forçados, à improdutividade e ao superconsumo. Mas, se o sobretrabalho do operário amortalha sua carne e estraçalha seus nervos, também é fecundo em dores para o burguês. A abstinência à qual se condena a classe produtora obriga os burgueses a se dedicarem ao superconsumo desordenado dos produtos manufaturados. No começo da produção capitalista, há um ou dois séculos, o burguês era um homem acomodado, de hábitos razoáveis e ordeiros; contentava-se com sua mulher, ou quase isso; bebia e comia na medida de sua sede e de sua fome. Deixava aos cortesãos as nobres virtudes da vida depravada. Hoje, não há filho de *parvenu* [novo-rico] que não se sinta obrigado a desenvolver a prostituição [...]; não há burguês que não se empanturre de capão com trufas e Lafite a fim de encorajar os criadores de La Flèche e os vinicultores de Bordelais. Nessa atividade, o organismo se depaupera rapidamente, os cabelos caem, os dentes se desgastam, o tronco deforma-se, o ventre retorce-se, a respiração embaraça-se, os movimentos ficam pesados, as articulações emperram, as falanges endurecem.

PAUL LAFARGUE (1880)

A esperança que inspirou Marx e os melhores homens dos diversos movimentos operários — a esperança de que o tempo livre eventualmente emancipará os homens da necessidade [...] — repousa sobre a ilusão de uma filosofia mecanicista que assume que a força dependida no trabalho, como qualquer outra energia, nunca se perde, de modo que, se ela não for gasta e exaurida no trabalho duro de ganhar

IV.4. CONSUMO, LAZER E TEMPO LIVRE

a vida, ela automaticamente alimentará outras e "mais elevadas" atividades. O modelo que guiou a esperança de Marx quanto a isso foi sem dúvida a Atenas de Péricles, a qual, no futuro, com a ajuda do enorme aumento da produtividade do trabalho humano, não mais precisaria de escravos para se sustentar e, assim, poderia tornar-se realidade para todos. Cem anos depois de Marx, sabemos da falácia do seu raciocínio; o tempo livre do *animal laborans* [animal trabalhador] nunca é gasto em nada a não ser no consumo, e, quanto mais tempo ele adquire, mais gananciosos e vorazes se tornam seus apetites.

HANNAH ARENDT (1958)

Para aqueles que lutam pelo pão diário, o ócio é um prêmio longamente antecipado — até que eles o conquistam.

JOHN MAYNARD KEYNES (1930)

As piores dificuldades de um homem começam quando ele se habilita a fazer como prefere.

T. H. HUXLEY (1893)

Todos os homens se dividem, em todos os tempos e também hoje, em escravos e livres; pois aquele que não tem dois terços do dia para si é escravo, não importa o que seja: estadista, comerciante, funcionário ou erudito.

NIETZSCHE (1878)

[Pois] viver continuamente à caça de ganhos obriga a despender o espírito até à exaustão, sempre fingindo, fraudando, antecipando-se aos

IV.4. CONSUMO, LAZER E TEMPO LIVRE

outros: a autêntica virtude, agora, é fazer algo em menos tempo que os demais. Assim, são raras as horas em que a retidão é *permitida*; nessas, porém, a pessoa está cansada e gostaria não apenas de se "deixar ficar", mas de *se estender* desajeitadamente ao comprido. É conforme tal inclinação que as pessoas agora escrevem cartas, e o estilo e o espírito das cartas sempre serão o verdadeiro "sinal dos tempos". Se ainda há prazer com a sociedade e as artes, é o prazer que arranjam para si os escravos exaustos do trabalho. Que lástima essa modesta "alegria" de nossa gente culta e inculta! Que lástima essa desconfiança crescente de toda alegria! Cada vez mais o *trabalho* tem a seu lado a boa consciência: a inclinação à alegria já chama a si mesma "necessidade de descanso" e começa a ter vergonha de si. "Fazemos isso por nossa saúde" — é o que dizem as pessoas, quando são flagradas numa excursão ao campo. Sim, logo poderíamos chegar ao ponto de não mais ceder ao pendor à *vita contemplativa* (ou seja, a passeios com pensamentos e amigos) sem autodesprezo e má consciência. — Ora, antes era o inverso: o trabalho sofria de má consciência. Alguém de boa família *escondia* seu trabalho, quando a necessidade o fazia trabalhar. O escravo trabalhava oprimido pela sensação de fazer algo desprezível: o próprio "fazer" era desprezível. "A nobreza e a honra estão apenas no *otium* [ócio] e no *bellum* [guerra]": assim falava a voz do preconceito antigo!

NIETZSCHE (1882)

O problema surge da filosofia de vida amplamente inculcada, segundo a qual a vida é uma contenda ou competição em que o respeito deve ser dado ao vencedor. Essa noção leva a um cultivo indevido da von-

IV.4. CONSUMO, LAZER E TEMPO LIVRE

tade, à custa dos sentidos e do intelecto. [...] É possível que eras de puritanismo tenham produzido uma raça em que a vontade ficou superdesenvolvida, ao passo que os sentidos e o intelecto foram atrofiados, e que tal raça adotou uma filosofia de competição como a mais adaptada à sua natureza. [...] Não foi apenas o trabalho que ficou envenenado pela filosofia da competição; o lazer está igualmente envenenado. O lazer sereno e restaurador dos nervos passou a ser encarado como enfadonho.

BERTRAND RUSSELL (1930)

A civilização consiste na expansão de atividades estimulantes outras que não a violência e o trabalho extenuante, desenvolvendo as habilidades necessárias para o exercício e desfrute dessas atividades, e tornando disponível a educação necessária para o aprendizado das habilidades e disciplina requeridas. Atualmente, o número e a variedade de interesses benignos passíveis de desfrute tornaram-se enormes: eles compreendem a pesquisa científica, a exploração, a literatura, a arte, os esportes, os jogos de acaso ou habilidade e a produção da indústria de entretenimento, entre outros. Todos são necessários, considerando que a pesquisa científica, por sua vez, vai sempre expandindo o lazer e, com ele, nossa necessidade de atividades de lazer não destrutivo que nos mantenham ocupados. [...] Infelizmente, contudo, as atividades estimulantes benignas são também usualmente aquelas cujo desfrute requer mais habilidade e perseverança, ao passo que as pessoas mais ávidas de estímulos fortes são raramente aquelas mais aptas e motivadas a adquirir as habilidades e disciplina necessárias para o seu desfrute. O avanço da civilização faria avançar nossa felicidade se nossa educação para o desfrute e o bom uso do lazer caminhasse lado a lado com o aumento do nosso lazer.

TIBOR SCITOVSKY (1992)

O tempo livre que tenho em mente não é o lazer tal como normalmente entendido. O lazer aparente ainda permanece conosco, e, de fato, está protegido e propagado por medidas legais e pelo progresso mecânico. As jornadas de trabalho são medidas, e a sua duração em horas, regulada por lei. O que eu digo, porém, é que o nosso ócio interno, algo muito distinto do lazer cronometrado, está desaparecendo. Estamos perdendo aquela paz essencial nas profundezas do nosso ser, aquela ausência sem preço na qual os elementos mais delicados da vida se renovam e se confortam, ao passo que o ser interior é de algum modo liberado de passado e futuro, de um estado de alerta presente, de obrigações pendentes e expectativas à espreita. Nenhuma preocupação, nenhum amanhã, nenhuma pressão interna, mas uma forma de repouso na ausência, uma vacuidade benéfica que traz a mente de volta à sua verdadeira liberdade, ocupada apenas consigo mesma. Livre de suas obrigações para com o saber prático e desonerada de qualquer preocupação sobre o porvir, ela cria formas tão puras como o cristal. Mas as demandas, a tensão, a pressa da existência moderna perturbam e destroem esse precioso repouso. Olhe para dentro e ao redor de si! O progresso da insônia é notável e anda *pari passu* com todas as outras modalidades de progresso.

PAUL VALÉRY (1935)

IV.4. CONSUMO, LAZER E TEMPO LIVRE

Em nossas grandes cidades a população não tem deus, está materializada — sem vínculo, sem companheirismo, sem entusiasmo. Não são homens, mas fomes, sedes, febres e apetites ambulantes. Como tais pessoas conseguem seguir vivendo — completamente desprovidas de objetivos? Depois que seus ganhos de pipoca foram feitos, parece que apenas o cálcio em seus ossos os mantém de pé, e não algum propósito mais valioso. Nenhuma fé no universo intelectual e moral. Fé, isto sim, na química, na carne e no vinho, na riqueza, na maquinaria, na máquina a vapor; fé em baterias galvanizadas, turbinas rotativas, máquinas de costura; fé na opinião pública, mas não em causas divinas. Uma revolução silenciosa afrouxou a tensão das antigas seitas religiosas, e, no lugar da gravidade e permanência daquelas sociedades de opinião, as pessoas se entregam ao capricho e extravagância. [...] A arquitetura, a música, a reza partilham da insanidade: as artes afundam nos truques e convites ao devaneio. [...] Que prova maior de ceticismo que a baixa estima com que são contemplados os mais elevados dons mentais e morais?

EMERSON (1860)

Este mundo adquiriu uma tal crosta de vulgaridade que o desprezo que ele suscita no homem de espírito adquire a violência de uma paixão. Mas este mundo pertence ao gênero daquelas carapaças que até mesmo o mais corrosivo veneno seria incapaz de perfurar.

BAUDELAIRE (1859)

No caso da presente era, em que o predomínio da tecnologia obviamente significa um predomínio da clara inteligência consciente como

IV.4. CONSUMO, LAZER E TEMPO LIVRE

causa e efeito, tenho enfatizado que a espiritualidade e a contemplação, assombradas pelo esplendor clamoroso da era científico-tecnológica, têm de sofrer por isso através de uma sensação latente de tensão e vago anseio. [...] Acredito que essa secreta agitação, essa urgência incontrolável que jaz no limiar da consciência e impele o homem moderno do socialismo a Nietzsche, de Böcklin ao impressionismo, de Hegel a Schopenhauer e vice-versa, não apenas se origina da balbúrdia e excitação da vida moderna, mas que, reciprocamente, esse fenômeno é com freqüência a expressão, sintoma e erupção dessa condição interna. A ausência de algo definido no centro da alma nos impele a buscar satisfação momentânea em sempre renovadas gratificações, sensações e atividades externas. É assim que ficamos enredados na instabilidade e descontrole que se manifesta como o tumulto da metrópole, como a mania de viajar, como a fúria obsessiva de competir e como a deslealdade tipicamente moderna para com gosto, estilo, opiniões e relações pessoais.

GEORG SIMMEL (1907)

Porém, a verdadeira e a mais profunda discórdia está na alma de cada um. O futuro se tornou a região do horror, e o presente se converteu num deserto. As sociedades liberais giram incansavelmente: não avançam, se repetem. Se mudam, não se transfiguram. O hedonismo do Ocidente é a outra face do seu desespero; o seu ceticismo não é uma sabedoria, mas sim uma renúncia; o seu niilismo desemboca no suicídio e em formas degradadas de credulidade, como os fanatismos políticos e as quimeras da magia. O lugar vazio deixado pelo cristianismo nas almas modernas não foi ocupado pela filosofia, mas pelas supers-

IV.4. CONSUMO, LAZER E TEMPO LIVRE

tições mais grosseiras. Nosso erotismo é uma técnica, não uma arte ou uma paixão.

OCTAVIO PAZ (1978)

Especialistas sem espírito, sensualistas sem coração — e esta nulidade se considera, ainda por cima, o supra-sumo da civilização.

ATRIBUÍDO A GOETHE

5. Tecnologias de comunicação: meios e fins

Os homens estão em sociedade uns com os outros apenas pela comunicação mútua de seus pensamentos. A palavra, modificada de uma infinidade de maneiras, pela expressão do rosto, pelo gesto, pelos diferentes tons da voz, é o meio dessa comunicação. Qualquer outro meio não teria sido nem tão fácil nem tão amplo. Eu falo, e no mesmo instante minhas idéias e meus sentimentos são comunicados para aquele que me escuta; toda a minha alma passa de algum modo para a dele. A comunicação de meus pensamentos leva-o a ter novas idéias, que ele, por sua vez, me comunica. Daí surge um de nossos prazeres mais vivos; também desse modo se ampliam os nossos conhecimentos: esse comércio recíproco é a principal fonte de riqueza dos espíritos.

ABADE TRUBLET (1735)

A oferta de um *shilling*, que para nós parece possuir um significado tão simples e direto, é na realidade a oferta de um argumento que visa persuadir alguém de que é do seu próprio interesse agir de determinada maneira. Os homens sempre procuram persuadir os demais para que sejam da sua opinião, mesmo quando o assunto não tem conseqüência alguma para eles. Se alguém sustenta qualquer coisa com respeito à

IV.5. TECNOLOGIAS DE COMUNICAÇÃO: MEIOS E FINS

China ou à lua mais remota que contradiga o que você imagina ser a verdade, você imediatamente tenta persuadi-lo a alterar sua opinião. E desse modo cada um está praticando oratória sobre os demais ao longo de toda a sua vida. [...] Sendo esse o emprego constante de cada homem, da mesma maneira como os artesãos inventam métodos mais simples para fazer seu trabalho, assim também cada um aqui se esforça para realizar sua tarefa da forma mais simples. É isso o comércio, por meio do qual eles se dirigem ao auto-interesse da pessoa e raramente falham na pronta obtenção do que desejam.

ADAM SMITH (1763)

Houve um tempo em que o varejista costumava discriminar entre diferentes indivíduos por meio da negociação com cada um, a fim de obter o máximo de cada. Mas essa forma miúda de discriminação foi bem cedo descartada na Inglaterra. [...] De fato, foi o precoce reconhecimento do alto valor do tempo na Inglaterra que a levou a tornar-se pioneira na prática de um mesmo preço na mesma loja para todos os clientes que compram em iguais condições. Cartazes anunciando "Preços fixos" ou "Preços ingleses" (as duas frases eram equivalentes) eram comumente exibidos, ainda uma geração atrás, nas melhores lojas das maiores cidades do continente [europeu]. [...] Em alguns bazares do Oriente, muitos milhares de palavras são com freqüência trocados para cada *penny* de transação. É sabido que certos comerciantes, no Sul da Europa, chegam a pedir um preço seis vezes maior que aquele que estão preparados a aceitar.

ALFRED MARSHALL (1919)

IV.5. TECNOLOGIAS DE COMUNICAÇÃO: MEIOS E FINS

A ênfase na competição na vida moderna está ligada ao declínio geral dos padrões civilizados, tal como deve ter ocorrido em Roma após a era do imperador Augusto. Homens e mulheres parecem ter se tornado incapazes de gozar os prazeres mais intelectualizados. A arte geral da conversação, por exemplo, que foi levada à perfeição nos salões franceses do século XVIII, era ainda uma tradição viva há quarenta anos. Era uma arte bela e delicada, capaz de mobilizar as mais elevadas faculdades em nome de algo inteiramente evanescente. Mas quem, em nosso tempo, se importa com algo tão supérfluo?

BERTRAND RUSSELL (1930)

As possibilidades lingüísticas de expressão, em alemão assim como em francês, tornaram-se muito mais refinadas e sutis nos últimos cem anos. Não apenas temos agora a linguagem de Goethe, mas além disso um grande número de refinamentos, sutilezas e modos particulares de expressão. Apesar disso, se observarmos a fala e a escrita dos indivíduos, constataremos que estão no seu conjunto menos corretas, menos elevadas e mais triviais. Em termos de conteúdo, ainda que o escopo dos temas de conversação tenha aumentado nesse período, graças aos avanços teóricos e práticos, parece que a conversação é agora mais superficial, menos interessante e menos séria do que no final do século XVIII, e isso tanto nas conversas sociais como nas íntimas e na troca de cartas.

GEORG SIMMEL (1907)

O tipo de bem-estar proporcionado por uma conversação animada não consiste propriamente no assunto da conversação; nem as idéias nem os conhecimentos que ali podem ser desenvolvidos são seu principal

IV.5. TECNOLOGIAS DE COMUNICAÇÃO: MEIOS E FINS

interesse. Importa uma certa maneira de agir uns sobre os outros, de ter um prazer recíproco e rápido, de falar tão logo se pense, de comprazer-se imediatamente consigo mesmo, de ser aplaudido sem esforço, de manifestar seu espírito em todas as nuanças pela entonação, pelo gesto, pelo olhar, enfim, de produzir à vontade como que uma espécie de eletricidade que solta faíscas, aliviando uns do próprio excesso de sua vivacidade e despertando outros de uma apatia dolorosa. [...] Bacon disse que "a conversação não era um caminho que conduzia à casa, mas uma vereda por onde se passeava prazerosamente ao acaso".

MADAME DE STAËL (1814)

É por termos menosprezado os prazeres da conversação que somos forçados a substituí-los pelas diversões frívolas e pequenas do jogo, das visitas, da bebida, dos adereços e mesmo da devassidão. Daí a corrupção dos dois sexos, e a perda das idéias verdadeiras do amor, da generosidade, da honra, de que zombam hoje, como de sentimentos afetados e pouco naturais.

JONATHAN SWIFT (1712)

A velocidade das viagens aumenta de ano a ano, e de ano a ano dedicamos mais tempo a nos deslocarmos de um lugar a outro. Fisicamente, entretanto, somos mais preguiçosos e temos uma vida mais sedentária que a de nossos pais. Seguimos as finanças do mundo de minuto a minuto, mas praticamente nada sabemos das pessoas que moram em nossa vizinhança. Afastados das forças da natureza, ocupantes da nova subutopia, estamos degenerando numa estirpe de passageiros-espectadores cujo primeiro impulso ao despertar é buscar um interruptor.

E. J. MISHAN (1967)

IV.5. TECNOLOGIAS DE COMUNICAÇÃO: MEIOS E FINS

Em tempos passados, aquilo contra o que mais se alertava era contra levar o dia e o momento demasiadamente a sério; éramos exortados a *nil admirari* [não surpreender-se ou deixar-se excitar por nada] e a nos ocuparmos somente da eternidade. Atualmente, contudo, só um tipo de seriedade restou na alma moderna, aquela dirigida às notícias trazidas pelos jornais ou pelo telégrafo. Empregar o momento de modo a tirar-lhe proveito e estimar seu valor tão depressa quanto possível! — alguém poderia crer que o homem moderno preservou apenas uma das virtudes, a prontidão da mente. Infelizmente, isso é na verdade mais como a onipresença de uma voracidade impura e insaciável e de uma curiosidade intrusa. Se a *mente* tem alguma *presença* nisso é uma questão que deixamos para o dia em que os juízes do futuro passarem o homem moderno em sua peneira.

NIETZSCHE (1876)

Penso que o maior dos males de nosso tempo, que a nada permite amadurecer, está em que o momento anterior consome o seguinte, o dia se esgota no próprio dia, e desse modo vive-se sempre da mão para a boca, sem realizar nada que tenha substância. Já não dispomos de jornais para cada período do dia!* Alguém esperto poderia intercalar ainda mais um ou dois. Dessa maneira, tudo quanto alguém faz e empreende, tudo o que escreva ou até mesmo planeje escrever, é lan-

---

* No início do século XIX, quando o poeta escreveu estas linhas, existiam na Alemanha um jornal matutino (publicado em Stuttgart), dois vespertinos (Hanover e Dresden), e um jornal da noite (Braunschweig).

IV.5. TECNOLOGIAS DE COMUNICAÇÃO: MEIOS E FINS

çado para as mãos do público. A ninguém se permite estar feliz ou miserável, a não ser como passatempo para o resto do mundo, e assim as notícias correm de casa em casa, de cidade em cidade, de um país a outro e, por fim, de um continente ao seguinte, tudo sob a égide da pressa e da velocidade.

GOETHE (1829)

Nossas invenções costumam tornar-se bonitos brinquedos que distraem nossa atenção das coisas sérias. Elas são tão-somente meios aperfeiçoados para um fim não aperfeiçoado, um fim que já era fácil demais atingir, como estradas de ferro que levam de Boston a Nova York. Nós estamos com enorme pressa em construir um telégrafo magnético do Maine para o Texas; mas pode ser que o Maine e o Texas nada tenham de importante a comunicar. [...] É como se o objetivo principal fosse falar depressa e não falar sensatamente.

HENRY THOREAU (1854)

O deslumbramento das pessoas ante os triunfos do telégrafo e do telefone leva-as a esquecer com freqüência o fato de que aquilo que realmente importa é o valor do que se tem a dizer e que, em comparação a isso, a velocidade ou lentidão dos meios de comunicação é uma preocupação que apenas por usurpação pôde alcançar o presente *status*. [...] Essa preponderância dos meios sobre os fins encontra a sua apoteose no fato de que o periférico na vida, aquilo que está fora de sua essência básica, se assenhorou do seu centro e até de nós mesmos. [...] Se considerarmos a totalidade da vida, então o controle da natureza por meio da tecnologia só é possível ao preço de

IV.5. TECNOLOGIAS DE COMUNICAÇÃO: MEIOS E FINS

nos escravizarmos a ela e de abandonarmos a espiritualidade como o alvo central da vida.

GEORG SIMMEL (1907)

A prensa mecânica, a máquina, a ferrovia, o telégrafo — são todos premissas cuja conclusão milenar ninguém ainda ousou derivar.

NIETZSCHE (1886)

Quanto ao mais importante dos nossos sentidos — o nosso senso interno do intervalo entre desejo e posse, que nada mais é que o sentido de duração, aquele sentimento do tempo que antes se comprazia com a velocidade dos cavalos —, ele agora considera os mais velozes trens vagarosos em demasia, e nos afligimos de impaciência entre um telegrama e outro. Ansiamos pela sucessão dos eventos como se fossem comida que nunca está suficientemente condimentada. Se não há, todas as manhãs, um grande desastre no mundo, sentimos um certo vazio: "Não há nada hoje nos jornais", dizemos.

PAUL VALÉRY (1935)

A leitura do jornal diário é a oração matinal cotidiana do homem realista. Orientamos a nossa atitude em relação ao mundo seja por meio de Deus, seja por meio do que o mundo é. Uma fornece tanta segurança quanto a outra, pois sabemos no que nos baseamos.

HEGEL (1805)

A mídia despeja sobre nós uma avalanche de *bits* e sinais que, mesmo que soubéssemos o que fazer com eles, atingem-nos com rapidez

IV.5. TECNOLOGIAS DE COMUNICAÇÃO: MEIOS E FINS

excessiva para uma genuína assimilação. [...] Tal condição pode ser ilustrada por uma metáfora. Imagine-se numa sala, sentado diante de uma mesa sobre a qual se empilham as peças de um gigantesco quebra-cabeça. Um funil pendurado no teto despeja mais peças na mesa do que você consegue separar, para não dizer encaixar. Você percebe que as peças são de diferentes cores e texturas, e que não pertencem ao mesmo quebra-cabeça. Sente que não dispõe de tempo — talvez jamais disponha — para "pôr tudo em ordem". Pôr tudo em ordem exigiria um tipo de atenção distinto da mera decisão sobre o que fazer com cada peça. Suponha que o quebra-cabeça que você procura montar é o padrão, o próprio sentido, de sua vida. O fato de que uma quantidade excessiva de *bits* seja despejada mais depressa do que você consegue assimilar significa manter-se indefinidamente em suspenso e restrito a fatos superficiais, incapaz de articular uma filosofia de vida coerente e profunda — fraudado de sentido.

ORRIN E. KLAPP (1978)

Nossa goela sempre sempre sempre escãocarada engole elefantes, engole catástrofes, tão naturalmente como se. E PEDE MAIS. [...] Não quero calar junto do amigo. Não quero dormir abraçado ao velho amor. Não quero ler a seu lado. Não quero falar a minha palavra, a nossa palavra. Não quero assoviar a canção parceira de passarinho/aragem. Quero komunicar em código, descodificar, recodificar eletronicamente. [...] E quando não restar o mínimo ponto a ser detectado, a ser invadido, a ser consumido, e todos os seres se atomizarem na supermensagem do supervácuo e todas as coisas se apagarem no circuito global e o Meio deixar de ser Fim e chegar ao fim,

IV.5. TECNOLOGIAS DE COMUNICAÇÃO: MEIOS E FINS

Senhor!, Senhor!, quem vos salvará de vossa própria, de vossa terríbil estremendona inkomunikhassão?

CARLOS DRUMMOND DE ANDRADE (1978)

Em nossos contatos cotidianos nós seguimos a multidão, deixamo-nos levar por esperanças e temores subalternos, tornamo-nos vítimas de nossas próprias técnicas e implementos, e desusamos o acesso que temos ao oráculo divino. É apenas enquanto a alma dorme que nos servimos dos préstimos de tantas maquinarias e muletas engenhosas. De que servem os telégrafos? Qual a utilidade dos jornais? O homem sábio não aguarda os correios nem precisa ler telegramas para descobrir como se sentem os homens no Kansas ou na Califórnia durante uma crise social. Ele ausculta o seu próprio coração. Se eles são feitos como ele é, se respiram o mesmo ar e comem o mesmo trigo, se têm mulheres e filhos, ele sabe que sua alegria e ressentimento atingem o mesmo ponto que o seu. A alma íntegra está em perpétua comunicação telegráfica com a fonte dos acontecimentos, dispõe de informação antecipada, qual despacho particular, que a exime e alivia do terror que oprime o restante da comunidade.

EMERSON (1867)

Aquela serena, inocente, quase sonâmbula produção, por meio da qual tão-somente algo grandioso consegue prosperar, já não é mais possível. Nossos talentos jazem todos à vista do público. As críticas diárias, em cinqüenta lugares distintos, e as bisbilhotices que elas suscitam não permitem que nada realmente sólido seja criado. Quem não se mantém à distância de tudo isso, e não se isola com determinação, está per-

IV.5. TECNOLOGIAS DE COMUNICAÇÃO: MEIOS E FINS

dido. O influxo maligno, quase sempre em tom negativo, crítico e estético, da imprensa periódica difundiu uma espécie de semicultura nas massas. Para o talento criador, contudo, isso equivale a um vapor nocivo, um veneno letal que destrói a árvore do poder criativo — desde as folhas verdes ornamentais até as raízes profundas e fibras mais recônditas. Quão tíbia e domesticada se tornou a vida dos dois últimos esfarrapados séculos para cá. Onde encontrar hoje uma natureza original? Onde alguém com a coragem de ser verdadeiro e mostrar-se tal como é? Isso, entretanto, afeta o poeta, que se vê forçado a buscar tudo dentro de si, estorvado por tudo o que o cerca.

GOETHE (1824)

A solidão humana aumentará em proporção direta ao avanço nas formas de comunicação.

WERNER HERZOG (2006)

Tecnologia é a resposta, mas qual era a questão?

CEDRIC PRICE (1979)*

---

* Frase inscrita num *button* que se tornou popular na década de 1970.

6. Identidades nacionais

Ubi bene, ibi patria [Onde se está bem, aí é a pátria].

CÍCERO (SÉCULO II A.C.)

Algumas vezes um estudante universitário que foi dissuadido dos seus estereótipos num curso de psicologia fica espantado ao perceber, em sua primeira viagem ao exterior, que os alemães são realmente diferentes dos italianos.

ROGER BROWN (1958)

As diferenças nacionais são tomadas como sendo de algum modo fascistas — opor-se a elas é colocar-se do lado dos anjos. Enfatizar diferenças de classe social, ao contrário, é ser progressivo e colocar-se do lado de Engels e seu co-autor.

DEAN PEABODY (1985)

Se um grande povo não acreditar que a verdade somente pode ser encontrada nele mesmo [...], se ele não crer que apenas ele está apto e destinado a se erguer e redimir a todos por meio de sua verdade, ele prontamente se rebaixa à condição de material etnográfico, e não de

IV.6. IDENTIDADES NACIONAIS

um grande povo. Um povo realmente grande jamais poderá aceitar uma parte secundária na história da humanidade, nem mesmo entre os primeiros, mas fará questão da primazia. Uma nação que perde essa crença deixa de ser uma nação.

DOSTOIEVSKI (1871)

Há um certo momento na trajetória de toda e qualquer nação em que ela se considera *escolhida*. É nesse momento que ela dá o melhor e o pior de si.

E. M. CIORAN (1973)

Entre todas as nações foram os gregos aqueles que de forma mais bela sonharam o sonho da vida.

GOETHE (1826)

Só duas nações — a Grécia passada e Portugal futuro — receberam dos deuses a concessão de serem não só elas mas também todas as outras.

FERNANDO PESSOA (1923)

Qual a diferença entre um inglês, um alemão e um italiano? Para o inglês *tudo é permitido, exceto o que é proibido*. Para o alemão *tudo é proibido, exceto o que é permitido*. E, para o italiano, *tudo o que é proibido é permitido*.

JOHN VON NEUMANN (SEM DATA)[*]

---

[*] Comunicação pessoal de Nicholas von Neumann (irmão do cientista) em 14 de novembro de 1995.

Um italiano expressa mais emoção ao ser condenado a uma multa de vinte *shillings* do que um inglês ao receber uma sentença de morte.

ADAM SMITH (1759)

Tenho visto óperas na Inglaterra e na Itália; são os mesmos enredos com os mesmos atores: mas a mesma música produz efeitos tão díspares nos habitantes dessas duas nações que parece inconcebível — uma delas tão calma, a outra tão entusiástica. [...] Um moscovita precisa ser chicoteado para que comece a sentir qualquer coisa.

MONTESQUIEU (1748)

Os franceses freqüentemente falam todos ao mesmo tempo quando estão juntos. Suas conversações são ruidosas. Em meio a um grupo de ingleses, ao contrário, pelo silêncio que reina, seria possível dizer que temem se distrair uns com os outros. Os franceses, pelo barulho que fazem, não se entendem; os ingleses não dizem uma palavra: o que dá praticamente no mesmo.

ABADE TRUBLET (1735)

Não são nenhuma raça filosófica, esses ingleses: Bacon representa um *atentado* ao espírito filosófico, Hobbes, Hume e Locke, um rebaixamento e desvalorização do conceito de "filósofo" por mais de um século. *Contra* Hume se levantou e avultou Kant; Locke foi aquele de quem Schelling *pôde* dizer: "*Je méprise Locke*" [Eu desprezo Locke]; na luta contra a bestificação anglo-mecanicista do mundo estavam de acordo Hegel e Schopenhauer (também Goethe), aqueles dois gênios-irmãos hostis da filosofia, que tendiam para pólos opostos do espírito

IV.6. IDENTIDADES NACIONAIS

alemão, e nisto se desentendiam como só irmãos podem fazê-lo. — O que falta e sempre faltou à Inglaterra, sabia-o muito bem aquele semicomediante retórico, o insípido cabeça-tonta Carlyle, que procurou esconder sob caretas passionais o que sabia de si: o mesmo que faltava a Carlyle — autêntica *pujança* da espiritualidade, autêntica *profundidade* do olhar espiritual, ou, numa palavra, filosofia.

NIETZSCHE (1886)

O ar de misticismo associado a essas doutrinas [filosofia transcendental kantiana] revelou-se sedutor para a mente alemã, sempre atraída pelo vago e pelo vasto. A fileira aterradora de primeiros princípios, a floresta impenetrável de termos e definições, em meio à qual os mais fracos vagueiam como num matagal sem trilhas, e por fim caem impotentes sobre a terra, oprimidos pelo cansaço e sufocados pelo miasma escolástico, pareciam qualidades sublimes, mais que repulsivas, para os alemães — homens que não fogem à labuta e para os quais um certo grau de obscuridade parece ser um elemento primordial, essencial para o livre exercício daquele profundo entusiasmo meditativo que constitui um traço tão importante do seu caráter. A filosofia de Kant encontrou assim inúmeros discípulos, e os imbuiu com um zelo sem paralelo desde os dias de Pitágoras.

THOMAS CARLYLE (1825)

DEUTSCHLIN: Os russos têm profundidade, mas carecem de forma. Os povos do nosso Oeste [europeu] possuem forma, mas sem profundidade. Somente os alemães têm os dois juntos.

THOMAS MANN (1947)

IV.6. IDENTIDADES NACIONAIS

As grandes virtudes dos povos alemães suscitaram mais males do que a ociosidade jamais gerou vícios. Pudemos testemunhar, com nossos próprios olhos, como o trabalho conscencioso, o mais sólido conhecimento e a mais séria disciplina e aplicação foram adaptados às mais atrozes finalidades. Tamanhos horrores não teriam sido possíveis sem tamanhas virtudes.

PAUL VALÉRY (1919)

Eis como Napoleão descreve o combate da cavalaria francesa, mal preparada mas disciplinada, contra os mamelucos [membros da organização militar que governava o Egito], a melhor cavalaria de combate daqueles tempos, mas indisciplinada: "dois mamelucos eram absolutamente superiores a três franceses; cem mamelucos e cem franceses se equivaliam; trezentos franceses eram facilmente superiores a trezentos mamelucos; mil franceses derrotavam sempre mil e quinhentos mamelucos".

ENGELS (1877)

O que há de quase-indefinivelmente português, de portuguesmente comum exceto a língua, a Camões, Garret, Antero de Quental, António Nobre, Junqueiro, Correia de Oliveira, Pascoaes, Mario Beltrão? Em primeiro lugar é uma *ternura*. Mas o que é essa ternura? Ternura que rompe a casca de estrangeirismo de Camões, no seu auge ternura heróica, ternura metafísica em Antero, ternura por si próprio e pela sua terra, esquiva, espontânea e com lado "tristeza" em António Nobre, ternura pela paisagem em Fialho, ternura que chega a assomar às janelas da alma de Eça de Queirós. Chamar ao sol "solzinho de Deus" é um

IV.6. IDENTIDADES NACIONAIS

fenómeno especial de ternura. Nessas frases do povo está o germe de todo o pátrio. [...] O vago misticismo que nos caracteriza — e que é de todo ausente do espírito francês — não pode ser desdenhado, com o risco de preparar uma reação tremenda. Incutir positivismo à alma portuguesa é esforçar-se por matá-la. O português pode não ter necessidade de crer, mas tem, sempre, de divagar e sonhar.

FERNANDO PESSOA (1915 & 1911)

Este profundo conflito interno entre convicção intelectual e predileção emocional, por vezes uma sensação quase física, é uma enfermidade muito caracteristicamente russa [...]. Em alguma medida, este peculiar amálgama de amor e ódio é intrínseco ao sentimento contemporâneo russo [1947] sobre a Europa: de um lado, respeito intelectual, inveja, admiração, desejo de emular e exceder; de outro, hostilidade emocional, suspeita, desprezo, um sentimento de desajeitamento, *de trop*, exclusão. Disso resulta a alternância entre uma excessiva prostração e uma agressiva desatenção em face dos valores ocidentais. Ninguém que tenha visitado recentemente a União Soviética poderá ter deixado de observar esse fenómeno: uma combinação de inadequação intelectual e superioridade emocional, uma noção do Ocidente como sendo invejosamente autocontido, perspicaz, eficiente e bem-sucedido; mas, também, contorcido, frio, mesquinho, calculador e enclausurado, incapaz de uma visão ampla e emoções generosas, incapaz de um sentimento que por vezes se eleva em demasia e transborda do seu leito, incapaz de abandonar tudo e sacrificar-se em resposta a um singular desafio histórico, incapaz de alcançar um pleno florescimento de vida.

ISAIAH BERLIN (1947)

iv.6. IDENTIDADES NACIONAIS

O habitante dos Estados Unidos aferra-se aos bens deste mundo como se tivesse a certeza de que nunca morrerá; e com tamanha afoiteza ele se apodera de tudo ao seu alcance que dá a impressão de estar constantemente receoso de não viver o bastante para desfrutá-lo. Tudo ele agarra, e nada segura com força bastante, logo abrindo mão do que tem em busca de novas gratificações. Nos Estados Unidos um homem constrói uma casa para nela passar seus derradeiros anos e a vende antes de o telhado estar pronto; planta um pomar e o arrenda antes de as árvores começarem a dar frutos; ara um campo e deixa que outros colham a safra; adota uma profissão e dela desiste; estabelece-se num lugar que logo depois abandonará, levando a outras paragens seus anseios mutáveis. [...] O espetáculo em si é velho como o mundo; a novidade é vê-lo exemplificado por toda uma população. O gosto dos americanos pelo desfrute de prazeres materiais deve ser encarado como a fonte original daquela inquietude secreta que suas ações revelam, bem como daquela inconstância de que dão novos exemplos a cada dia. Aquele que confinou seu coração unicamente na procura dos bens deste mundo está sempre com pressa, uma vez que dispõe de um tempo limitado para encontrá-los, agarrá-los e desfrutá-los.

TOCQUEVILLE (1840)

Não se pode dizer deste país [Estados Unidos] que tenha um ideal. É o país prático por excelência, e que tem a admirável qualidade de, bem ou mal, governar-se a si mesmo. Não lhe falta *manhood*, mas tudo nele preenche um fim material. O americano é, acima de tudo, um homem positivo, em cuja vida a metafísica tem pequena parte;

IV.6. IDENTIDADES NACIONAIS

reconhece a cada instante que a vida é um *business*, que é preciso um lastro para não afundar nela; põe a arte, a ciência, a cultura, a *polity*, depois do que é essencial, isto é, do dólar, indo sempre *ahead* como a locomotiva, tratando a mulher com o maior respeito, mas na vida prática como uma *obstruction*, por isso entregando-a a ela mesma, ambicionando, acima de tudo, a riqueza de um grande *operator* de Wall Street, depois a influência de um *boss*, insensível à inveja, à má vontade, ao comentário, a tudo o que em outros países emaranha, complica e, às vezes, inutiliza grandes carreiras; nunca procurando o prazer para si, dando-se aos hóspedes em sua casa, como se dão brinquedos às crianças, superior às contrariedades, sóbrio de dor, calmo na morte dos seus, e tratando a própria apenas como uma questão de seguro.

JOAQUIM NABUCO (1900)

Poucos americanos naqueles anos [1930] tinham ouvido falar em Kafka — o culto começou alguns anos mais tarde, em meados da década de 40 —, apesar de sua imagem do seu próprio país não se diferenciar muito da fantasia de Kafka em *Amerika*: um reino à parte, livre dos vícios, dos ódios, das restrições e da culpa do Velho Mundo. "A América foram promessas", disse Archibald MacLeish num poema de 1939. [...] O que punha a América num lugar à parte na mente dos americanos — e de europeus como Kafka — era precisamente que ela não era um "país" mas uma "constituição". As promessas eram políticas e sociais. O "sonho americano" é uma *sociedade* ideal; e o gênio americano é político. [...] O New Deal [programa de reformas implementado por Franklin Roosevelt nos anos 30] foi uma reafirmação consciente do caráter único e distintivo da América, da sua americanidade. Acima de tudo, ele tentava restabelecer o compromisso americano básico: a América não é uma "nação" como qualquer outra, nem um "país" — ela é um credo. [...] A consciência de ser diferente pode conduzir à estupidez e à cegueira. Ela sustenta a premissa irrefletida de que qualquer coisa que aconteça nos Estados Unidos deva ser unicamente americana e possuir causas distintamente americanas.

PETER DRUCKER (1978)

Se os primeiros colonos da América Inglesa vinham movidos pelo afã de construir, vencendo o rigor do deserto e selva, uma comunidade abençoada, isenta das opressões religiosas e civis por eles padecidas em sua terra de origem, e onde enfim se realizaria o puro ideal evangélico, os da América Latina se deixavam atrair pela esperança de achar em suas conquistas um paraíso feito de riqueza mundanal e beatitude celeste, que a eles se ofereceria sem reclamar labor maior, mas sim como dom gratuito. Não há, neste último caso, contradição necessária entre o gosto da pecúnia e a devoção cristã. Um e outra, em verdade, se irmanam freqüentemente e se confundem: já Cristóvão Colombo exprimira isto ao dizer que com o ouro tudo se pode fazer neste mundo, e ainda se mandam almas ao céu.

SÉRGIO BUARQUE DE HOLANDA (1968)

Entre os pagãos do Velho Mundo, o missionário sabia as resistências que teria a vencer: ídolos e sacerdotes, liturgias e teologias — religiões dignas desse nome, mesmo que raramente tão exclusivistas como a sua própria. No Brasil, em troca, a palavra de Deus era acolhida alacremente por um ouvido e ignorada com displicência pelo outro. O inimigo aqui não era um dogma diferente, mas uma indiferença ao dogma, uma recusa de escolher. Inconstância, indiferença, olvido: "a gente destas terras é a mais bruta, a mais ingrata, a mais inconstante, a mais avessa, a mais trabalhosa de ensinar de quantas há no mundo", desfia e desafia o desencantado [Antônio] Vieira. Eis por que são Tomé fora designado por Cristo para pregar no Brasil; justo castigo para o apóstolo da dúvida, esse de levar a crença aos incapazes de crer — ou capazes de crer em tudo, o que vem a dar na mesma: "outros gentios são incrédulos até crer; os brasis, ainda depois de crer, são incrédulos".

EDUARDO VIVEIROS DE CASTRO (2002)

Do mesmo modo que uma pirâmide asteca por vezes recobre um edifício mais antigo, a unificação religiosa [empreendida pelos colonizadores espanhóis católicos no México] somente afetava a superfície da consciência, deixando intactas as crenças primitivas.

OCTAVIO PAZ (1959)

[As elites políticas brasileiras consideram o Brasil] um país de resignação ilimitada e terna indiferença, [...] [povoado] por uma ralé semi-animal e semi-humana de escravos de nascença, concebidos e gerados para a obediência, como o muar para a albarda, como o suíno para o chiqueiro, como o gorila para a corrente, [...] uma raça cujo cérebro ainda não se sabe se é de banana, ou de mamão, para se empapar de tudo que lhe imputam; uma raça cujo coração ainda não

IV.6. IDENTIDADES NACIONAIS

se estudou se é de cortiça, ou de borracha, para não guardar mossa de nada que o contunda.

RUI BARBOSA (1919)*

"Durante a minha vida inteira", dizia [Adolphe] Thiers, em 1872, na Assembléia Nacional [francesa], "tenho repetido e continuarei a repetir: se, à maneira do escultor, que molda entre as mãos o barro plástico, eu pudesse afeiçoar a meu gosto o meu país, faria dele não uma América, mas uma Inglaterra." Essas palavras constituem a melhor versão que eu poderia dar do meu sentimento. Mas devo acrescentar que de certas nações não me parece menos difícil extrair Inglaterras do que Américas.

RUI BARBOSA (1896)

Os países da América Latina não precisam criar uma civilização. Ela já foi criada pela Europa nos últimos quatro séculos. Cabe-nos assimilar essa civilização.

EUGENIO GUDIN (1961)

Na verdade o equilíbrio [brasileiro] continua a ser entre as realidades tradicionais e profundas: sadistas e masoquistas, senhores e escravos, doutores e analfabetos, indivíduos de cultura predominantemente européia e outros de cultura principalmente africana e ameríndia. E não sem certas vantagens: as de uma dualidade não de todo prejudicial à nossa cultura em formação, enriquecida de um lado pela espon-

---

* Discurso proferido durante a campanha presidencial de 1919.

IV.6. IDENTIDADES NACIONAIS

taneidade, pelo frescor de imaginação e emoção do grande número e, de outro, pelo contato, através das elites, com a ciência, com a técnica e com o pensamento adiantado da Europa. Talvez em parte alguma se esteja verificando com igual liberalidade o encontro, a intercomunicação e até a fusão harmoniosa de tradições diversas, ou antes, antagônicas, de cultura, como no Brasil. É verdade que o vácuo entre os dois extremos ainda é enorme; e deficiente a muitos respeitos a intercomunicação entre as duas tradições de cultura. Mas não se pode acusar de rígido, nem de falto de mobilidade vertical o regime brasileiro, em vários sentidos sociais um dos mais democráticos, flexíveis e plásticos.

GILBERTO FREYRE (1933)

Tupi, or not tupi that is the question.

OSWALD DE ANDRADE (1928)

"*Ubi bene, ibi patria*" [Onde se está bem, aí é a pátria], diz o nosso profundo indiferentismo.

PAULO PRADO (1928)

7. Efeitos morais e intelectuais dos trópicos

Existem dois fatores constantes na vida social — o espírito do homem e o seu meio ambiente. A vida social é a relação entre eles, e a vida somente se ergue ao cume da civilização quando o espírito do homem é o parceiro dominante na relação — quando, em vez de ser moldado pelo meio ambiente (como nas florestas tropicais da África Central e do Brasil), ou simplesmente preservar-se em tensão com o meio numa espécie de equilíbrio (como se faz nas estepes da Ásia Central ou na Arábia, entre os nômades), ele molda o meio ambiente de acordo com seu propósito ou "expressa" a si mesmo "imprimindo-se" sobre o mundo.

ARNOLD TOYNBEE (1922)

A Ásia é muito diferente da Europa [mediterrânea] em relação à natureza de tudo, vegetal ou humano, que lá cresce. Tudo na Ásia alcança maior tamanho e qualidade, e a natureza do meio é mais mansa, ao passo que o caráter dos habitantes é mais sereno e menos apaixonado. A razão disso é a mescla uniforme do clima, que se situa no ponto intermediário entre o nascer do sol e a aurora. Ela está, portanto, distante dos extremos do calor e do frio. [...] As menores variações de

IV.7. EFEITOS MORAIS E INTELECTUAIS DOS TRÓPICOS

clima a que os asiáticos estão sujeitos, livres dos extremos de calor e frio, explicam tanto sua flacidez mental como sua covardice. Eles são menos belicosos que os europeus e de espírito mais manso, pois não estão submetidos àquelas mudanças físicas e aos estimulantes mentais que aguçam os temperamentos e promovem a impulsividade e o sangue quente nas veias. Ao contrário, vivem sob condições invariantes. Onde há sempre mudanças, a mente dos homens é provocada, e por isso não pode estagnar. Tais coisas me parecem ser a causa da tibieza dos asiáticos; outra causa que também contribui para isso são os seus costumes, pois a maior parte deles está sob regime monárquico.

HIPÓCRATES (SÉCULO IV A.C.)

Entre as circunstâncias externas pelas quais a influência da educação é modificada, as principais são aquelas agrupadas sob a rubrica do *clima*. Essa circunstância se coloca na dianteira e exige uma denominação à parte, não apenas em vista da magnitude de sua influência, mas também por ser claramente visível a todos e pelo fato de ser aplicável indiscriminadamente a um grande número de pessoas de uma só vez. Essa circunstância tem parte de sua *essência* na situação da região da Terra em questão, com relação ao curso tomado pelo planeta como um todo em sua revolução ao redor do Sol. Sua *influência*, no entanto, depende da condição dos corpos que compõem a superfície da Terra naquela região, sobretudo da quantidade de calor sensível em diferentes períodos e da densidade, pureza, umidade ou secura do ar circundante. [...] Nos climas quentes, a saúde do homem tende a ser mais precária que nos frios: sua força e rijeza, menor; seu vigor, firmeza e constância mental, menor; e portanto, indiretamente, sua quantidade de conhecimento é também menor. O pendor de suas inclinações é diferente, e isso de modo mais notável no tocante à sua maior propensão para os prazeres do sexo e à precocidade da etapa da vida em que essa propensão começa a se manifestar: suas sensibilidades de todos os tipos são mais intensas; suas ocupações habituais mais para a lassidão que para a atividade; a constituição básica de seu corpo é, provavelmente, menos forte e menos rija; a constituição básica de sua mente é menos vigorosa, menos firme e menos constante.

BENTHAM (1789)

O ar frio contrai as extremidades das fibras na superfície do corpo. [...] Isso encurta essas fibras e, portanto, também aumenta sua força. O ar quente, ao contrário, relaxa as extremidades das fibras e as torna mais longas, diminuindo assim sua força e tensão. Logo, os homens são mais vigorosos nos climas frios. A ação do coração e a reação das extremidades das fibras estão mais harmonizadas, os fluidos se equilibram melhor, o sangue flui com mais força em direção ao coração, e, reciprocamente, o coração tem mais força. [...] Nos países frios há menor sensibilidade aos prazeres; nos temperados, ela é um pouco maior, e, nos países quentes, ela é extrema. Assim como se distinguem os climas pelos graus de latitude, é possível distingui-los, por assim dizer, pelos graus de sensibilidade. [...] A delicadeza dos órgãos que prevalece nos países quentes faz com que a alma seja soberanamente movida por tudo o que se relaciona à união dos sexos — tudo conduz a esse fim. Nos climas nórdicos, o aspecto físico do amor tem uma força tão pequena que quase não se faz sentir; nos climas temperados, o amor, acompanhado de mil acessórios, se faz prazenteiro por meio

IV.7. EFEITOS MORAIS E INTELECTUAIS DOS TRÓPICOS

de coisas que parecem amor de início mas ainda não são; nos climas mais quentes, gosta-se do amor por si mesmo — ele é a única causa da felicidade, ele é a vida.

MONTESQUIEU (1748)

[Um filósofo e uma marquesa dialogam sobre a possibilidade de vida inteligente nos planetas do sistema solar.] "É certo", disse eu à marquesa, "que Vênus gira em volta de si mesma, mas não se sabe quanto tempo leva, e portanto nem a duração de seus dias. Quanto aos anos, não duram mais do que cerca de oito meses, que é o tempo que leva para dar a volta em torno do Sol. [...] O clima é muito propício aos amores. Vênus está mais perto do Sol e recebe luz mais viva e mais calor. Está a quase dois terços da distância entre o Sol e a Terra." "Agora vejo", interrompeu a marquesa, "como são os habitantes de Vênus: parecem-se com os mouros de Granada, povo moreno, tisnado pelo Sol, pleno de espírito e ardor, sempre amoroso, fazendo versos, amando a música, todos os dias inventando festas, danças e torneios." "Permiti que eu vos diga, madame", repliquei, "que não conheceis muito bem os habitantes de Vênus. Nossos mouros de Granada, ao lado deles, não passariam de lapões e groenlandeses pela frieza e estupidez. Mas como serão os habitantes de Mercúrio? Estão duas vezes mais perto do Sol do que nós. Devem ser loucos de tanta vivacidade. Creio que não têm memória, não mais que a maioria dos negros; nunca tecem reflexões sobre coisa alguma; agem apenas a esmo e por repelões; e, por fim, creio que é em Mercúrio que ficam os manicômios do universo."

FONTENELLE (1686)

IV.7. EFEITOS MORAIS E INTELECTUAIS DOS TRÓPICOS

A excelência das criaturas pensantes, sua rapidez de apreensão, a clareza e vivacidade dos seus conceitos, os quais chegam a elas pelas impressões do mundo externo, a capacidade de combinar esses conceitos e, em suma, toda a extensão da sua perfeição tornam-se mais altas e mais completas na proporção direta da distância do seu lugar de moradia até o Sol.

KANT (1755)

De início temos de considerar aquelas condições naturais que precisam ser excluídas de uma vez por todas do drama da História Mundial. Nas zonas frígidas e tórridas a localidade de povos histórico-mundiais não pode ser encontrada. Pois a consciência que desperta se ergue cercada tão-somente pelas condições naturais, e todo passo em seu desenvolvimento é um reflexo do Espírito que retorna a si mesmo em oposição ao caráter imediato e irrefletido da mera natureza. A natureza é, portanto, um elemento nesse processo de abstração antitético. A natureza é uma primeira posição a partir da qual o homem é capaz de ganhar liberdade dentro de si mesmo, e essa liberação não pode ser dificultada por obstruções naturais. A natureza, em contraste com o Espírito, é uma massa quantitativa, cujo poder não pode ser grande a ponto de tornar onipotente a sua força isolada. Nas zonas extremas o homem não consegue chegar ao livre movimento; o frio e o calor são aqui demasiado poderosos para permitir ao Espírito construir um mundo *para si*. Aristóteles disse há muito tempo: "Quando as necessidades prementes foram satisfeitas, o homem se volta para o geral e o mais elevado". Mas nas zonas extremas pode-se dizer que tal pressão jamais cessa, nunca é por inteiro afastada; os

IV.7. EFEITOS MORAIS E INTELECTUAIS DOS TRÓPICOS

homens são constantemente impelidos a dirigir sua atenção à natureza — aos raios fulgurantes do sol e à gélida geada. O verdadeiro teatro da História é, portanto, a zona temperada.

HEGEL (1830)

[O modo de produção capitalista] pressupõe o domínio do homem sobre a natureza. Uma natureza excessivamente pródiga "mantém o homem preso a ela como uma criança sustentada por andadeiras". Ela não lhe impõe a necessidade de desenvolver-se. A pátria do capital não é o clima tropical com sua vegetação exuberante, mas a zona temperada.

MARX (1867)

Por que razão as pessoas que vivem entre os trópicos ainda não conseguiram desenvolver nenhuma arte ou civilidade, nem aprimorar política alguma em seu governo, nem disciplina militar alguma, enquanto poucas nações nos climas temperados se viram privadas desses benefícios? É provável que uma causa desse fenômeno seja o calor e a constância do clima na zona tórrida, que tornam menos necessárias para os seus habitantes as roupas e as casas, e assim eliminam, em parte, aquela necessidade que é sempre o maior estímulo ao trabalho e à invenção. *Curis acuens mortalia corda* [Afiando a sagacidade dos homens por meio de cuidados].

DAVID HUME (1752)

Até o tempo presente, um clima tropical tem sido fatal para as melhores energias das raças, não importa quão vigorosas. De fato, ele não

IV.7. EFEITOS MORAIS E INTELECTUAIS DOS TRÓPICOS

chega a extinguir, seja a sutileza de seus pensadores, seja o vigor físico que seus trabalhadores conseguem sustentar por breves períodos; mas ele tem se mostrado hostil para com a capacidade de suportar um esforço severo e contínuo de corpo e mente.

ALFRED MARSHALL (1919)

O calor do clima pode ser tão excessivo que o corpo perde todo o vigor. A prostração alcança, dessa maneira, até mesmo o espírito: nenhuma curiosidade ou nobreza de propósito, nenhum sentimento generoso. Todas as inclinações se tornam passivas, e a preguiça se confunde com a felicidade.

MONTESQUIEU (1748)

Nem agora nem em outras épocas as nações detentoras do melhor clima e do melhor solo têm sido as mais ricas ou as mais poderosas. [...] A vida humana nessas nações pode ser mantida com tão pouco que os pobres raramente sofrem de ansiedade, e, nos climas onde o mero existir é um prazer, o luxo que eles preferem é o do repouso. Energia, sob o apelo da paixão, eles a possuem em abundância, mas não aquela que se manifesta no trabalho contínuo e perseverante. E, como eles raramente se preocupam o bastante com objetivos remotos para estabelecer boas instituições políticas, os incentivos à industriosidade são ainda mais enfraquecidos pela proteção imperfeita dos seus frutos.

JOHN STUART MILL (1848)

IV.7. EFEITOS MORAIS E INTELECTUAIS DOS TRÓPICOS

De modo usual, mas não invariável ou inevitável, a produção de qualquer forma ou categoria de riqueza requer também o dispêndio de tempo e esforço humanos. No estado de natureza, entretanto, especialmente nos trópicos, onde as necessidades humanas são poucas e a incidência de sol abundante, existe já disponível uma energia da natureza suficiente para sustentar a vida humana, se a população é limitada, sem a contribuição de nenhum fator humano em sua produção. Combustível e vestuário quase não são necessários, e o alimento, na forma de frutas tropicais, existe ao alcance das mãos, de maneira que uma população esparsa e desambiciosa pode se manter de modo permanente numa condição de quase completo *dolce far niente*.

FREDERICK SODDY (1933)

A primeira [riqueza natural], sendo mais nobre e vantajosa, torna a população descuidada, orgulhosa e dada a excessos; ao passo que a segunda [riqueza adquirida pelo trabalho] desenvolve a vigilância, a literatura, as artes e as instituições políticas.

THOMAS MUN (1669)

Não poderia imaginar maior desgraça para um povo do que habitar uma região em que a produção dos meios de subsistência e de alimentação seja em grande parte espontânea e onde o clima exija ou admita poucos cuidados com relação a vestuário e moradia. [...] O mesmo inconveniente pode decorrer do extremo oposto. Um solo que apesar do trabalho nada produz é tão ruim como um solo que sem trabalho produza abundantemente.

NATHANIEL FORSTER (1767)

IV.7. EFEITOS MORAIS E INTELECTUAIS DOS TRÓPICOS

O selvagem dormiria para sempre sob sua árvore se não fosse arrancado do seu torpor pelo ardume da fome ou pelo incômodo do frio. Os esforços que faz para evitar esses males, procurando comida ou construindo um teto, são os exercícios que formam e mantêm em movimento faculdades mentais que, de outro modo, afundariam em anêmica inatividade. [...] Naqueles países onde a natureza é mais redundante na produção espontânea, não encontramos habitantes que se notabilizem pela agudez de intelecto. A necessidade foi chamada, com muita verdade, de a mãe da invenção. [...] A zona temperada da Terra parece ser a mais favorável para as energias mentais e corporais do homem; mas nem todas as zonas podem ser temperadas. Pelas leis da matéria, um planeta aquecido e iluminado por um único sol necessariamente terá algumas partes resfriadas por geleiras perpétuas e outras flageladas por calores perpétuos.

MALTHUS (1798)

Em alguns países, simplesmente por causa do hábito de viver demasiado em espaços externos e ao ar livre, termina-se relegando o ambiente doméstico a um baixo padrão de prazer ou conforto. O lar não é, nesses lugares, sinônimo de afeição e santidade. É isso que ocorre de modo abrangente em solo italiano, e não somente entre os *lazzaroni* de Nápoles. É isso que ocorre no Peru, no México e mais ou menos por toda parte na América do Sul. O clima amigável se derrota a si mesmo como bênção. Ao cooperar, por meio das tentações que oferece, com o langor luxuriante dos nativos, o clima se torna uma maldição desabilitadora dos melhores instintos da população.

THOMAS DE QUINCEY (1844)

IV.7. EFEITOS MORAIS E INTELECTUAIS DOS TRÓPICOS

O solo difícil e os quatro meses de neve tornam o habitante da zona temperada do norte mais sábio e mais capaz que o seu par abençoado pelo perpétuo sorriso dos trópicos. O sulista pode vagar a esmo, a seu bel-prazer, durante o dia. À noite, pode dormir numa esteira sob a lua, e, onde quer que haja uma árvore carregada, a natureza o provê de uma mesa para a refeição matinal, sem que nem mesmo rezar precise. O habitante do norte é forçosamente o chefe de um domicílio. Ele precisa ferver, cozer, salgar e conservar seu alimento, estocar madeira e carvão. [...] O valor desses assuntos é de tal ordem, que um homem que saiba outras coisas jamais poderá saber em excesso sobre eles.

EMERSON (1841)

Nos climas mais frios a natureza provê uma atmosfera revigorante. E, embora o homem tenha uma dura luta de início, ele é, não obstante, capaz de obter alimento e abrigo em abundância à medida que seu conhecimento e riqueza aumentam. [...] Mas o ar fresco e revigorante necessário para a plenitude da vida não pode ser obtido quando a natureza não o provê livremente. De fato, é possível encontrar trabalhadores executando duro labor físico sob um sol tropical; os artesãos podem possuir instintos artísticos; os sábios, os estadistas e os banqueiros podem ser sutis e afiados: mas a alta temperatura torna o trabalho duro e sustentado incompatível com uma atividade intelectual elevada. [...] Um clima quente prejudica o vigor. Ele não é de todo hostil ao trabalho intelectual e artístico superior, mas impede as pessoas de se tornarem aptas a suportar um esforço muito intenso de qualquer tipo por maior tempo.

ALFRED MARSHALL (1920)

IV.7. EFEITOS MORAIS E INTELECTUAIS DOS TRÓPICOS

Assim como a cor escura é a cor natural do homem, o mesmo vale para a dieta vegetariana; mas somente nos climas tropicais ele permanece fiel à segunda como à primeira. Quando o homem se espalhou pelas regiões mais frias, ele precisou contrabalançar o clima antinatural com uma dieta igualmente antinatural. Bem ao norte não se pode sobreviver sem comida animal. Ouvi contar que, em Copenhague, se uma punição de seis semanas de prisão à base de pão e água for estritamente cumprida sem concessões, ela é considerada um perigo à sobrevivência. Portanto, o homem se tornou ao mesmo tempo branco e carnívoro. Mas, desse modo, e também por meio de roupas mais pesadas, ele adquiriu uma certa condição ofensiva e repelente que outros animais, ao menos em seu estado natural, não possuem, e que ele precisa contrabalançar por meio de um asseio particular e constante para não tornar-se repulsivo e desagradável.

SCHOPENHAUER (1851)

Dizem que no Brasil as pessoas só morrem de velhice, o que se atribui à pureza e à calma do ar que respiram, e que, a meu ver, provém antes da serenidade e da tranqüilidade de suas almas isentas de paixões, de desgostos, de preocupações que excitam e contrariam. Ignorantes, iletrados, sem lei nem rei, nem religião alguma, sua vida desenvolve-se numa admirável simplicidade.

MONTAIGNE (1592)

Vespúcio chegou às costas do Brasil situadas perto do equador. É o terreno mais fértil da Terra, o céu mais puro e o ar mais saudável. [...] A vida dos homens, limitada por toda parte a oitenta anos no

IV.7. EFEITOS MORAIS E INTELECTUAIS DOS TRÓPICOS

máximo, estende-se geralmente entre os brasileiros a cento e vinte e oito, às vezes até a cento e quarenta anos. Ainda hoje, vêem-se portugueses decrépitos embarcarem em Lisboa e rejuvenescerem no Brasil. Mas que espécie de homens habitavam essa região pela qual a natureza tudo fez? [...] Quanto aos costumes, eram inteiramente sem leis, sem nenhum conhecimento da divindade, unicamente ocupados com as necessidades do corpo; a mais interessante dessas necessidades era a junção dos dois sexos. Sua maior habilidade consistia no conhecimento de ervas que estimulavam seus desejos e que as mulheres se encarregavam de colher. A vergonha lhes era desconhecida. Sua nudez, que a amenidade do clima os impedia de cobrir, não envergonhava ninguém, e servia para confirmar o uso de não distinguir das outras mulheres, no acasalamento, nem irmã, nem mãe, nem filha. A necessidade de matar animais para servirem de alimento os levou a inventar o arco e as flechas. Essa era sua única arte. Serviam-se dela em suas disputas de homem a homem, ou de multidão a multidão. O vencedor comia com sua companheira a carne do inimigo. Vespúcio disse que um brasileiro lhe deu a entender que tinha comido trezentos homens em sua vida e que este, quando ficou sabendo que os portugueses não comiam seus inimigos, demonstrou grande surpresa. Tal era, no mais belo clima do universo, o estado de pura natureza de homens que chegavam à mais avançada velhice em plena saúde.

VOLTAIRE (1756)

A conclusão dessas observações é que não há chance de sermos capazes de suprimir as tendências agressivas da humanidade. Em alguns

IV.7. EFEITOS MORAIS E INTELECTUAIS DOS TRÓPICOS

cantos bem-aventurados da Terra, dizem, onde a natureza fornece prodigamente tudo o que o homem deseja, florescem povos cujas vidas transcorrem tranqüilamente, e para quem a repressão e a agressão são desconhecidas. Para mim, é difícil acreditar nisso; gostaria de obter mais detalhes sobre esses povos felizes.

FREUD (1932)

Para um europeu que acaba de chegar à zona tórrida [da América Central], nada causa tanto espanto quanto o diminuto tamanho da área sob cultivo ao redor da cabana que abriga uma família numerosa de índios. A banana é para os habitantes da zona tórrida o que o cereal gramíneo, o trigo, a cevada, o centeio são para o Leste Asiático e para a Europa, e o que as diversas variedades de arroz são para o Bengal e a China. [...] Eu duvido que exista em todo o globo terrestre alguma outra planta que, num espaço tão pequeno de chão, possa produzir uma massa tão considerável de substância nutritiva. No pé da cordilheira, nos vales úmidos das intendências de Vera Cruz, Valladolid e Guadalajara, um homem que meramente emprega dois dias da semana num trabalho nada laborioso pode obter a subsistência para toda uma família. [...] Ouvimos repetir com freqüência nas colônias espanholas que os habitantes das regiões quentes jamais despertarão do estado de apatia em que por séculos estão mergulhados até que um decreto real ordene a destruição das plantações de banana. O remédio é violento, e aqueles que o propõem de forma tão calorosa não revelam, em geral, maior atividade que os de condição inferior, a quem eles forçariam a trabalhar pelo aumento das suas carências. [...] Na zona tórrida, onde uma mão beneficente

IV.7. EFEITOS MORAIS E INTELECTUAIS DOS TRÓPICOS

parece ter espalhado por toda parte as sementes da abundância, o homem, displicente e inerte, experimenta periodicamente uma carência nutritiva que a diligência de nações mais civilizadas baniu até mesmo das regiões mais estéreis do norte.

ALEXANDER VON HUMBOLDT (1808)

A minha terra dá banana e aipim, meu trabalho é achar quem descasque por mim.

NOEL ROSA & KID PEPE (1933)

Outro visitante [Thomas Ewbank], de meados do século passado [XIX], manifesta profundas dúvidas sobre a possibilidade de se implantarem algum dia, no Brasil, formas mais rigoristas de culto. Conta-se que os próprios protestantes logo degeneram aqui, exclama. E acrescenta: "É que o clima não favorece a severidade das seitas nórdicas. O austero metodismo ou o puritanismo jamais florescerão nos trópicos".

SÉRGIO BUARQUE DE HOLANDA (1936)

De feito, os holandeses primeiro abriram o caminho para o poder [na colônia brasileira do Recife] e depois para o desregramento; porquanto, faltando então um governador e achando-se longe os regedores supremos de tão relevantes interesses, facilmente se abandonou a virtude, e, enfraquecida a disciplina, os naturais e os nossos patrícios deixaram as armas pelos prazeres, os negócios pelos ócios, maculando, de maneira vergonhosíssima, a boa fama de sua nação com a impiedade, os furtos, o peculato, os homicídios e a libidinagem. Todos

IV.7. EFEITOS MORAIS E INTELECTUAIS DOS TRÓPICOS

os flagícios eram divertimento e brinquedo, divulgando-se entre os piores o epifonema: "*Ultra aequinoxialem non peccari*" [Não existe pecado aquém da linha do equador]. Como se a moralidade não pertencesse a todos os lugares e povos, mas somente aos setentrionais, e como se a linha que divide o mundo em dois hemisférios também separasse a virtude do vício.

GASPAR BARLÉU (1647)

Além do equador um homem não é inglês, holandês, francês, espanhol ou português. Ele se apega somente àqueles princípios e preconceitos de seu país de origem que justificam a sua conduta ou servem de desculpa para esta. Ele rasteja quando está fraco; ele é violento quando forte; ele tem pressa para adquirir, pressa para desfrutar, e é capaz de todo crime que o conduza mais rapidamente a seus objetivos. Ele é um tigre doméstico que retorna à selva; a sede de sangue toma conta dele outra vez. É assim que todos os europeus, cada um deles indistintamente, têm se mostrado nos países do Novo Mundo. Um delírio coletivo toma conta deles — a sede de ouro.

DIDEROT (1772)

Demonstramos profunda incompreensão do animal de rapina e do homem de rapina [...] incompreensão da "natureza", ao procurar por algo "doentio" no âmago desses mais saudáveis monstros e criaturas tropicais, ou mesmo por um "inferno" que lhes seria congênito —: como sempre fez quase todo moralista. Não parece haver, entre os moralistas, um ódio à floresta virgem e aos trópicos? E uma necessidade de desacreditar a todo custo o "homem tropical", seja como

IV.7. EFEITOS MORAIS E INTELECTUAIS DOS TRÓPICOS

doença e degeneração do homem, seja como inferno e automartírio próprio? Mas por quê? Em favor das "zonas temperadas"? Em favor dos homens temperados? Dos homens "morais"? Dos medíocres? — Isto para o capítulo "Moral como pusilanimidade".

NIETZSCHE (1886)

8. A civilização entristece

Querem saber a história abreviada de quase toda a nossa miséria? Ei-la: havia um homem natural. No âmago desse homem, entretanto, foi introduzido um homem artificial, e ele desencadeou no interior da caverna uma guerra civil que se prolonga por toda a vida.

DIDEROT (1773)

Vejo a má consciência como a profunda doença que o homem teve de contrair sob a pressão da mais radical das mudanças que viveu — a mudança que sobreveio quando ele se viu definitivamente encerrado no âmbito da sociedade e da paz. O mesmo que deve ter sucedido aos animais aquáticos, quando foram obrigados a tornar-se animais terrestres ou perecer, ocorreu a esses semi-animais adaptados de modo feliz à natureza selvagem, à vida errante, à guerra, à aventura — subitamente seus instintos ficaram sem valor e "suspensos". [...] Esse homem que, por falta de inimigos e resistências exteriores, cerrado numa opressiva estreiteza e regularidade de costumes, impacientemente lacerou, perseguiu, corroeu, espicaçou, maltratou a si mesmo, esse animal que querem "amansar", que se fere nas barras da própria jaula, este ser carente, consumido pela nostalgia do ermo,

IV.8. A CIVILIZAÇÃO ENTRISTECE

que a si mesmo teve de converter em aventura, câmara de tortura, insegura e perigosa mata — esse tolo, esse prisioneiro presa da ânsia e do desespero tornou-se o inventor da "má consciência". Com ela, porém, foi introduzida a maior e mais sinistra doença, da qual até hoje não se curou a humanidade, o sofrimento do homem *com o homem, consigo*: como resultado de uma violenta separação do seu passado animal, como que um salto e uma queda em novas situações e condições de existência, resultado de uma declaração de guerra aos velhos instintos nos quais até então se baseava sua força, seu prazer e o temor que inspirava.

NIETZSCHE (1887)

Se a civilização impõe sacrifícios tão grandes não só à sexualidade humana, mas à sua agressividade, podemos entender melhor por que é tão difícil para o homem ser feliz na civilização. De fato, o homem primitivo estava em situação vantajosa por não conhecer restrições ao instinto. Em contrapartida, sua perspectiva de usufruir desta felicidade por qualquer intervalo maior de tempo era diminuta. O homem civilizado trocou uma parcela das suas possibilidades de felicidade por uma parcela de segurança.

FREUD (1930)

Naquilo que concordamos denominar "civilização" reside inegavelmente um princípio diabólico do qual o homem apenas se deu conta demasiado tarde, quando não era mais possível remediá-lo.

E. M. CIORAN (1973)

IV.8. A CIVILIZAÇÃO ENTRISTECE

Os homens dificilmente adquirem algum novo conhecimento sem perder alguma ilusão prazerosa, e nosso esclarecimento se dá quase sempre à custa de nossos prazeres. Nossos ancestrais simplórios se deixavam impressionar mais intensamente pela atuação rústica de atores primários do que nós nos comovemos com as mais refinadas peças de nosso teatro dramático. As nações menos instruídas que nós não são menos felizes, pois, tendo menos desejos, elas possuem também menos necessidades, ao passo que prazeres grosseiros ou menos refinados bastam para satisfazê-las. Ainda assim, contudo, não trocaríamos o nosso esclarecimento pela ignorância daquelas nações ou pela ignorância de nossos ancestrais. Se tal esclarecimento reduz nossos prazeres, ele deleita nossa vaidade e nos leva a encarar nossa sofisticação como se fosse uma virtude.

D'ALEMBERT (1759)

Por que tememos e odiamos um possível retorno à barbárie? Porque ela tornaria os homens mais infelizes do que são? Ah, não! Em todos os tempos os bárbaros tiveram *mais* felicidade, não nos enganemos! — Mas nosso *impulso ao conhecimento* é demasiado forte para que ainda possamos estimar a felicidade sem conhecimento ou a felicidade de uma forte e firme ilusão; apenas imaginar esses estados é doloroso para nós! A inquietude de descobrir e solucionar tornou-se tão atraente e imprescindível para nós como o amor infeliz para aquele que ama: o qual ele não trocaria jamais pelo estado de indiferença; — sim, talvez nós também sejamos amantes *infelizes*! O conhecimento, em nós, transformou-se em paixão que não vacila ante nenhum sacrifício e nada teme, no fundo, senão a sua própria extin-

IV.8. A CIVILIZAÇÃO ENTRISTECE

ção; nós acreditamos honestamente que, sob o ímpeto e o sofrimento *dessa* paixão, toda a humanidade tenha de acreditar-se mais sublime e consolada do que antes, quando ainda não havia superado a inveja do bem-estar grosseiro que acompanha a barbárie. E talvez até que a humanidade pereça devido a essa paixão do conhecimento! — mas nem este pensamento influi sobre nós!

NIETZSCHE (1881)

O branco que se chamou de civilizado, insistiu em padronizar a sua "superioridade". Mas nem sempre foi feliz. [...] [A mentalidade civilizada] era a vitoriosa detentora do instrumento de todas as mágicas da inteligência. Era a possuidora da lógica. [...] A lógica que criara e disciplinara a ciência e que viera trazendo, nas conquistas da guerra e da paz, a luz decisiva do progresso. A lógica que de Aristóteles a Descartes pusera de pé mais que o *homo faber*, o mundo *faber*. Ao contrário desse título que justificava todos os privilégios e com eles os racismos e os imperialismos, uma outra pobre humanidade colorida de azeviche ou pigmentada de ocre, vegetava nas regiões onde ainda era permitido andar nu ou viver feliz. Para essa, era evidente que só poderia sobrar uma mentalidade diversa e inferior — a mentalidade pré-lógica. O primitivo, que, pela sua teimosa vocação de felicidade, se opunha a uma terra dominada pela sisudez de teólogos e professores, só podia ser comparado ao louco ou à criança.

OSWALD DE ANDRADE (1953)

Mas é preciso também levar em conta a ganância, a crueldade, a corrupção e o preconceito das nações civilizadas. Aos olhos dos povos

IV.8. A CIVILIZAÇÃO ENTRISTECE

primitivos elas podem muito bem parecer mais ricas, poderosas, educadas e ativas que eles, mas também mais depravadas e, sobretudo, menos felizes. E, por conta disso, os selvagens, em vez de se impressionarem com a superioridade das nações civilizadas, devem ter freqüentemente ficado assombrados com a extensão e a multiplicidade de suas necessidades, com os tormentos que sua avareza suscita e com a eterna agitação provocada pelos seus sempre ativos e nunca saciados desejos.

CONDORCET (1795)

Onde quer que homens civilizados tenham pela primeira vez aparecido, eles foram vistos pelos nativos como demônios, fantasmas, espectros. Nunca como *homens vivos*! Eis aí uma intuição inigualável, um *insight* profético, se é que algum já chegou a ser feito.

E. M. CIORAN (1973)

Hoje em dia, quando a educação mais elaborada e o gosto mais cultivado reduziram a um conjunto de regras a arte de agradar aos demais, nossa conduta é governada por uma servilidade baixa e enganosa, de modo que todo preceito de polidez exige constante obediência. As boas maneiras nos são ditadas, e devemos sempre seguir seus comandos, nunca nossa própria natureza. Sob essa incessante restrição, já não ousamos parecer como de fato somos. Naquele rebanho de ovelhas a que chamamos sociedade, cada homem em situação semelhante faz exatamente as mesmas coisas que os outros. [...] Assim, não há mais nenhuma amizade sincera, nenhuma estima, nenhuma confiança segura. A suspeita, o ressentimento, o medo, a frieza, a

IV.8. A CIVILIZAÇÃO ENTRISTECE

reserva, o ódio e a traição estão sempre à espreita, ocultos por um véu de permanente e traiçoeira civilidade. Os sentimentos estão sufocados pela tão admirada urbanidade que devemos ao esclarecimento deste século.

ROUSSEAU (1750)

Quanto mais civilizados se tornam os homens, mais eles se tornam atores. Querem exibir-se e fabricar uma ilusão.

ATRIBUÍDO A KANT

Existe alguma coisa mais ou menos errada entre nós, velhos europeus; nossas relações são artificiais e complicadas em demasia, nosso modo de vida e nossa alimentação não são naturais, e nosso intercurso social carece de amor genuíno e boa vontade. Todos são polidos e corteses, mas ninguém tem coragem de ser caloroso e verdadeiro, de modo que um homem honesto, com sentimentos e opiniões naturais, fica em situação muito ruim. Com freqüência, ficamos tentados a desejar que tivéssemos nascido em alguma das ilhas dos mares do Sul, no assim chamado estado selvagem, para poder desfrutar plenamente de uma existência humana sem adulteração. Quando refletimos em profundidade, sob um ânimo depressivo, acerca da depravação de nossa época, freqüentemente nos ocorre pensar que o mundo se aproxima do seu dia final. E o mal se acumula de geração em geração.

GOETHE (1828)

IV.8. A CIVILIZAÇÃO ENTRISTECE

Olhe para dentro e ao redor de si! O progresso da insônia é notável e anda *pari passu* com todas as outras modalidades de progresso. Quantas pessoas atualmente no mundo dormem somente um sono sintético, e obtêm o seu suprimento de absoluto repouso graças à engenhosidade da indústria química! Pode ser que alguma nova combinação de moléculas mais ou menos barbitúricas nos traga também a meditação da qual a vida mais e mais vai nos privando em suas formas naturais. Algum dia a farmacopéia nos fornecerá também a profundidade. Mas, enquanto isso, a confusão e a fadiga mental tornam-se por vezes tão enormes que passamos a suspirar ingenuamente pelos Taitis, pelos paraísos de ócio e simplicidade, e pelas vidas vagas e vagarosas que jamais conhecemos. [...] Artistas como Stevenson ou Gauguin fugiram da Europa e aportaram em ilhas onde não havia relógios. [...] Sem dúvida, o nosso organismo é admiravelmente resistente. Até o momento, é certo, ele tem conseguido fazer frente a esse tratamento cada vez mais inumano, mas tolerará para sempre tamanha restrição, tamanhos excessos? Isso não é tudo. Deus sabe quanto temos de suportar, quanto nossa desafortunada sensibilidade tem de compensar tão bem quanto é capaz! Diante disso tudo, não estou longe de concluir que a sensibilidade do homem moderno vem sendo degradada. Um estímulo mais forte e um maior dispêndio de energia são necessários para que cheguemos a sentir qualquer coisa, o que significa que a delicadeza dos nossos sentidos, após um período de refinamento, está diminuindo.

PAUL VALÉRY (1935)

iv.8. A CIVILIZAÇÃO ENTRISTECE

Não se pode perder de vista, entretanto, que o progresso do saber e do refinamento tem uma tendência a circunscrever os limites da imaginação e a podar as asas da poesia. O território da imaginação é, acima de tudo, o visionário, o desconhecido e o indefinido: o entendimento restitui as coisas às suas fronteiras naturais, privando-as da dimensão fantasiosa. Daí que as histórias do entusiasmo religioso e do poético sejam muito parecidas, e que ambas tenham recebido um choque apreciável oriundo do avanço da filosofia experimental. [...] Nunca haverá outro sonho de Jacó. Desde aqueles tempos, os céus se tornaram mais longínquos e dados à astronomia. Não é só o progresso do saber mecânico que se mostra nocivo ao espírito da poesia, mas também os avanços necessários da civilização. [...] Passo a passo, a sociedade se torna uma máquina que nos transporta de modo seguro e insípido de uma ponta a outra da vida, tudo em confortável estilo prosa.

WILLIAM HAZLITT (1818)

O excesso de virilidade tem a mesma importância na história geral que na vida privada e individual. Uma raça forte e um indivíduo forte assentam, no fundo, em forças naturais que são melhores no selvagem, ou seja, naquele que, como as feras ao seu redor, recebe ainda o leite das tetas da natureza. Rompa o elo entre qualquer de nossas obras e essa fonte original, e o trabalho resultará superficial. [...] O grande momento na história se dá quando o selvagem está justamente deixando de ser selvagem, com toda a sua viçosa força pelásgica concentrada em seu nascente sentido de beleza: aí teremos Péricles e Fídias, não ainda convertidos à civilidade dos coríntios.

IV.8. A CIVILIZAÇÃO ENTRISTECE

Tudo o que é bom na natureza e no mundo se dá nesse momento de transição, em que os sucos caudalosos brotam com abundância da natureza, mas seu amargor e acidez são filtrados pela ética e humanidade.

EMERSON (1860)

Uma pessoa que contemplasse a condição feliz das classes mais baixas nos Estados Unidos vinte anos atrás [meados do século XVIII] poderia naturalmente desejar mantê-las para sempre naquela condição; e poderia, talvez, pensar que a restrição à introdução de manufaturas e bens de luxo tornaria possível alcançar tal propósito. Essa suposição, contudo, seria tão razoável como a expectativa de prevenir que uma esposa ou amante envelhecesse impedindo que ela jamais se expusesse ao sol ou ao ar. A situação das novas colônias, desde que bem governadas, é um desabrochar juvenil que nenhum esforço conseguirá refrear. Existem, é certo, diversos modos de tratamento do corpo político, assim como do animal, que contribuem para acelerar ou retardar os avanços da idade. Mas não há forma de tratamento concebível capaz de manter para sempre qualquer um dos dois na eterna juventude.

MALTHUS (1798)

Certa feita, em Los Angeles, levaram-me para uma visita a um bairro mexicano — "vagabundos ociosos", disseram-me [os cicerones americanos], mas para mim eles pareciam estar usufruindo mais de tudo aquilo que torna a vida uma dádiva, e não uma maldição, do que o destino reservara aos meus anfitriões laboriosos e cheios de ansie-

IV.8. A CIVILIZAÇÃO ENTRISTECE

dade. Quando tentei, no entanto, explicar esse sentimento, fui encarado com total estranheza e incompreensão.

BERTRAND RUSSELL (1954)

Não se pode sustentar que a civilização por si mesma faz os homens "mais felizes" do que eles são na condição selvagem.

FRANK KNIGHT (1922)

A felicidade é a satisfação ulterior de um desejo pré-histórico. Eis por que a riqueza proporciona tão pouca felicidade; o dinheiro não é um desejo infantil.

FREUD (1902)

Teoria da verdadeira civilização. Ela não está no gás, nem no vapor, nem nas plataformas giratórias, mas na atenuação das marcas do pecado original. Povos nômades, pastores, caçadores, agricultores e mesmo antropófagos, pela sua energia e dignidade próprias, podem ser *todos* superiores às nossas raças ocidentais.

BAUDELAIRE (1867)

Antes dos portugueses descobrirem o Brasil, o Brasil tinha descoberto a felicidade.

OSWALD DE ANDRADE (1928)

É digno de nota o fato de que, apesar de todos os anos que os europeus têm passado se atormentando na tentativa de converter os selvagens de várias partes do mundo ao seu modo de vida, eles não tenham conse-

IV.8. A CIVILIZAÇÃO ENTRISTECE

guido ganhar ainda um só deles, nem mesmo com a ajuda do cristianismo; pois nossos missionários por vezes conseguem torná-los cristãos, mas nunca homens civilizados. Nada consegue superar a sua invencível repulsa à adoção de nossa moral e modo de vida. Se esses pobres selvagens são tão infelizes como dizem, por meio de que inconcebível depravação do juízo eles consistentemente se recusam a adotar uma sociedade política semelhante à nossa ou a aprender a viver felizes em nosso meio? [...] E não lemos, ao contrário, em milhares de lugares, que franceses e outros europeus se refugiaram voluntariamente nessas nações e passaram toda a sua vida por lá, ao passo que alguns missionários mais sensíveis se recordam com emoção e nostalgia dos dias calmos e inocentes que viveram em meio a esses povos tão desprezados? Se me disserem que eles não estão suficientemente esclarecidos para fazer um juízo sólido da sua condição e da nossa, eu de minha parte responderei que a avaliação da felicidade é menos uma tarefa da razão que da imaginação.

ROUSSEAU (1755)

Como um cientista [antropólogo cultural] era talvez inevitável que eu devesse em certos pontos dar a impressão de que o pensamento africano tradicional é alguma coisa pobre e limitada se comparado ao pensamento das ciências. Como um ser humano, não obstante, cá estou eu vivendo por escolha própria numa África que é ainda fortemente tradicional, e não na subcultura cientificamente orientada do mundo ocidental na qual fui criado. Por quê? Bem, pode haver inúmeras razões esquisitas, sinistras e desconhecidas. Mas uma razão da qual estou certo é a descoberta de coisas que perdemos no lugar de

IV.8. A CIVILIZAÇÃO ENTRISTECE

onde vim. Uma qualidade poética intensa na vida e no pensamento do dia-a-dia comum e a vívida fruição do instante que passa — ambas expelidas da vida ocidental sofisticada pela busca da pureza de motivação e pela fé no progresso. [...] Quão necessárias não são elas para o avanço da ciência; mas que desgraça não se tornam quando se desgovernam e vão além dos seus limites apropriados.

ROBIN HORTON (SEM DATA)

Quando os antropólogos chegam, os deuses vão embora!

PROVÉRBIO HAITIANO

9. O neolítico moral

VISITANTE ATENIENSE: Uma sociedade em que nem a riqueza nem a pobreza existem produz homens de excelente caráter, já que nela não há lugar para violência ou maldade, nem para rivalidade ou inveja. [...] [Se os homens de antigamente] não foram tão bem supridos como somos nas diversas artes, também não eram tão bem equipados para a guerra. Quero dizer, guerra como a que atualmente se faz por terra e por mar, e também dentro da cidade, onde, sob o nome de litígios e facções partidárias, os homens tentam, por meio de artimanhas engenhosas e por atos e palavras, infligir danos e prejudicar uns aos outros. [Os homens daquele tempo] eram mais simples e honrados, e, por conseguinte, em geral mais autocontrolados e probos.

PLATÃO (SÉCULO IV A.C.)

[No início dos tempos] era a fome que trazia a morte; agora, ao contrário, é a abundância que nos destrói. Naquela época, os homens muitas vezes ingeriam veneno por ignorância; hoje em dia, mais bem instruídos, eles se envenenam uns aos outros.

LUCRÉCIO (SÉCULO I A.C.)

IV.9. O NEOLÍTICO MORAL

Ao longo das eras do desenvolvimento humano, os homens estiveram sujeitos a dois tipos de desgraças: aquelas impostas pela natureza externa e aquelas que os seres humanos equivocadamente infligiram uns aos outros. De início, os piores males foram de longe os causados pelo ambiente. [...] Mas os males que os homens infligem uns aos outros não diminuíram no mesmo grau. Ainda há guerras, opressões e horrendas crueldades; homens vorazes abocanham ainda a riqueza daqueles que são menos habilidosos ou menos intrépidos que eles. O amor ao poder conduz ainda a vastas tiranias ou à mera obstrução quando suas formas mais grosseiras não são possíveis. E o medo — um medo profundo, no limiar da consciência — é ainda a tônica dominante de grande número de vidas. Tudo isso é desnecessário; não há nada na natureza humana que torne esses males inevitáveis. [...] Nossos problemas atuais se devem, mais do que a qualquer outra coisa, ao fato de que aprendemos a entender e controlar de forma aterrorizante as forças da natureza que é externa a nós, mas não aquelas que estão corporificadas em nós mesmos.

BERTRAND RUSSELL (1949)

Se um habitante de terras distantes, buscando formar uma idéia da moralidade européia a partir de um exame do estado das ciências entre nós, da perfeição de nossa arte, da correção de nosso teatro, da polidez de nossos modos, da afabilidade de nosso discurso, de nossas constantes profissões de boa vontade e dessa ruidosa corrida dos homens de todas as idades e condições que, desde a aurora até o pôr-do-sol, parecem se desdobrar visando servir um ao outro; esse estrangeiro, digo eu, imaginaria ser a nossa moral precisamente o oposto do

IV.9. O NEOLÍTICO MORAL

que é. Onde não existe efeito, nenhuma causa precisa ser procurada. Mas aqui o efeito é seguro, a depravação é real, e nossas almas se tornaram corrompidas na proporção em que nossas ciências e artes avançaram rumo à perfeição.

ROUSSEAU (1750)

Enquanto ela está apenas um pouco além do marco que assinala o meio do caminho do seu desenvolvimento, a natureza humana tem de suportar os piores males sob o disfarce da prosperidade externa, antes que esse passo final (a saber, a liga dos Estados) seja dado. A preferência de Rousseau pela condição do selvagem não parece tão profundamente errônea, se apenas deixarmos de levar em conta esse último estágio que a nossa espécie ainda precisa alcançar. Nós somos *cultivados* até um grau elevado pela arte e ciência. Somos *civilizados* no limite do excesso em todos os tipos de cortesias sociais e refinamentos. Mas estamos a uma longa distância ainda do ponto em que pudéssemos nos considerar *moralmente* maduros. Pois, embora a idéia de moralidade esteja de fato presente na cultura, uma aplicação dela que somente se estende às aparências da moral, como o amor à honra e à decência externa, significa apenas civilização. Mas, enquanto os Estados aplicarem todos os seus recursos em estratagemas vãos e violentos de expansão, obstruindo assim os esforços lentos e trabalhosos dos cidadãos para cultivar suas mentes, e até mesmo privando-os de qualquer apoio nesses esforços, nenhum progresso nessa direção pode ser esperado. Isso porque um prolongado processo interno de trabalho cuidadoso, por parte de cada nação, é necessário para a educação de seus cidadãos. Toda boa iniciativa que não esteja imbuída de uma atitude mental

IV.9. O NEOLÍTICO MORAL

moralmente boa não passa de ilusão criada por uma penúria exteriormente recoberta de brilho.

KANT (1784)

Existiram no passado e existem hoje muitos homens nos quais a motivação do patriotismo ou da benevolência tem atuado como um princípio de ação constante, superior a qualquer tentação comum e, em não poucos casos, a qualquer tentação possível, oriunda do interesse pessoal. Existiu e existe um grande número de pessoas para as quais o motivo da consciência ou obrigação moral é supremo. Não há nada na constituição da natureza humana que impeça que assim seja para toda a humanidade. Até que isso aconteça, a espécie humana nunca vai desfrutar de uma décima parte da felicidade da qual a nossa natureza é suscetível. Considero qualquer expectativa de aumento considerável da felicidade humana, por meio de meras mudanças nas circunstâncias externas, desacompanhadas de mudanças nos estados dos desejos, como desprovida de esperança.

JOHN STUART MILL (1833)

Esta, acreditamos, é a grande característica da nossa era. Pela nossa habilidade em mecânica, o que se passou foi que na administração de coisas externas nós superamos todas as outras eras; mas em tudo o que diz respeito à pura natureza moral, na verdadeira dignidade da alma e do caráter, nós somos talvez inferiores à maioria das eras civilizadas. [...] Os homens perderam toda a crença no invisível, e acreditam, e têm esperanças, e trabalham apenas no visível; ou, para dizê-lo com outras palavras: esta não é uma era religiosa. Somente o material, o imediatamente prático, não o divino e espiritual, é importante para nós. [...] Nossa verdadeira divindade é o mecanismo.

THOMAS CARLYLE (1829)

As vitórias da técnica parecem ser adquiridas por meio da perda do caráter. No mesmo ritmo em que a humanidade domina a natureza, o homem parece se tornar escravo de outros homens ou de sua própria infâmia. Até mesmo a pura luz da ciência parece incapaz de brilhar a não ser sobre o pano de fundo sombrio da ignorância. Toda a nossa inventividade e progresso parecem resultar na dotação de vida intelectual às forças materiais e no embrutecimento da vida humana, tornando-a mera força material. Este antagonismo entre a indústria moderna e a ciência, de um lado, e a miséria e decomposição modernas de outro; este antagonismo entre os poderes produtivos e as relações sociais da nossa época constitui um fato palpável, irresistível e que nada pode controverter.

MARX (1856)

Nós deveremos ser lembrados na história como a mais cruel, e portanto a menos sábia, geração de homens que jamais agitou a Terra: a mais cruel em proporção à sua sensibilidade, a menos sábia em proporção à sua ciência. Nenhum povo, entendendo a dor, tanto a infligiu; nenhum povo, entendendo os fatos, tão pouco agiu com base neles.

JOHN RUSKIN (1872)

IV.9. O NEOLÍTICO MORAL

O que é que todas essas artes e invenções fizeram para o caráter, para o valor da humanidade? Estão melhores os homens? [...] Cada um tem mais a esconder que a mostrar, ou está deformado pela excelência adquirida em sua especialidade. É por demais evidente que, em relação ao avanço do poder material, o progresso moral perdeu o pé. Tudo leva a crer que não fizemos um investimento criterioso. Os trabalhos e os dias nos foram oferecidos, e nós ficamos com os trabalhos. [...] O problema de recuperar para o mundo sua beleza original e eterna tem como solução a redenção da alma. A ruína ou o vazio que enxergamos ao mirar a natureza está em nossos olhos.

EMERSON (1870 & 1836)

Embora acredite no progresso moral como um fato, creio também que estamos muito mais próximos do seu início que do seu fim. Seria bom nos acostumarmos a pensar assim. Muito do nosso desespero, lamento e pessimismo são desapontamentos que surgem das nossas noções extravagantes acerca do grau de progresso já obtido. [...] Uma das lições benéficas da atual guerra [Primeira Guerra Mundial] foi moderar nossas imagens a esse respeito. Ela nos revelou a nós próprios como nada mais na história jamais o fez, e revelou, entre outras coisas, que o progresso moral não está nem de longe tão avançado quanto se pensou que estivesse. [...] A guerra não desacreditou a ciência, a filosofia, as instituições de governo ou qualquer outra coisa a que atribuímos valor, mas mostrou que tudo isso não nos levou tão longe quanto pensávamos. Tomar conhecimento desse fato, para refletir sobre ele, é um passo claro no progresso moral. [...] Do ponto de vista moral, nós vivemos ainda na era neolítica, quer dizer, não

IV.9. O NEOLÍTICO MORAL

somos completamente rudes e, no entanto, não saímos de um estágio da maior rusticidade ou que possa justificar qualquer celebração.

L. P. JACKS (1919)

O mundo moderno com todo o seu poderio, seu prodigioso capital tecnológico, sua absoluta disciplina no tocante a métodos científicos e práticos jamais conseguiu prover-se de um sistema político, um código moral, um ideal ou um código de leis civis e penais em harmonia com os modos de vida que ele criou ou até mesmo com os modos de raciocínio que vêm sendo gradualmente impostos a todos os homens por meio da ampla disseminação e desenvolvimento de uma forma de espírito científico.

PAUL VALÉRY (1932)

O fato principal é evidente. Todos nós consideramos o espetáculo da conduta humana em nossa época assustador de ser contemplado; todos concordamos que o mundo está numa confusão horrenda, e que se trata de uma confusão criada pelo homem; e não há tema de discurso público que seja atualmente mais corriqueiro do que o trágico paradoxo do espantoso avanço do homem moderno em conhecimento e em poder sobre o ambiente físico, e o seu completo fracasso até agora em transformar-se num ser apto a ser investido de tal conhecimento e poder.

ARTHUR O. LOVEJOY (1941)

Não são eles [os problemas atuais do mundo] devidos em larga medida ao fato de o nosso conhecimento científico, especialmente em

IV.9. O NEOLÍTICO MORAL

suas aplicações práticas, ter ultrapassado em muito a nossa moralidade? A ciência colocou instrumentos de poder devastador nas mãos de governantes que abusam deles para os seus próprios fins depravados. Como a natureza física, esses instrumentos são em si mesmos amorais. Nem a natureza nem a ciência devem ser acusadas pelo seu mau uso por parte do homem. A moralidade reside na vontade do bem, e a imoralidade, na vontade do mal, ou seja, na escolha dos fins, não dos meios de alcançá-los. Sobre esses fins, sejam eles para o bem ou para o mal, a ciência, não obstante sua glória, nada nos pode dizer.

W. G. DE BURGH (1942)

Se você deseja uma descrição de nossa era, eis aqui uma: a civilização dos meios sem os fins; opulenta em meios para além de qualquer outra época, e quase para além das necessidades humanas, mas esbanjando-os e utilizando-os mal porque não possui nenhum ideal soberano; um vasto corpo com uma alma esquálida.

R. W. LIVINGSTONE (1945)

Ao passo que o crescimento econômico desde 1700 tem sido relativamente constante e a mudança tecnológica tem se acelerado, tem havido uma defasagem recorrente entre as vastas transformações tecnológicas e os ajustamentos humanos a essas transformações. É essa defasagem que tem provocado as crises que periodicamente desembocam em profundas reconsiderações dos valores éticos, que produzem novas agendas para a reforma ética e social, e que ensejam os movimentos políticos que capitaneiam as novas agendas. [...] O problema da auto-realização possui aspectos distintos, e soluções diferen-

IV.9. O NEOLÍTICO MORAL

tes, para jovens e idosos, para as minorias étnicas e raciais, para as mulheres; mas todos alimentam a crise moral que é o traço definidor de nossa época e a maior ameaça à sobrevivência de nossa sociedade.

ROBERT FOGEL (2000)

Se nós pudéssemos chamar um solucionador de problemas extraterrestre para examinar nossos dilemas terráqueos de um ponto de vista externo, livre de viés humano, eu acredito que ele iria rapidamente colocar o dedo sobre o fator valores humanos no controle da biosfera como a causa primária básica da maioria de nossas dificuldades. Em outras palavras, sua análise mostraria que as tendências rumo ao desastre existentes no mundo de hoje se originam sobretudo do fato de que, enquanto o homem vem adquirindo novos, e quase divinos, poderes de controle sobre a natureza, ele continua manejando esses mesmos poderes com um conjunto de valores profanos e relativamente míopes, cuja origem remonta, de um lado, a resquícios biológicos obsoletos da evolução na Idade da Pedra e, de outro, a diversas mitologias e ideologias baseadas em pouco mais que fé, fantasia, pensamento desejoso, estados mentais alterados e intuição. A óbvia recomendação é aprimorar os nossos sistemas de valor, tornando-os mais afinados com os novos poderes que o homem agora detém e com os problemas que enfrentamos. Pode-se acrescentar que qualquer tentativa de atacar diretamente os sintomas abertos da nossa situação global — poluição, pobreza, agressão, superpopulação, e assim por diante — dificilmente poderá obter sucesso sem que ocorram primeiro as requeridas mudanças nos valores humanos subjacentes.

ROGER SPERRY (1983)

IV.9. O NEOLÍTICO MORAL

Em suma, nós adentramos o Século do Meio Ambiente, no qual o futuro imediato pode ser adequadamente concebido como um gargalo. A ciência e a tecnologia, combinadas com a falta de autocompreensão e uma obstinação paleolítica, trouxeram-nos até onde hoje nos encontramos. Agora a ciência e a tecnologia, combinadas com a capacidade de antevisão e a coragem moral, precisarão nos conduzir pelo interior do gargalo e para fora dele.

EDWARD O. WILSON (2002)

Nós estamos em meio a uma corrida entre a destreza humana quanto aos meios e a sandice humana quanto aos fins. Dada uma insanidade suficiente quanto aos fins, todo aumento de destreza para alcançá-los é deletério. A espécie humana sobreviveu até aqui graças à ignorância e à incompetência; mas, dados conhecimento e competência aliados à insanidade, não há certeza alguma de sobrevivência. Conhecimento é poder, mas poder para o mal não menos que para o bem. Segue-se daí que, se a sabedoria não avançar na medida do conhecimento, ao avanço do saber corresponderá o avanço do pesar.

BERTRAND RUSSELL (1952)

Coda: a arte de terminar

Este livro, essencialmente inútil e absolutamente inocente, não foi feito com outro propósito a não ser o de divertir-me e exercitar minha apaixonada afeição ao obstáculo.

BAUDELAIRE (1860)

Nenhum de meus escritos foi concluído; sempre se interpuseram novos pensamentos, associações de idéias extraordinárias, impossíveis de excluir, com o infinito como limite. Não consigo evitar a aversão que tem o meu pensamento ao ato de acabar.

FERNANDO PESSOA (SEM DATA)

Talvez, senhores, pensem que enlouqueci. Permitam-me fazer uma ressalva. Concordo: o homem é um animal predominantemente construtivo, destinado ao esforço consciente em direção a um objetivo e dedicado à arte da engenharia, quer dizer, à eterna e incessante construção de uma estrada — *não importa para onde ela vá*. E que o ponto principal não é *para onde* ela vai, mas que vá a algum lugar, e que uma criança comportada, mesmo que deteste a profissão de engenheiro, não deve se render àquela desastrosa indolência que, como se sabe, é a mãe de todos os vícios. O homem ama a construção e a abertura de estradas, isso é indisputável. Mas como explicar que ele seja tão apaixonadamente propenso à destruição e ao caos? Digam-me! Sobre esse assunto tenho algo a dizer, ainda que breve. Não será seu apego apaixonado à destruição e ao caos uma conseqüência do seu medo instintivo de alcançar o objetivo e completar a obra em construção? [...] Mas o homem é uma criatura volúvel e de reputação duvidosa e, talvez, como um enxadrista, esteja mais interessado em perseguir um objetivo do que no objetivo em si. E, quem sabe (ninguém pode ter certeza), talvez o único propósito do homem neste mundo consista no processo contínuo de perseguir um objetivo ou, em outras palavras, de viver, e não propriamente no objetivo, que, é claro, tem de ser algo como duas vezes dois são quatro, ou seja, uma fórmula, algo que, afinal, não é a vida, mas o princípio da morte.

DOSTOIEVSKI (1864)

Acima de tudo é preciso saber como terminar. Está na moda hoje em dia considerar que os livros são todos demasiado longos. Eu considero alguns deles excessivamente curtos, mas é no seu final que sempre me parecem espichados demais. Os dramaturgos antigos com freqüência diluem o desfecho de suas peças, em submissão a não sei que regras que impõem a si próprios. [...] O mesmo se aplica a inúmeros livros modernos. A peroração é um recurso retórico; mas, se você disse o que precisava ser dito, e disse como precisava ser dito no corpo do trabalho, o leitor será perfeitamente capaz de tirar a conclusão.

ROUSSEAU (1745)

Saber terminar. — Os mestres de primeira categoria dão-se a conhecer pelo fato de, tanto nas coisas grandes como nas pequenas, saberem terminar de modo perfeito, seja uma melodia ou um pensamento, seja o quinto ato de uma tragédia ou uma ação política. Os melhores de segunda categoria sempre se inquietam com a aproximação do fim, não descendo para o mar com a orgulhosa e tranqüila cadência das montanhas junto a Portofino, por exemplo — ali onde a baía de Gênova termina de cantar sua melodia.

NIETZSCHE (1882)

Alto lá, meu livrinho! Devagar! Calma agora! Chegamos ao fim da jornada, e você ainda quer galopar adiante, sem controle, transpor a página derradeira, como se o seu serviço já não estivesse feito.

MARCIAL (SÉCULO I D.C.)

A última coisa que descobrimos ao escrever um livro é o que devemos pôr em seu início.

PASCAL (1662)

Notas

Da inutilidade dos prefácios

PÁGINA
9
GEORGES BATAILLE (1949): Prefácio de *A parte maldita*. Trad. Julio C. Guimarães. Rio de Janeiro, 1975, p. 51.
MANUEL BANDEIRA (1954): *Itinerário de Pasárgada*. Rio de Janeiro, 1954, p. 102.
GOETHE (1830): *Poetry and truth*. Trad. R. Heitner. Nova York, 1987, p. 436.

10
MÁRIO DE ANDRADE (1922): "Prefácio interessantíssimo". In *Poesias completas*. São Paulo, 1974, pp. 13, 28 e 31.
NOVALIS (1798): "Diálogos". In *Pólen*. Trad. Rubens Rodrigues Torres Filho. São Paulo, 1988, p. 179.
BAUDELAIRE (1865): *Proyectos de prólogos para "Flores del mal"*. Trad. Roger Pla. Buenos Aires, 1944, pp. 71-2.

11
NIETZSCHE (1877): Variante descartada do §38 de *Humano, demasiado humano*, citada no posfácio do tradutor de *Human, all too human (I)*. Trad. Gary Handwerk. Stanford, 1995, p. 361.

1.1. A mania de citar

15
VISCOUNT SAMUEL (1947): *A book of quotations*. Londres, 1947, p. v.
MONTAIGNE (1592): "Dos livros". In *Ensaios*. Trad. Sérgio Milliet. São Paulo, 1972, p. 196.
EDWARD YOUNG (1728): *Love of fame* (primeira sátira). In *Works*. Vol. 1. Londres, 1802, p. 82.

16
EMERSON (1876): "Quotation and originality". In *Complete works*. Ed. A. C. Hearn. Edimburgo, 1907, p. 658.
WALTER BENJAMIN (1928) "One way street". In *One way street and other writings*. Trad. Edmund Jephcoot. Londres, 1970, p. 95.
W. H. AUDEN (1962): *The dyers's hand*. Nova York, 1962, p. 9.
MACHADO DE ASSIS (1897): Discurso proferido na sessão de encerramento da Academia Brasileira de Letras em 7 de dezembro de 1897. In *Obras completas*. Vol. 15. Rio de Janeiro, 1957, pp. 297-8.
SHAKESPEARE (1596): *The merchant of Venice*. Ato I, cena 3, linhas 95-7.
NOVALIS (1798): "Diálogos". In *Pólen*. Trad. Rubens Rodrigues Torres Filho. São Paulo, 1988, p. 179.

17
EMERSON (1876): "Quotation and originality". In *Complete works*. Ed. A. C. Hearn. Edimburgo, 1907, p. 657.
SÊNECA: *Epistulae morales ad Lucilium* (carta 16).
WALTER BENJAMIN (1928): "One way street". In *One way street and other writings*. Trad. Edmund Jephcoot. Londres, 1979, p. 50.

18
NIETZSCHE (1881): *Aurora*. Trad. Paulo César de Souza. São Paulo, 2004, § 449, pp. 231-2.
JORGE LUIS BORGES (1969): "Un lector". In *Obras completas*. Vol. 2. Buenos Aires, 1996, p. 394.

1.2. A leitura dos leitores

19
FRANCIS BACON (1597): "Of studies". In *The essays*. Londres, 1906, p. 124.
JONATHAN SWIFT (1702): *A tale of a tube*. Ed. Kathleen Williams. Londres, 1975, p. 118.

20
NOVALIS (1798): "Teplitz fragments". In *Philosophical writings*. Trad. Margaret M. Stoljar. Albany, 1997, p. 108.
NIETZSCHE (1886): *Human, all too human*. Trad. R. J. Hollingdale. Vol. 2. Cambridge, 1986, § 17, p. 309.

21
MONTAIGNE (1592): "An apology for Raymond Sebond". In *The complete essays*. Trad. M. A. Screech. Londres, 1991, p. 500.
BALTASAR GRACIÁN (1647): *A arte da prudência*. Trad. Ivone Castilho Benedetti. São Paulo, 1996, § 253, p. 146.
NIETZSCHE (1878): *Humano, demasiado humano*. Trad. Paulo César de Souza. São Paulo, 2000, § 181, p. 133.
E. M. CIORAN (1957): *Ensayo sobre el pensamiento reaccionario*. Trad. Rafael Panizo. Madri, 1985, p. 45.
LUCRÉCIO: *De rerum natura*. Livro I, linhas 639-42.

22
STENDHAL (1835): *The life of Henry Brulard*. Trad. John Sturrock. Nova York, 2002, p. 184.
JORGE LUIS BORGES (1981): "Camões, por Jorge Luis Borges". In *O Estado de S. Paulo*. Caderno *Cultura*, 19 de abril de 1981, p. 5.
WALLACE STEVENS (1940): "Adagia". In *Opus posthumous*. Ed. M. Bates. Nova York, 1990, p. 189.
ROLAND BARTHES (1973): *The pleasure of the text*. Trad. R. Miller. Nova York, 1975, p. 46.

23
STENDHAL (1832): *Souvenirs d'égotisme*, citado em Jon Elster, *Ulysses unbound*. Cambridge, 2000, p. 271.

NIETZSCHE (1874): *Unpublished writings from the period of "Unfashionable observations"*. Trad. Richard T. Gray. Stanford, 1999, p. 380.
FERNANDO PESSOA (1910): "O eu profundo". In *Obras em prosa*. Ed. Cleonice Berardinelli. Rio de Janeiro, 1986, p. 39.
BAUDELAIRE (1857): *As flores do mal* ("Ao leitor"). In *Poesia e prosa*. Trad. Ivan Junqueira. Rio de Janeiro, 1995, p. 104.

1.3. Contra o excesso de leitura

24
MALEBRANCHE (1674): *The search after truth*. Trad. Thomas M. Lennon e Paul J. Oslcamp. Cambridge, 1997, p. 140.

25
JOHN LOCKE (1685): Carta a Edward Clarke (1º de janeiro de 1685), citada em R. I. Aaron, *John Locke*. Oxford, 1971, p. 54.
KANT (1780): Curso de Antropologia de 1779-80, citado em Ricardo R. Terra, "Reflexão e sistema". In *Duas introduções à "Crítica do juízo"*. São Paulo, 1995, p. 11.
NIETZSCHE (1886): *Human, all too human*. Trad. R. J. Hollingdale. Vol. 2. Cambridge, 1986, § 122, p. 241.
MARX (1852): *O 18 Brumário e cartas a Kugelman*. Trad. Leandro Konder. Rio de Janeiro, 1974, p. 17.
F. A. HAYEK (1975): "Two types of mind". In *New studies in philosophy, politics, economics and the history of ideas*. Londres, 1978, p. 53.

26
GEORG LICHTENBERG (SEM DATA): Citado em Nietzsche, *Unpublished writings from the period of "Unfashionable observations"*. Trad. Richard T. Gray. Stanford, 1999, p. 229.
SCHOPENHAUER (1851): "On thinking for oneself". In *Parerga and paralipomena*. Trad. E. F. J. Payne. Vol. 2. Oxford, 1974, p. 492.

27
NIETZSCHE (1882): *A gaia ciência*. Trad. Paulo César de Souza. São Paulo, 2001, § 366, p. 267.

NIETZSCHE (1886): *Human, all too human*. Trad. R. J. Hollingdale. Vol. 2. Cambridge, 1986, § 324, p. 390.
NIETZSCHE (1888): *Ecce homo*. Trad. Walter Kaufmann. Nova York, 1969, p. 253.

28
GOETHE (1826): *Conversations with Johann Peter Eckermann*. Trad. John Oxenford. Oxford, 1998, p. 129.
CARLOS DRUMMOND DE ANDRADE (1940): *Sentimento do mundo* ("Elegia 1938"). In *Poesia completa*. Ed. Gilberto Mendonça Teles. Rio de Janeiro, 2002, p. 86.
MALLARMÉ (1887): "Brise marine". In *Mallarmé*. Trad. Augusto de Campos. São Paulo, 1975, p. 45.

1.4. A sedução das palavras

29
MONTAIGNE (1592): "On experience". In *The complete essays*. Trad. M. A. Screech. Londres, 1991, p. 1235.
FRANCIS BACON (1605): *The advancement of learning*. Ed. A. Johnston. Oxford, 1974, p. 128.
WITTGENSTEIN (1940): *Culture and value*. Trad. Peter Winch. Oxford, 1980, p. 39.
PAUL VALÉRY (SEM DATA): Carta ao lingüista francês Ferdinand Brunot, citada em E. M. Cioran, "Valéry frente a sus ídolos". In *Ensayo sobre el pensamiento reaccionario*. Trad. Rafael Panizo. Madri, 1985, p. 85.

30
F. M. CORNFORD (1950): *The unwritten philosophy and other essays*. Ed. W. K. C. Guthrie. Cambridge, 1967, p. 40.
ARTHUR O. LOVEJOY (1964): *The great chain of being*. Cambridge, Mass., 1964, p. 14.
NIETZSCHE (1881): *Daybreak*. Trad. R. J. Hollingdale. Cambridge, 1982, § 47, p. 32.
WILLIAM JAMES (1907): *Pragmatism and the meaning of truth*. Cambridge, Mass., 1975, p. 30.

31
WITTGENSTEIN (1950): *Culture and value.* Trad. Peter Winch. Oxford, 1980, p. 85.
KARL KRAUS (1932): Citado em Walter Benjamin, "Hashish in Marseilles". In *One way street and other writings.* Trad. Edmund Jephcoot. Londres, 1979, p. 222.
JOHN LOCKE (1689): *An essay concerning human understanding.* Ed. P. Nidditch. Oxford, 1975, p. 504.

32
BENTHAM (1796): "Anarchical fallacies". In *Works.* Ed. J. Bowring. Vol. 2. Edimburgo, 1843, p. 497.
BENTHAM (1817): *Chrestomathia.* Londres, 1817, p. 230.
WILLIAM PALEY (1785): *The principles of moral and political philosophy.* Vol. 1. Londres, 1814, pp. xxiii-xxiv.

33
CARLOS DRUMMOND DE ANDRADE (1942): *José* ("O lutador"). In *Poesia completa.* Ed. Gilberto Mendonça Teles. Rio de Janeiro, 2002, p. 99.
NIETZSCHE (1886): *Além do bem e do mal.* Trad. Paulo César de Souza. São Paulo, 1996, § 16, p. 22.

1.5. O feitiço da linguagem

34
WITTGENSTEIN (1953): *Philosophical investigations.* Trad. G. E. M. Anscombe. Oxford, 1958, § 109, p. 47.
CHARLES PEIRCE (1878): "How to make our ideas clear". In *Philosophical writings.* Ed. Justus Buchler. Nova York, 1955, p. 26.
NIETZSCHE (1886): *Human, all too human.* Trad. R. J. Hollingdale. Vol. 2. Cambridge, 1986, § 11, p. 306.

35
ADAM SMITH (1761): "Considerations concerning the first formation of languages". In *Lectures on rhetoric and belles lettres.* Ed. J. C. Bryce. Oxford, 1977, pp. 206-7.

WITTGENSTEIN (1931): *Remarks on Frazer's "Golden bough"*. Trad. A. C. Miles. Retford, 1979, p. 10.

NIETZSCHE (1889): *Twilight of the idols*. Trad. R. J. Hollingdale. Harmondsworth, 1968, § 5, p. 38.

36
RUDOLF CARNAP (1932): "The elimination of metaphysics through logical analysis of language". In *Logical positivism*. Ed. A. J. Ayer. Londres, 1959, p. 80.

MACHADO DE ASSIS (1900): *Dom Casmurro* (cap. 10). São Paulo, 1997, p. 16.

HEIDEGGER (1950): "Language". In *Poetry, language, thought*. Trad. Albert Hofstadter. Nova York, 1971, p. 193.

NIELS BOHR (1962): Citado em *Oxford dictionary of scientific quotations*. Ed. W. F. Bynum e Roy Porter. Oxford, 2005, p. 72.

NIETZSCHE (1886): *Além do bem e do mal*. Trad. Paulo César de Souza. São Paulo, 1996, § 20, p. 26.

37
HEGEL (1805): Carta a Johann Heinrich Voss (maio de 1805), citada em Walter Kauffmann, *Hegel*. Londres, 1966, p. 314.

GOETHE (1827): *Conversations with Johann Peter Eckermann*. Trad. John Oxenford. Oxford, 1998, p. 176.

G. J. WARNOCK (1954): Resenha do livro *The origin and goal of history* de Karl Jaspers. In *Mind* 63(1954), p. 110.

38
E. M. CIORAN (1977): "Valéry frente a sus ídolos". In *Ensayo sobre el pensamiento reaccionario*. Trad. Rafael Panizo. Madri, 1985, p. 85.

MACHADO DE ASSIS (1865): Crônica publicada no *Diário do Rio de Janeiro* em 24 de janeiro de 1865. In *Obras completas*. Vol. 23. Rio de Janeiro, 1958, p. 278.

39
ADAM SMITH (1776): *An inquiry into the nature and the causes of the wealth of nations*. Ed. R. H. Campbell e A. S. Skinner. Vol. 2. Oxford, 1976, p. 721.

GEORGE LEWES (1855): *Life of Goethe*, citado em Viscount Samuel, *A book of quotations*. Londres, 1947, p. 17.

PAUL VALÉRY (1935): "The outlook for intelligence". In *The outlook for intelligence*. Trad. Denise Folliot e Jackson Mathews. Princeton, 1989, p. 155.

1.6. Os mal-entendidos governam o mundo

40
PLATÃO: *Fedro*, 275d-e.
FRANCIS BACON (1626): *Valerius terminus*. In *Francis Bacon*. Trad. B. Farrington. Londres, 1951, p. 60.

41
JOHN LOCKE (1689): *An essay concerning human understanding*. Ed. P. Nidditch. Oxford, 1975, pp. 489-90.
ALEXANDRE KOYRÉ (1957): *From the closed world to the infinite universe*. Baltimore, 1968, p. 246.
ARTHUR O. LOVEJOY (1964): *The great chain of being*. Cambridge, Mass., 1964, pp. 22-3.
NIETZSCHE (1886): *Além do bem e do mal*. Trad. Paulo César de Souza. São Paulo, 1996, § 289, p. 193, e § 290, p. 193.
MONTAIGNE (1592): "On experience". In *The complete essays*. Trad. M. A. Screech. Londres, 1991, p. 1212.

42
ITALO CALVINO (1981): *Por que ler os clássicos*. Trad. Nilson Moulin. São Paulo, 2007, p. 12.
JOHN LOCKE (1689): *An essay concerning human understanding*. Ed. P. Nidditch. Oxford, 1975, p. 480.
JOHN LOCKE (1697): Memorando enviado a John Freke. In Maurice Cranston, *John Locke*. Oxford, 1985, p. 415.

43
JOHN STUART MILL (1875): "Coleridge". In *Mill on Bentham and Coleridge*. Ed. F. R. Leavis. Cambridge, 1980, p. 113.
R. W. LIVINGSTONE (1916): *A defence of classical education*. Londres, 1916, p. 41.

JOSEPH SCHUMPETER (1954): *History of economic analysis*. Ed. E. Schumpeter. Londres, 1954, p. 815.

44
THOMAS CARLYLE (1839): "Chartism". In *Selected writings*. Ed. A. Shelston. Harmondsworth, 1971, p. 155.
OTTO MARIA CARPEAUX (1967): "Heine, grande jornalista". In *Prosa política e filosófica de Heinrich Heine*. Rio de Janeiro, 1967, p. 6.
DIDEROT (1784): *Jacques the fatalist*. Trad. Michael Henry. Harmondsworth, 1986, p. 64.

45
BERNARDO SOARES/FERNANDO PESSOA (1935): *Livro do desassossego*. Ed. Richard Zenith. São Paulo, 1999, § 328, p. 306.
JOAQUIM NABUCO (1900): *Minha formação*. Rio de Janeiro, 1999, p. 68.
BAUDELAIRE (1867): "My heart laid bare". In *Intimate journals*. Trad. C. Isherwood. San Francisco, 1983, p. 89.

1.7. A interpretação dos clássicos

46
RILKE (1902): *Rodin*. Trad. Daniela Caldas. Rio de Janeiro, 1995, p. 21.
SANTO AGOSTINHO: *Confessions* (livro XII, seção 31). Trad. R. S. Pine-Coffin. Harmondsworth, 1961, p. 308.
F. M. CORNFORD (1950): *The unwritten philosophy and other essays*. Ed. W. K. C. Guthrie. Cambridge, 1967, p. 34.

47
E. R. DODDS (1947): "Plato and the irrational". In *The ancient concept of progress*. Oxford, 1985, p. 107.
ERASMO DE ROTTERDAM (1515): Carta a Dorpius (maio de 1515). In *Elogio da loucura*. Trad. Maria E. G. Gomes Pereira. São Paulo, 1990, p. 113.

48
T. S. ELIOT (1927): "Shakespeare and the stoicism of Seneca". In *Selected essays*. Londres, 1934, p. 126.

STUART HAMPSHIRE (1960): "Spinoza and the idea of freedom". In *Studies in Spinoza*. Ed. S. P. Kashap. Berkeley, 1972, pp. 310-1.

49
DAVID HUME (1754): Carta a John Stewart (fevereiro de 1754), citada em E. C. Mossner, "The continental reception of Hume's *Treatise*". *Mind* 56(1947), p. 31.
BERTRAND RUSSELL (1946): *History of western philosophy*. Londres, 1946, p. 674.
KANT (1799): "Declaration regarding Fichte's *Wissenschaftslehre*", citado em Manfred Kuehn, *Kant*. Cambridge, 2001, p. 5; e Karl Popper, *The open society and its enemies*. Vol. 2. Nova York, 1963, p. 54 e p. 313.
TERRY PINKARD (2000): *Hegel*. Cambridge, 2000, p. 662. Ver também G. E. Mueller, "The Hegel legend of 'thesis-antithesis-sinthesis'". In *Journal of the History of Ideas* 19(1958), p. 168.

50
NIETZSCHE (1875): Carta a Elizabeth Foster-Nietzsche (22 de janeiro de 1875). In *Selected letters*. Trad. A. N. Ludovici. Londres, 1985, p. 101.
W. B. GALLIE (1952): *Peirce and pragmatism*. Harmondsworth, 1952, p. 30.
BERTRAND RUSSELL (1943): Carta a Constance Malleson (16 de agosto de 1943), citada em Ray Monk, *Bertrand Russell*. Vol. 2. Londres, 2000, p. 267.

51
THOMAS KUHN (1974): "Second thoughts on paradigms". In *The essential tension*. Chicago, 1977, p. 293.
LIONEL ROBBINS (1952): *The theory of economic policy*. Londres, 1965, pp. 4-5.
GEORGE STIGLER (1988): *Memoirs of an unregulated economist*. Nova York, 1988, p. 216 e p. 214.

52
ADAM SMITH (1787): Conforme o relato de Henry Addington, que participou do jantar, em Londres, na casa de Henry Dundas. Ver: G. Pellew, *Life and correspondence of Henry Addington*. Vol. 1. Londres, 1847, p. 15; e John Pae, *Life of Adam Smith*. Nova York, 1965, p. 405.
BERNARD SHAW (1928): *The intelligent woman's guide to socialism and capitalism*, citado em *The mind of economic man*. Ed. Denis Thomas. Kent, 1970, pp. 8-9.

DARWIN (1866): Carta a Alfred Russell Wallace (5 de julho de 1866). In *More letters of Charles Darwin*. Ed. F. Darwin. Londres, 1903, p. 270; e carta a Charles Lyell (6 de junho de 1860). In *Life and letters of Charles Darwin*. Ed. F. Darwin. Vol. 2. Londres, 1887, p. 317.

53
MALTHUS (1831): Carta a William Whewell (23 de fevereiro de 1831). O original dessa carta encontra-se na Trinity College Library, Cambridge: Whewell papers, Add.Mss.c.53/2.
MARX (1882): Citado por Friedrich Engels (em francês) em carta a Eduard Bernstein (3 de novembro de 1882). A íntegra da carta pode ser lida no site <www.marxists.org/archive/marx/works/1882/letters/82_11_02.htm>.
JOHN MAYNARD KEYNES (1934): Carta a Bernard Shaw (2 de dezembro de 1934). In *Collected writings*. Ed. D. E. Moggridge. Vol. 28. Londres, 1978, p. 38.

54
VILFREDO PARETO (1927): *Manual of political economy*. Trad. A. S. Schwier. Nova York, 1971, p. 94.

55
MIGUEL DE UNAMUNO (1912): *Tragic sense of life*. Trad. J. E. Crawford Flitch. Nova York, 1954, p. 309.
ALEXANDER POPE (1734): Carta a William Warburton. In *Correspondence*. Ed. E. Sherburn. Vol. 4. Oxford, 1956, pp. 171-2.
MÁRIO DE ANDRADE (1922): "Prefácio interessantíssimo". In *Poesias completas*. São Paulo, 1974, p. 16.
THOMAS KUHN (1977): *The essential tension*. Chicago, 1977, p. xii.

56
EMERSON (1841): "Self-reliance". In *Complete works*. Ed. A. C. Hearn. Edimburgo, 1907, p. 21.
KIERKEGAARD (1843): "The wife of the orientalist". In *Parables of Kierkegaard*. Ed. Thomas C. Oden. Princeton, 1978, pp. 126-7.

1.8. O aplauso da multidão

58
HERÁCLITO: Fragmento 49 (classificação Diels-Kranz).
HERÁCLITO: Fragmento 29 (classificação Diels-Kranz).
NIETZSCHE (1872): "Sobre o *páthos* da verdade". In *Cinco prefácios para livros não escritos*. Trad. Pedro Süssekind. Rio de Janeiro, 1996, pp. 30-1.
PLATÃO: *Banquete*, 194b-c.

59
ARISTÓTELES: *Ética a Eudemo*, 1232b4-9.
ERASMO DE ROTTERDAM (1515): Carta a Dorpius (maio de 1515). In *Elogio da loucura*. Trad. Maria E. G. Gomes Pereira. São Paulo, 1990, p. 94.
SHAKESPEARE (1604): *Hamlet*. Ato III, cena 2, linhas 16-28.

60
ADAM SMITH (1759): *The theory of moral sentiments*. Ed. D. D. Raphael e A. L. Macfie. Oxford, 1976, p. 253.
DAVID HUME (1759): Carta a Adam Smith (12 de abril de 1759). In *The correspondence of Adam Smith*. Ed. E. C. Mossner e I. S. Ross. Oxford, 1987, pp. 34-5.

61
NIETZSCHE (1882): *A gaia ciência*. Trad. Paulo César de Souza. São Paulo, 2001, § 330, p. 219.
SCHOPENHAUER (1844): *The world as will and representation*. Trad. E. F. J. Payne. Vol. 2. Nova York, 1958, p. 391.

62
BAUDELAIRE (1867): "Escritos íntimos". In *Poesia e prosa*. Trad. Fernando Guerreiro. Rio de Janeiro, 1995, p. 537.
NELSON RODRIGUES (1968): "Um Corção jamais suspeitado". In *Óbvio ululante*. São Paulo, 1993, p. 176. Ver também "O vício doce e vil". In *O reacionário*. Rio de Janeiro, 1977, p. 31.
HENRY THOREAU (1854): *Walden*. Ed. Michael Meyer. Harmondsworth, 1983, p. 50.
JOAQUIM NABUCO (1900): *Minha formação*. Rio de Janeiro, 1999, p. 157.

63
ADAM SMITH (1759): *The theory of moral sentiments.* Ed. D. D. Raphael e A. L. Macfie. Oxford, 1976, p. 57.
GOETHE (1829): *Conversations with Johann Peter Eckermann.* Trad. John Oxenford. Oxford, 1998, p. 292.
FRANCIS BACON (1605): *The advancement of learning.* Ed. A. Johnston. Oxford, 1974, p. 33.

64
NIETZSCHE (1886): *Human, all too human.* Trad. R. J. Hollingdale. Vol. 2. Cambridge, 1986, § 280, p. 378.
ARNOLD SCHOENBERG (SEM DATA): Citado em Alex Ross, *The rest is noise: listening to the twentieth century.* Nova York, 2007, p. 39.
CHARLES CHAPLIN (1931): Citado em Walter Isaacson, *Einstein: sua vida, seu universo.* Trad. Fernanda Ravagnani. São Paulo, 2007, p. 384.
HÖLDERLIN (1799): "Human applause". In *Poems and fragments.* Trad. Michael Hamburger. Cambridge, 1980, p. 47.

1.9. Monumentos mais duradouros que o bronze

65
PLATÃO: *Banquete,* 207a-e.

66
PLUTARCO: *Non posse* (1104C), citado em Martha Nussbaum, *The therapy of desire.* Princeton, 1994, p. 201.
MARTHA NUSSBAUM (1994): *The therapy of desire.* Princeton, 1994, p. 235.
RICHARD DAWKINS (1976): *The selfish gene.* Oxford, 1989, p. 199.

67
JEAN-BAPTISTE BOTUL/PAGÈS (1999): *A vida sexual de Immanuel Kant.* Trad. Isabel Maria F. R. Loureiro. São Paulo, 2000, p. 57.
MÁXIMA ROMANA: Citada em R. Ochse, *Before the gates of excellence.* Cambridge, 1990, p. 174.
CÍCERO: *Tusculanarum disputationum.* Livro I (seção 15, linhas 33-5).

68

FRANCIS BACON (1605): Citado em R. W. Emerson, "Immortality". In *Complete works*. Ed. A. C. Hearn. Edimburgo, 1907, p. 710.
ADAM SMITH (1759): *The theory of moral sentiments*. Ed. D. D. Raphael e A. L. Macfie. Oxford, 1976, p. 116.

69

SCHOPENHAUER (1851): "What a man represents". In *Parerga and paralipomena*. Trad. E. F. J. Payne. Vol. 1. Oxford, 1974, p. 391.
HORÁCIO: *Odes*. Livro III, § 30, linhas 1-6.
OVÍDIO: *Metamorfoses*, XV, 871.

70

CUETZPALTZIN: *Cantos de Huexotzinco* (poema asteca do século XVI escrito originalmente na língua náuatle e atribuído a Ayocuan Cuetzpaltzin).
MALLARMÉ (1867): Carta a Henri Cazalis, citada em E. M. Cioran, "Valéry frente a sus ídolos". In *Ensayo sobre el pensamiento reaccionario*. Trad. Rafael Panizo. Madri, 1985, p. 77.
MALLARMÉ (1885): Carta ao poeta Paul Verlaine, citada em E. M. Cioran, "Valéry frente a sus ídolos". In *Ensayo sobre el pensamiento reaccionario*. Trad. Rafael Panizo. Madri, 1985, p. 77.

71

WITTGENSTEIN (1930): *Conferencia sobre ética*. Trad. Fina Birulés. Barcelona, 1989, p. 37.
NIETZSCHE (1882): Carta a Franz Overback (25 de dezembro de 1882), citada em Ronald Hayman, *Nietzsche: a critical life*. Londres, 1980, p. 254.
MILTON (1644): *Aeropagitica*, citado em Viscount Samuel, *A book of quotations*. Londres, 1947, p. 9.
GOETHE (1829): *Conversations with Johann Peter Eckermann*. Trad. John Oxenford. Oxford, 1998, p. 287.

72

SCHOPENHAUER (1851): "What a man represents". In *Parerga and paralipomena*. Trad. E. F. J. Payne. Vol. 1. Oxford, 1974, p. 401.
NIETZSCHE (1878): *Humano, demasiado humano*. Trad. Paulo César de Souza. São Paulo, 2000, § 209, p. 141.

EMERSON (1876): "Immortality". In *Complete works*. Ed. A. C. Hearn. Edimburgo, 1907, p. 708.

73

BENJAMIN FRANKLIN (1790): *The autobiography of Benjamin Franklin*. Boston, 1886, p. 244.

MIGUEL DE UNAMUNO (1912): *Tragic sense of life*. Trad. J. E. Crawford Flitch. Nova York, 1954, p. 263.

CHARLES PEIRCE (1871): Citado em W. B. Gallie, *Peirce and pragmatism*. Harmondsworth, 1952, p. 58.

74

WITTGENSTEIN (1938): *Culture and value*. Trad. Peter Winch. Oxford, 1980, p. 34.

ARTHUR KOESTLER (1951): Citado em *The Oxford dictionary of literary quotations*. Ed. Peter Kemp. Oxford, 1998, p. 205.

75

W. H. AUDEN (1962): *The dyers's hand*. Nova York, 1962, p. 10.

CARLOS DRUMMOND DE ANDRADE (1954): *Fazendeiro do ar* ("Eterno"). In *Poesia completa*. Ed. Gilberto Mendonça Teles. Rio de Janeiro, 2002, p. 407.

ALEX ROSS (2007): *The rest is noise: listening to the twentieth century*. Nova York, 2007, pp. 23-4.

NASSIM TALEB (2007): *The black swan*. Nova York, 2007, p. 30.

BAUDELAIRE (1867): "Escritos íntimos". In *Poesia e prosa*. Trad. Fernando Guerreiro. Rio de Janeiro, 1995, p. 541. O trecho citado de Robespierre aparece em discurso proferido no 8 do termidor de 1793.

76

DIDEROT (1765): Carta ao pintor Etienne-Maurice Falconet, citada em Carl Becker, *The heavenly city of the eighteenth-century philosophers*. New Haven, 1932, p. 150.

II.1. Com o saber cresce a dúvida

79
CONFÚCIO: *The analects of Confucius* (livro II, § 17). Trad. Arthur Waley. Nova York, p. 91.
PLATÃO: *Apologia de Sócrates*, 20-23.

80
MONTAIGNE (1592): "An apology for Raymond Sebond". In *The complete essays*. Trad. M. A. Screech. Londres, 1991, p. 558.

81
GOETHE (1826): *Máximas e reflexões*. Trad. Afonso Teixeira da Mota. Lisboa, 1987, § 281, p. 79.
E. M. CIORAN (1973): *The trouble with being born*. Trad. Richard Howard. Nova York, 1976, p. 134.
DAVID HUME (1748): *An enquiry concerning human understanding*. Ed. L. A. Selby-Bigge. Oxford, 1975, p. 31.
DAVID HUME (1778): *The history of England*. Ed. W. B. Todd. Vol. 6. Indianápolis, 1983, p. 542. Essa mesma passagem aparece citada em E. C. Mossner, *The life of David Hume*. Oxford, 1954, p. 75; Norman Kemp-Smith, *The philosophy of David Hume*. Londres, 1941, p. 52; S. C. Brown, "The 'principle' of natural order: or what the enlightened sceptics did not doubt". In *Philosophers of the Enlightenment*. Ed. S. C. Brown. Sussex, 1979, pp. 59-60; John Passmore, *Science and its critics*. Londres, 1978, p. 5, e John Passmore, *Hume's intentions*. Londres, 1952, p. 43.
KARL POPPER (1961): "As origens do conhecimento e da ignorância". In *Conjecturas e refutações*. Trad. Sérgio Bath. Brasília, 1972, p. 57.

82
THOMAS KUHN (1974): "Logic of discovery or psychology of research". In *The essential tension*. Chicago, 1977, p. 290.
LEWIS THOMAS (1979): "Os riscos da ciência". In *A medusa e a lesma*. Trad. Aurea Weissenberg. Rio de Janeiro, 1980, p. 81.

83
FRANÇOIS JACOB (1997): *O rato, a mosca e o homem*. Trad. Maria de Macedo Soares Guimarães. São Paulo, 1998, p. 155.
ALFRED MARSHALL (1919): *Industry and trade*. Londres, 1920, Apêndice A, p. 673.
ALFRED MARSHALL (1924): Afirmação oral citada por J. M. Keynes em "Alfred Marshall: 1842-1924". In *Collected writings*. Ed. D. E. Moggridge. Vol. 10. Londres, 1977, p. 171.

84
KENNETH ARROW (1992): "I know a hawk from a handsaw". In *Eminent economists*. Ed. M. Szenberg. Cambridge, 1992, p. 46.
PETER BERNSTEIN (1996): *Against the gods*. Nova York, 1996, p. 206.
AVICENA: Citado em Octavio Paz, *Versiones y diversiones*. Barcelona, 2000, p. 655.

II.2. A força do acreditar como critério de verdade

85
NIETZSCHE (1878): *Human, all too human*. Trad. R. J. Hollingdale. Vol. 1. Cambridge, 1986, § 15, p. 19.
PETER MEDAWAR (1979): *Advice to a young scientist*. In *Oxford dictionary of scientific quotations*. Ed. W. F. Bynum e Roy Porter. Oxford, 2005, p. 430.
FRANCIS BACON (1620): *Novum organum*, citado em C. D. Broad, *The philosophy of Francis Bacon*. Cambridge, 1926, p. 49.
MALEBRANCHE (1674): *The search after truth*. Trad. Thomas M. Lennon e Paul J. Oslcamp. Cambridge, 1997, p. 399. A sentença de Malebranche foi citada por Adam Smith em *The theory of moral sentiments*. Ed. D. D. Raphael e A. L. Macfie. Oxford, 1976, p. 157, e *Essays on philosophical subjects*. Ed. W. P. D. Wightman, J. C. Bryce e I. S. Ross. Oxford, 1980, p. 48.
DAVID HUME (1755): "Of the immortality of the soul". In *Essays: moral, political and literary*. Ed. E. F. Miller. Indianápolis, 1985, p. 598.

86
NIETZSCHE (1887): *Genealogia da moral*. Trad. Paulo César de Souza. São Paulo, 1998, terceira dissertação, § 24, pp. 137-8.

NIETZSCHE (1882): *A gaia ciência*. Trad. Paulo César de Souza. São Paulo, 2001, § 344, pp. 234-5.
BERTRAND RUSSELL (1913): "The place of science in a liberal education". In *Misticism and logic*. Londres, 1963, p. 57.

87
JON ELSTER (1999): *Alchemies of the mind*. Cambridge, 1999, p. 299.
PASCAL (1662): *Pensées*, citado em Jon Elster, *Alchemies of the mind*. Cambridge, 1999, p. 92.

88
VILFREDO PARETO (1907): Carta a A. Atonucci (7 de dezembro de 1907), citada em *The other Pareto*. Ed. Placido Bucolo. Londres, 1980, p. 178.
VILFREDO PARETO (1901): *Les systèmes socialistes*. In *The other Pareto*. Ed. Placido Bucolo. Londres, 1980, p. 147.

89
NIETZSCHE (1881): *Aurora*. Trad. Paulo César de Souza. São Paulo, 2004, § 370, pp. 207.
WITTGENSTEIN (1944): Carta a Norman Malcolm (16 de novembro de 1944). In *Ludwig Wittgenstein: a memoir*. Ed. N. Malcolm. Oxford, 1984, p. 94.
KENNETH ARROW (1992): "I know a hawk from a handsaw". In *Eminent economists*. Ed. M. Szenberg. Cambridge, 1992, p. 47.
ALEXANDER POPE (1716): *Poetical works*. Ed. A. W. Ward. Londres, 1924, p. 4.
GEORGE STIGLER (1988): *Memoirs of an unregulated economist*. Nova York, 1988, p. 138.

90
BERTRAND RUSSELL (1958): "Voltaire", citado em Paul Johnson, *Intellectuals*. Londres, 1988, p. 356.
PÉRICLES: "Oração fúnebre". In Tucídides, *A Guerra do Peloponeso* (livro II, cap. 40).
ERASMO DE ROTTERDAM (1515): Carta a Dorpius (maio de 1515). In *Elogio da loucura*. Trad. Maria E. G. Gomes Pereira. São Paulo, 1990, p. 113.
MONTAIGNE (1592): "On the art of conversation". In *The complete essays*. Trad. M. A. Screech. Londres, 1991, pp. 1062-3.

91
ROUSSEAU (1751): "Discourse on heroic virtue". In *The Discourses and other early political writings*. Ed. Victor Gourevitch. Cambridge, 1997, p. 308.
NIETZSCHE (1878): *Humano, demasiado humano*. Trad. Paulo César de Souza. São Paulo, 2000, § 483, p. 265.
BAUDELAIRE (1867): "Escritos íntimos". In *Poesia e prosa*. Trad. Fernando Guerreiro. Rio de Janeiro, 1995, p. 527.
W. B. YEATS (1920): "The second coming", citado em Anthony Flew, *Thinking about thinking*. Londres, 1975, p. 78, e Albert Hirschman, *Auto-subversão*. Trad. Laura Teixeira Motta. São Paulo, 1996, p. 92.

II.3. Os erros dos que nos precederam

92
ARISTÓTELES: *Metafísica*, 1074b10.
ARISTÓTELES: *Meteorologia*, 339b27.
CÍCERO: *De divinatione*, II.58.
MONTAIGNE (1592): "An apology for Raymond Sebond". In *The complete essays*. Trad. M. A. Screech. Londres, 1991, p. 613.

93
DESCARTES (1637): *Discourse on method*. In *Philosophical works*. Trad. Elizabeth Haldane e G. R. T. Ross. Vol. 1. Cambridge, 1931, p. 90.
FONTENELLE (1688): *Digression sur les anciens et les modernes*, citado em Carl Becker, *The heavenly city of the eighteenth-century philosophers*. New Haven, 1932, p. 135.
ADAM SMITH (1776): *An inquiry into the nature and the causes of the wealth of nations*. Ed. R. H. Campbell e A. S. Skinner. Vol. 2. Oxford, 1976, p. 876.
F. W. J. SCHELLING (1809): Citado em Arthur O. Lovejoy, *The great chain of being*. Cambridge, Mass., 1964, p. 319.
ERNEST GELLNER (1974): *Legitimation of belief*. Cambridge, 1974, p. 15.

94
ROUSSEAU (1750): *Discourse on the sciences and arts*. In *The Discourses and other early political writings*. Ed. Victor Gourevitch. Cambridge, 1997, p. 25.

DAVID HUME (1771): Carta a William Strahan (25 de março de 1771). In *The letters of David Hume*. Ed. J. Y. T. Greig. Vol. 2. Oxford, 1932, p. 239.

95
GOETHE (1831): *Conversations with Johann Peter Eckermann*. Trad. John Oxenford. Oxford, 1998, pp. 380-1.
ROUSSEAU (1750): *Discourse on the sciences and arts*. In *The Discourses and other early political writings*. Ed. Victor Gourevitch. Cambridge, 1997, pp. 16-7.
SIMONE DE BEAUVOIR (1955): *O pensamento de direita hoje*. Trad. Manuel Sarmento Barata. Rio de Janeiro, 1972, p. 1.

96
DAVID HUME (1748): *An enquiry concerning human understanding*. Ed. L. A. Selby-Bigge. Oxford, 1975, p. 12.
FRANCIS BACON (1605): *The advancement of learning*. Ed. A. Johnston. Oxford, 1974, p. 55.
GOETHE (1832): *Faust*. Parte II, ato 2, cena 1 ("Quarto gótico"). Trad. Philip Wayne. Harmondsworth, 1981, p. 98.
TERÊNCIO: *Eunuchus*, 41, citado em Renzo Tozi, *Dicionário de sentenças latinas e gregas*. Trad. Ivone Castilho Benedetti. São Paulo, 2000, § 799, p. 375.

II.4. Familiaridade, assombro e conhecimento

97
CONFÚCIO: Citado em Steven Pinker, *Como a mente funciona*. Trad. Laura Teixeira Motta. São Paulo, 1998, p. 23.
ARISTÓTELES: *Metafísica*, 982b12-25. Essa passagem de Aristóteles foi citada por Hegel em *Lecciones sobre la historia de la filosofía*. Trad. Wenceslao Roces. Vol. 2. Cidade do México, 1955, p. 254; *The philosophy of history*. Trad. J. Sibree. Nova York, 1956, p. 80 e p. 234; e *The philosophy of nature*. Trad. Michael John Petry. Vol. 1. Londres, 1969, p. 194.

98
ARISTÓTELES: *Ética a Nicômaco*, 1098a29-32.
ADAM SMITH (1795): "The principles which lead and direct philosophical

enquiries; illustrated by the history of astronomy". In *Essays on philosophical subjects*. Ed. W. P. D. Wightman, J. C. Bryce e I. S. Ross. Oxford, 1980, p. 51.

ADAM SMITH (1795): "The principles which lead and direct philosophical enquiries; illustrated by the history of astronomy". In *Essays on philosophical subjects*. Ed. W. P. D. Wightman, J. C. Bryce e I. S. Ross. Oxford, 1980, pp. 42-3. Ver também Francis Bacon, *The advancement of learning*. Ed. A. Johnston. Oxford, 1974, p. 55.

99
NIELS BOHR (1949): Citado em John Horgan, *O fim da ciência*. Trad. Rosaura Eichenberg. São Paulo, 1998, p. 338.
WITTGENSTEIN (1931): *Remarks on Frazer's "Golden bough"*. Trad. A. C. Miles. Retford, 1979, p. 7.
ALFRED WHITEHEAD (1928): *Science and the modern world*. Nova York, 1928, p. 6.
HEGEL (1807): Prefácio da *Fenomenologia do espírito* (seção 11.3). In *Hegel: texts and commentary*. Trad. Walter Kaufmann. Nova York, 1966, p. 48.
WITTGENSTEIN (1951): *On certainty*. Trad. Denis Paul e G. E. M. Anscombe. Oxford, 1979, § 272, p. 35.
SAMUEL JOHNSON (1755): "Johnson's preface". In *Samuel Johnson's dictionary*. Ed. Jack Lynch. Londres, 2004, p. 43.
CHARLES PEIRCE (1877): "The fixation of belief". In *Philosophical writings*. Ed. Justus Buchler. Nova York, 1955, p. 10.

100
WILLIAM JAMES (1890): Citado em Steven Pinker, *Como a mente funciona*. Trad. Laura Teixeira Motta. São Paulo, 1998, p. 443.
NIETZSCHE (1881): *Daybreak*. Trad. R. J. Hollingdale. Cambridge, 1982, § 127, p. 78.
BERTRAND RUSSELL (1912): "On the notion of cause". In *A free man's worship*. Londres, 1976, p. 182.

101
NIETZSCHE (1882): *The gay science*. Trad. Josefine Nauckhoff. Cambridge, 2001, § 355, pp. 214-5.

102
ADAM SMITH (1759): *The theory of moral sentiments*. Ed. D. D. Raphael e A. L. Macfie. Oxford, 1976, pp. 313-4.

103
MARX (1847): *The poverty of philosophy*. Moscou, 1955, p. 105. Essa mesma passagem foi reutilizada por Marx em *O capital*. Trad. Reginaldo Sant'Anna. Vol. 1. Rio de Janeiro, 1975, pp. 90-1.
NIETZSCHE (1882): *A gaia ciência*. Trad. Paulo César de Souza. São Paulo, 2001, § 305, p. 207.
SCHOPENHAUER (1844): *The world as will and representation*. Trad. E. F. J. Payne. Vol. 2. Nova York, 1958, p. 161.

104
COLERIDGE (1818): *The friend* (II,11), citado em George Steiner, *Heidegger*, p. 149.

II.5. O encanto da simplicidade

105
NIETZSCHE (1882): *The gay science*. Trad. Josefine Nauckhoff. Cambridge, 2001, § 189, p. 139.
EDWARD TELLER (1980): Citado em *Oxford dictionary of scientific quotations*. Ed. W. F. Bynum e Roy Porter. Oxford, 2005, p. 574.
KEPLER (1619): Citado em E. A. Burtt, *The metaphysical foundations of modern physical science*. Londres, 1932, p. 57.
NEWTON (1687): *Principia* (livro III, regra 1), citado em S. C. Brown, "The 'principle' of natural order: or what the enlightened sceptics did not doubt". In *Philosophers of the Enlightenment*. Ed. S. C. Brown. Sussex, 1979, p. 66.

106
RICHARD FEYNMAN (1967): Citado em *Oxford dictionary of scientific quotations*. Ed. W. F. Bynum e Roy Porter. Oxford, 2005, p. 214.
ERNEST RUTHERFORD (1932): Citado em Jorge Calado, "Tracking down the atom" (resenha do livro *Rutherford: simple genius*, de David Wilson). *The Times Literary Supplement*, 18 de maio de 1984, p. 545.

NOTAS

GARY BECKER (2004): "Gary S. Becker". In *Lives of the laureates: eighteen Nobel economists*. Ed. William Breit e Barry T. Hirsch. Cambridge, Mass., 2004, p. 268.

107

SHAKESPEARE (1604): *Measure for measure*. Ato IV, cena 2, linhas 204-5.

FRANCIS BACON (1609): *The wisdom of the ancients*. In *The moral and historical works of Lord Bacon*. Ed. Joseph Devey. Londres, 1854, p. 260.

DARWIN (1844): Carta a J. D. Hooker (11 de janeiro de 1844), citada em Robert Wright, *The moral animal*. Nova York, 1994, p. 232.

T. H. HUXLEY (1859): Citado por Ernst Mayr na introdução à edição fac-símile de *On the origin of species*. Cambridge, Mass., 1964, p. xv.

108

FRANÇOIS JACOB (1970): *La logique du vivant*. Paris, 1970, p. 24.

EMERSON (1876): "Nature". In *Complete works*. Ed. A. C. Hearn. Edimburgo, 1907, p. 839.

HENRY BOLINGBROKE (1735): *Letters on the study and use of history*. In *The works of Lord Bolingbroke*. Vol. 2. Londres, 1844, p. 350.

109

GOETHE (1798): "Introduction to the *Propylaen*". In *Goethe on art*. Ed. John Gage. Londres, 1980, p. 14.

110

G. H. VON WRIGHT (1982): *Wittgenstein*. Oxford, 1982, p. 31.

SCHOPENHAUER (1851): "Fragments for the history of philosophy". In *Parerga and paralipomena*. Trad. E. F. J. Payne. Vol. 1. Oxford, 1974, p. 129.

NIETZSCHE (1882): *A gaia ciência*. Trad. Paulo César de Souza. São Paulo, 2001, § 173, p. 166.

WITTGENSTEIN (1922): *Tractatus logico-philosophicus*. Trad. C. K. Ogden. Londres, 1922, § 4.116, p. 79.

ATRIBUÍDO A EINSTEIN: Segundo o *Oxford dictionary of scientific quotations*. Ed. W. F. Bynum e Roy Porter. Oxford, 2005, p. 201.

THOMAS NAGEL (1979): "Preface". In *Mortal questions*. Cambridge, 1979, p. x.

111
ALFRED WHITEHEAD (1920): *The concept of nature*. Londres, 1920, p. 163.

II.6. Os meios e os fins da ciência

112
EINSTEIN (1950): Citado em *Oxford dictionary of scientific quotations*. Ed. W. F. Bynum e Roy Porter. Oxford, 2005, p. 199.
NIETZSCHE (1882): *A gaia ciência*. Trad. Paulo César de Souza. São Paulo, 2001, § 37, p. 82.

113
CARL BECKER (1932): *The heavenly city of the eighteenth-century philosophers*. New Haven, 1932, p. 24.
DIDEROT (1769): "Entretien entre D'Alembert et Diderot". In *Oeuvres*. Ed. André Billy. Paris, 1951, p. 880.
NIETZSCHE (1878): *Humano, demasiado humano*. Trad. Paulo César de Souza. São Paulo, 2000, § 251, p. 173.

114
EMERSON (1867): "Progress of culture". In *Complete works*. Ed. A. C. Hearn. Edimburgo, 1907, p. 670.
FRANK KNIGHT (1958): "A busca de normas racionais". In *Inteligência e ação democrática*. Trad. Francisco Beralli. Rio de Janeiro, 1989, p. 24.
WITTGENSTEIN (1922): *Tractatus logico-philosophicus*. Trad. Luiz Henrique Lopes dos Santos. São Paulo, 2001, § 6.52, p. 279.
DAVID HUME (1740): *A treatise of human nature*. Ed. L. A. Selby-Bigge. Oxford, 1978, pp. 415-6.

115
FRANCIS BACON (1607): *Cogitata e visa*. In *The philosophy of Francis Bacon*. Ed. Benjamin Farrington. Liverpool, 1964, p. 93.
PLATÃO: *Philebus*, 17e.
KEPLER (1619): Citado em E. A. Burtt, *The metaphysical foundations of modern physical science*. Londres, 1932, p. 68.

JULIUS ROBERT MAYER (1844): Citado em Nicholas Georgescu-Roegen, *The entropy law and the economic process*. Cambridge, Mass., 1971, p. 82.

116
ARISTÓTELES: *Ética a Nicômaco*, 1094b24-7.
NIETZSCHE (1882): *A gaia ciência*. Trad. Paulo César de Souza. São Paulo, 2001, § 246, p. 181.
ERNST CASSIRER (1921): *Einstein's theory of relativity*. Trad. William C. Swabey. Nova York, 1953, p. 357.
NIETZSCHE (1885): *The will to power*. Trad. Walter Kaufmann. Nova York, 1968, § 628, p. 335.

117
WITTGENSTEIN (1922): *Tractatus logico-philosophicus*. Trad. C. K. Ogden. Londres, 1922, §§ 6.21 e 6.211, p. 169. Ver também Alfred Marshall, carta a A. L. Bowley (27 de fevereiro de 1906). In *Memorials of Alfred Marshall*. Ed. A. C. Pigou. Londres, 1925, p. 427.
H. B. ADKINS (1949): Citado em *Oxford dictionary of scientific quotations*. Ed. W. F. Bynum e Roy Porter. Oxford, 2005, p. 2.
ERNEST RUTHERFORD (1937): Citado em *Oxford dictionary of scientific quotations*. Ed. W. F. Bynum e Roy Porter. Oxford, 2005, p. 530.
NIETZSCHE (1878): *Humano, demasiado humano*. Trad. Paulo César de Souza. São Paulo, 2000, § 256, p. 175.
H. G. WELLS (1905): *A modern utopia*, citado em *The Economist*, 3 de fevereiro de 2001, p. 88.

118
FRANCIS CRICK (1995): Citado em *Oxford dictionary of scientific quotations*. Ed. W. F. Bynum e Roy Porter. Oxford, 2005, p. 140.
GEORGE STIGLER (1969): "Does economics have a useful past?". In *The economist as preacher*. Chicago, 1982, p. 111.
JAMES MAXWELL (1871): Citado em *Oxford dictionary of scientific quotations*. Ed. W. F. Bynum e Roy Porter. Oxford, 2005, p. 423.
WITTGENSTEIN (1930): *Conferencia sobre ética*. Trad. Fina Birulés. Barcelona, 1989, p. 33.

119

T. H. HUXLEY (1880): *Aphorisms and reflexions.* Ed. Henrietta A. Huxley. Londres, 1911, § 67, p. 7.

STEVEN PINKER (2002): *The blank slate.* Nova York, 2002, pp. 422-3.

BRIAN PIPPARD (1983): "Master-minding the universe" (resenha do livro *God and the new physics*, de Paul Davies). *The Times Literary Supplement*, 29 de julho de 1983, p. 795.

F. M. CORNFORD (1952): *Principium sapientiae.* Ed. W. K. C. Guthrie. Cambridge, 1952, p. 123.

120

FRANK KNIGHT (1924): "The limitations of scientific method in economics". In *Selected essays.* Ed. Ross B. Emmet. Vol. 1. Chicago, 1999, p. 1.

WITTGENSTEIN (1940): *Culture and value.* Trad. Peter Winch. Oxford, 1980, p. 36.

GOETHE (1832): "Xênias mansas". In *Poemas.* Trad. Paulo Quintela. Coimbra, 1958, p. 159.

II.7. Verdades, mentiras, erros, ilusões

121

XENÓFANES: Fragmentos 18 e 34 (classificação Diels-Kranz).

ANTONIO MACHADO (1917): "Provérbios y cantares", § 30. In *Campos de Castilha*, § 136.

LUIGI PIRANDELLO (1925): A sentença é o título de uma peça teatral de Pirandello.

NIELS BOHR (1949): Citado em *Oxford dictionary of scientific quotations.* Ed. W. F. Bynum e Roy Porter. Oxford, 2005, p. 72.

122

NIETZSCHE (1888): *Twilight of the idols.* Trad. R. J. Hollingdale. Harmondsworth, 1968, p. 23.

WINSTON CHURCHILL (1916): Citado em Loyal Rue, *By the grace of guile.* Oxford, 1994, p. 241.

WILLIAM BLAKE (1790): *The marriage of heaven and hell.* In *The complete poems.* Ed. Alicia Ostriker. Harmondsworth, 1977, p. 185.

NOTAS

MACHADO DE ASSIS (1865): Crônica publicada no *Diário do Rio de Janeiro* em 24 de janeiro de 1865. In *Obras completas*. Vol. 23. Rio de Janeiro, 1958, p. 282.
JEROME K. JEROME (1892): Citado em Steven Pinker, *Como a mente funciona*. Trad. Laura Teixeira Motta. São Paulo, 1998, p. 443.
MACHADO DE ASSIS (1900): *Dom Casmurro* (cap. 41). São Paulo, 1997, p. 70.
FRANK KNIGHT (1932): Citado em George Stigler, *Memoirs of an unregulated economist*. Nova York, 1988, p. 23.

123
NIETZSCHE (1886): *Além do bem e do mal*. Trad. Paulo César de Souza. São Paulo, 1996, § 34, pp. 41-2.
T. H. HUXLEY (1870): "On Descartes's *Discourse on method*". In *Methods and results*. Londres, 1894, pp. 192-3.

124
GOTTHOLD LESSING (1778): *Ein duplik*, citado em John Passmore, *The perfectibility of man*. Londres, 1970, p. 48.
ÁLVARO DE CAMPOS/FERNANDO PESSOA (1928): "Demogorgon". In *Obra poética*. Ed. Maria Aliete Galhoz. Rio de Janeiro, 1976, p. 368.
NOVALIS (1798): "Observações entremescladas". In *Pólen*. Trad. Rubens Rodrigues Torres Filho. São Paulo, 1988, p. 39.
FREUD (1927): *O futuro de uma ilusão*. Trad. José Octávio de Aguiar Abreu. Rio de Janeiro, 1974, pp. 43-4.

125
THEODOR ADORNO (1951): *Minima moralia*. Trad. Dennis Redmond. Londres, 1974, p. 28.
NIETZSCHE (1885): *The will to power*. Trad. Walter Kaufmann. Nova York, 1968, §§ 532 e 535, pp. 289-91.

126
NIETZSCHE (1882): *A gaia ciência*. Trad. Paulo César de Souza. São Paulo, 2001, § 121, p. 145.
NIETZSCHE (1882): *A gaia ciência*. Trad. Paulo César de Souza. São Paulo, 2001, § 265, p. 185.

NIETZSCHE (1885): *The will to power*. Trad. Walter Kaufmann. Nova York, 1968, § 493, p. 272.

127
DAVID HUME (1740): *A treatise of human nature*. Ed. L. A. Selby-Bigge. Oxford, 1978, p. 121.
BENTHAM (1811): *Rationale of reward*. In *The works of Jeremy Bentham*. Ed. John Bowring. Vol. 2. Londres, 1843, pp. 253-4.
NIETZSCHE (1882): *A gaia ciência*. Trad. Paulo César de Souza. São Paulo, 2001, § 84, p. 113.

128
HOUSTON CHAMBERLAIN (1912): Citado em R. W. Livingstone, *A defence of classical education*. Londres, 1916, p. 88.
NOVALIS (1798): "Fragmentos de Teplitz". In *Pólen*. Trad. Rubens Rodrigues Torres Filho. São Paulo, 1988, p. 24.
HÖLDERLIN (1803): "Recordação". In *Poemas*. Trad. Paulo Quintela. Coimbra, 1959, p. 385.

II.8. As idéias governam o mundo

129
PLATÃO: *Protágoras*, 352b-c.

130
KARL POPPER (1956): "A história do nosso tempo: uma visão otimista". In *Conjecturas e refutações*. Trad. Sérgio Bath. Brasília, 1972, p. 406.
SCHOPENHAUER (1851): "On reading and books". In *Parerga and paralipomena*. Trad. E. F. J. Payne. Vol. 2. Oxford, 1974, p. 560.

131
T. M. KNOX (1968): *Action*. Londres, 1968, p. 175.
E. A. BURTT (1932): *The metaphysical foundations of modern physical science*. Londres, 1932, p. 17.
T. H. HUXLEY (1893): *Aphorisms and reflexions*. Ed. Henrietta A. Huxley. Londres, 1911, § 111, p. 12.

JOHN STUART MILL (1838): "Bentham". In *The collected works of John Stuart Mill*. Ed. J. M. Robson. Vol. 10. Toronto, 1969, p. 77.

132

HEGEL (1808): Carta a Friedrich Niethammer (28 de outubro de 1808), citada em Walter Kaufmann, *Hegel*. Londres, 1966, p. 323; e Terry Pinkard, *Hegel*. Cambridge, 2000, p. 270.

HEINE (1834): "A verdade e os atos". In *Prosa política e filosófica de Heinrich Heine*. Trad. Eurico Remer e Maura R. Sardinha. Rio de Janeiro, 1967, p. 156.

ISAIAH BERLIN (1958): "Two concepts of liberty". In *The proper study of mankind*. Ed. Henry Hardy e Roger Hausheer. Londres, 1998, p. 192.

133

JOHN STUART MILL (1861): *Considerations on representative government*, citado em Stefan Collini, "The tendency of things: Mill and the philosophical method". In *That noble science of politics*. Ed. S. Collini, D. Winch e J. Burrow. Cambridge, 1983, p. 150.

MARX (1844): "Critique of Hegel's *Philosophy of right*". In *Early writings*. Trad. Rodney Livingstone. Harmondsworth, 1975, p. 251 e p. 257.

MARX (1846): Resposta dada por Marx a um militante (Wilhelm Weitling) que, em encontro da Liga Comunista realizado em Bruxelas em 30 de março de 1846, havia questionado a importância da teoria para a ação política dos operários. O relato foi feito pelo militante russo P. Annenkov, que presenciou o debate. Ver: *Karl Marx: interviews and recollections*. Ed. David McLellan. Londres, 1981, p. 242; e Leszek Kolakowski, *Main currents of marxism*. Vol. 1. Oxford, 1978, p. 174.

134

ENGELS (1886): Prefácio à primeira edição inglesa de *O capital*. In Karl Marx, *Capital*. Trad. Ben Fowkes. Vol. 1. Londres, 1976, pp. 112-3.

MALTHUS (1820): *Principles of political economy*. Londres, 1836, p. 9.

135

ALFRED MARSHALL (1897): "The old generation of economists and the new". In *Memorials of Alfred Marshall*. Ed. A. C. Pigou. Londres, 1925, p. 297.

LIONEL ROBBINS (1935): *The great depression*. Londres, 1935, pp. 199-200.

JOHN MAYNARD KEYNES (1936): *The general theory of employment, interest and money*. Londres, 1973, pp. 383-4.

136

LUDWIG VON MISES (1927): *Liberalism in the classical tradition*. Trad. R. Raico. San Francisco, 1985, p. 50.
F. A. HAYEK (1973): *Law, legislation and liberty*. Vol. 1. Londres, 1982, pp. 69-70.

137

R. W. LIVINGSTONE (1916): *A defence of classical education*. Londres, 1916, p. 108.
GILBERT RYLE (1947): Resenha do livro *The open society and its enemies* de Karl Popper. In *Mind* 56(1947), p. 169.

138

GEORG LUKÁCS (1955): "On the responsibility of intellectuals". In *Marxism and human liberation*. Ed. San Juan Jr. Nova York, 1973, p. 268.
OSWALD DE ANDRADE (1928): "Manifesto antropófago". In *Obras completas*. Vol. 6. Rio de Janeiro, 1978, p. 18.
KARL POPPER (1961): *The open society and its enemies*. Vol. 2. Nova York, 1963, p. 383.

139

EMERSON (1841): "Circles". In *Complete works*. Ed. A. C. Hearn. Edimburgo, 1907, p. 110.
ALFRED WHITEHEAD (1933): *Adventures of ideas*. Harmondswoth, 1942, p. 24.

140

G. K. CHESTERTON (1905): *Heretics*, citado em William James, *Pragmatism*. Cambridge, Mass., 1975, p. 9.
IMPERADOR JULIANO: Citado em Julia Annas e Jonathan Barnes, *The modes of scepticism*. Cambridge, 1985, p. 18.
JONATHAN SWIFT (1702): *A tale of a tube*. Ed. Kathleen Williams. Londres, 1975, p. 105.

11.9. O ponto de vista cósmico

141
DAVID HUME (1779): *Dialogues concerning natural religion*. Ed. John Valdimir Price. Oxford, 1976, pp. 168-9.
NIETZSCHE (1873): "Sobre verdade e mentira no sentido extramoral". In *Obras incompletas*. Trad. Rubens Rodrigues Torres Filho. São Paulo, 1974, p. 53.

142
ERASMO DE ROTTERDAM (1511): *Elogio da loucura*. Trad. Maria E. G. Gomes Pereira. São Paulo, 1990, § 48, p. 50.
FRANCIS BACON (1605): *The advancement of learning*. Ed. A. Johnston. Oxford, 1974, p. 55.

143
THOMAS NAGEL (1971): "The absurd". In *Mortal questions*. Cambridge, 1979, p. 15.
DAVID HUME (1779): *Dialogues concerning natural religion*. Ed. John Valdimir Price. Oxford, 1976, p. 241.
SCHOPENHAUER (1844): *The world as will and representation*. Trad. E. F. J. Payne. Vol. 2. Nova York, 1958, p. 581.

144
BERTRAND RUSSELL (1903): "A free man's worship". In *A free man's worship and other essays*. Londres, 1963, pp. 9-10.

145
SHAKESPEARE (1606): *Macbeth*. Ato v, cena 5, linhas 26-9.
WILLIAM JAMES (1907): *Pragmatism and the meaning of truth*. Cambridge, Mass., 1975, p. 54.

146
HERDER (1791): Citado em Clarence J. Glacken, *Traces on the Rhodian shore*. Berkeley, 1967, p. 524.
DAVID HUME (1753): "The sceptic". In *Essays: moral, political and literary*. Ed. E. F. Miller. Indianápolis, 1985, p. 176.

147
CARL SAGAN (1981): *Cosmos*, citado em *Oxford dictionary of scientific quotations*. Ed. W. F. Bynum e Roy Porter. Oxford, 2005, p. 531.
F. P. RAMSEY (1925): "Epilogue". In *Philosophical papers*. Ed. D. H. Mellor. Cambridge, 1990, p. 249.

148
KANT (1788): A sentença aparece na conclusão da *Crítica da razão prática*, e foi inscrita na lápide do filósofo em Königsberg.

III.1. Autoconhecimento e auto-engano

151
INSCRIÇÃO NO TEMPLO DE APOLO EM DELFOS: A autoria da inscrição délfica é atribuída aos "sete sábios" gregos: um grupo de legisladores, estadistas e pensadores de toda a Grécia que viveu no período 620-550 a.C. e que era admirado pelo seu bom senso e sabedoria prática (Sólon de Atenas, Tales de Mileto, Pítaco de Metilene, Cleóbulo de Lindos, Quílon de Esparta, Míson de Chenae e Bias de Priene). "Cada um [dos sete sábios] é autor de dizeres breves e memoráveis. E não apenas isso, mas eles se juntaram para fazer uma oferenda a Apolo, no seu templo em Delfos, dos frutos de sua sabedoria, e lá inscreveram aquelas máximas familiares, 'Conhece-te a ti mesmo' e 'Nada em excesso' [...]. Tal era a forma de expressão da sabedoria dos tempos antigos" (Platão, *Protágoras*, 343b-c).
PLATÃO: *Fedro*, 229e-230a.
PLATÃO: *República*, 571c-d.

152
JOSEPH ADDISON (1712): *The spectator* (nº 487). A íntegra do ensaio pode ser encontrada no site <www.fullbooks.com/The-Spectator-Volumes-1-2-and-343.html>.
CALVINO (1535): *Institutio christianae religionis*, citado em Loyal Rue, *By the grace of guile*. Oxford, 1994, p. 45.
JEREMIAS: *Antigo Testamento*. Livro do profeta Jeremias: 17,9.
ÁLVARO DE CAMPOS/FERNANDO PESSOA (SEM DATA): "O problema da sinceridade do poeta". In *Obras em prosa*. Rio de Janeiro, 1986, p. 269.

DARWIN (1838): *Early writings of Charles Darwin*. Ed. Paul H. Barrett. Chicago, 1980, p. 20.

153
NIETZSCHE (1881 & 1887): *Daybreak*. Trad. R. J. Hollingdale. Cambridge, 1982, § 116, p. 72; e *On the genealogy of morals*. Trad. Walter Kaufmann. Nova York, 1969, p. 15.

WITTGENSTEIN (1937): *Culture and value*. Trad. Peter Winch. Oxford, 1980, p. 33.

NIETZSCHE (1881): *Aurora*. Trad. Paulo César de Souza. São Paulo, 2004, § 115, pp. 87-8.

154
G. K. CHESTERTON (1904): *Walls*, citado em Jorge Luis Borges, "Modes of thought". In *Obras completas*. Vol. 4. Buenos Aires, 1996, p. 422.

KENNETH ARROW (1992): "I know a hawk from a handsaw". In *Eminent economists*. Ed. M. Szenberg. Cambridge, 1992, p. 42.

155
LA ROCHEFOUCAULD (1665): *Maxims*. Trad. Leonard Tancock. Harmondsworth, 1967, § 119, p. 52.

MACHADO DE ASSIS (1881): *Memórias póstumas de Brás Cubas* (cap. 24). São Paulo, 1997, p. 50.

LA ROCHEFOUCAULD (1665): *Maxims*. Trad. Leonard Tancock. Harmondsworth, 1967, § 115, p. 52.

ROBERT TRIVERS (1976): Citado em Robert Wright, *The moral animal*. Nova York, 1994, p. 264.

156
RICHARD ALEXANDER (1974): Citado em Robert Wright, *The moral animal*. Nova York, 1994, p. 416.

DARWIN (1838): *Early writings of Charles Darwin*. Ed. Paul H. Barrett. Chicago, 1980, p. 21.

NIETZSCHE (1881): *Aurora*. Trad. Paulo César de Souza. São Paulo, 2004, § 48, p. 43.

GOETHE (1829): "Parábolas, sentenças, provérbios". In *Poemas*. Trad. Paulo Quintela. Coimbra, 1958, p. 205; e *Allgemeine naturlehre*, citado em nota de

Paulo Quintela na coletânea Goethe, *Poemas*. Coimbra, 1958, p. 386. Ver também Goethe, *Conversations with Johann Peter Eckermann*. Trad. John Oxenford. Oxford, 1998, p. 324; e *Máximas e reflexões*. Trad. Afonso Teixeira da Mota. Lisboa, 1987, § 657, p. 168.

157
WITTGENSTEIN (1938): *Culture and value*. Trad. Peter Winch. Oxford, 1980, p. 34.
WITTGENSTEIN (1953): *Philosophical investigations*. Trad. G. E. M. Anscombe. Oxford, 1958, § 109, p. 190.
NIETZSCHE (1888): *The anti-Christ*. Trad. R. J. Hollingdale. Harmondsworth, 1968, § 55, p. 173.
NIETZSCHE (1881): *Daybreak*. Trad. R. J. Hollingdale. Cambridge, 1982, § 391, p. 173.
MARK TWAIN (SEM DATA): Citado em Steven Pinker, *Como a mente funciona*. Trad. Laura Teixeira Motta. São Paulo, 1998, p. 445.
ARISTÓTELES: *Política*, 1280a15.
PASCAL (1662): *Pensées*, citado em Jon Elster, *Alchemies of the mind*. Cambridge, 1999, p. 92.

158
MALEBRANCHE (1674): *The search after truth*. Trad. Thomas M. Lennon e Paul J. Oslcamp. Cambridge, 1997, pp. 399-400.
ADAM SMITH (1759): *The theory of moral sentiments*. Ed. D. D. Raphael e A. L. Macfie. Oxford, 1976, p. 157.

159
JOSEPH BUTLER (1726): "Upon self-deceit" (sermão 10). In *The analogy of religion, natural and revealed*. Londres, 1889, pp. 474-5.

160
ERASMO DE ROTTERDAM (1511): *Praise of folly*. Trad. Betty Radice. Harmondsworth, 1971, § 22, p. 94.
PASCAL (1662): *Pensées*, citado em Jon Elster, *Alchemies of the mind*. Cambridge, 1999, p. 94.
MACHADO DE ASSIS (1900): *Dom Casmurro* (cap. 67). São Paulo, 1997, p. 113.

161
WITTGENSTEIN (1937): *Culture and value*. Trad. Peter Winch. Oxford, 1980, p. 32.
FRANCIS BACON (1621): A sentença foi redigida na época do julgamento do filósofo por suborno, e faz parte de um poema em que ele manifesta seu arrependimento pelos atos cometidos e a convicção de que sua carreira na vida pública havia sido um equívoco. In *Francis Bacon*. Trad. B. Farrington. Londres, 1951, p. 159.
DOSTOIEVSKI (1864): *Notes from the underground*. Trad. Jessie Coulson. Harmondsworth, 1972, p. 45.

III.2. O desconhecimento do outro

162
EPITETO: *Encheiridion*, § 33. In *Epictetus*. Trad. W. A. Oldfather. Vol. 2. Cambridge, Mass., 1978, p. 519.
FERNANDO PESSOA (1934): "Inéditas 1919-1935". In *Obra poética*. Ed. Maria Aliete Galhoz. Rio de Janeiro, 1976, pp. 576-7.
BERNARDO SOARES/FERNANDO PESSOA (1931): *Livro do desassossego*. Ed. Richard Zenith. São Paulo, 1999, § 255, p. 251.

163
NIETZSCHE (1878): *Human, all too human*. Trad. R. J. Hollingdale. Vol. 1. Cambridge, 1986, § 376, p. 148.

164
DAVID HUME (1740): *Tratado da natureza humana*. Trad. Déborah Danowski. São Paulo, 2000, p. 637.
JOSEPH BUTLER (1726): "Upon forgiveness of injuries". In *The analogy of religion, natural and revealed*. Londres, 1889, p. 469.

165
BERTRAND RUSSELL (1930): *The conquest of happiness*. Londres, 1930, p. 114.

166
PASCAL (1662): *Pensamentos*. Trad. Sérgio Milliet. São Paulo, 1961, § 111, p. 81.
THOMAS NAGEL (2002): "Concealment and exposure". In *Concealment and exposure and other essays*. Oxford, 2002, p. 4.
JOAQUIM NABUCO (1900): *Minha formação*. Rio de Janeiro, 1999, p. 50.
ERASMO DE ROTTERDAM (1511): *Elogio da loucura*. Trad. Maria E. G. Gomes Pereira. São Paulo, 1990, § 13, p. 12.

167
SARTRE (1944): *Huis clos*. In *No exit and other plays*. Trad. S. Gilbert. Nova York, 1989, p. 45.
VOLTAIRE (1764): "Tolérance". In *Philosophical dictionary*. Trad. Theodore Besterman. Harmondsworth, 1972, p. 387.

III.3. A vida desde o início *versus* a vida desde o fim

168
HERÓDOTO: *Guerras persas*. Livro I (seções 30 e 32). In *The Greek historians*. Trad. George Rawlinson. Vol. 1. Nova York, 1942, pp. 13-5.
SÓFOCLES: *Édipo rei*. Linhas 1519-20.

169
ARISTÓTELES: *Ética a Nicômaco*, 1100a10-1.
SCHOPENHAUER (1851): "On the different periods of life". In *Parerga and paralipomena*. Trad. E. F. J. Payne. Vol. 1. Oxford, 1974, p. 489 e p. 494.
NIETZSCHE (1881): *Aurora*. Trad. Paulo César de Souza. São Paulo, 2004, § 542, pp. 265-6.

170
GOETHE (1831): *Conversations with Johann Peter Eckermann*. Trad. John Oxenford. Oxford, 1998, p. 383.
NIETZSCHE (1878): *Humano, demasiado humano*. Trad. Paulo César de Souza. São Paulo, 2000, § 609, p. 291.
E. M. CIORAN (1973): *The trouble with being born*. Trad. Richard Howard. Nova York, 1976, p. 6.

171

SCHOPENHAUER (1851): "On the different periods of life". In *Parerga and paralipomena*. Trad. E. F. J. Payne. Vol. 1. Oxford, 1974, p. 483.

EDWARD YOUNG (1745): *The complaint or night thoughts* (primeira noite). In *Works*. Vol. 2. Londres, 1802, p. 227.

HÖLDERLIN (1797): *Hipérion ou o eremita na Grécia*. Trad. Erlon José Paschoal. São Paulo, 2003, p. 15.

172

ADAM SMITH (1776): *An inquiry into the nature and the causes of the wealth of nations*. Ed. R. H. Campbell e A. S. Skinner. Vol. 1. Oxford, 1976, p. 126.

LA ROCHEFOUCAULD (1665): *Maxims*. Trad. Leonard Tancock. Harmondsworth, 1967, § 271, p. 73.

E. C. K. GONNER (1906): *Interest and saving*. Londres, 1906, p. 34.

MACHADO DE ASSIS (1900): *Dom Casmurro* (cap. 64). São Paulo, 1997, p. 106.

NIETZSCHE (1878): *Humano, demasiado humano*. Trad. Paulo César de Souza. São Paulo, 2000, § 610, p. 291.

173

W. H. AUDEN (1969): "Shorts I". In *Collected poems*. Ed. Edward Mendelson. Nova York, 1991, p. 717.

SCHILLER (1787): *Don Carlos*, citado em Thomas Carlyle, *The life of Friedrich Schiller*. Londres, 1873, p. 59.

MARX (1863): Carta a Friedrich Engels (9 de abril de 1863). In *Correspondence 1846-1895*. Trad. Dona Torr. Londres, 1934, p. 147.

BERTRAND RUSSELL (1903): "A free man's worship". In *A free man's worship and other essays*. Londres, 1963, p. 14.

174

ÁLVARO DE CAMPOS/FERNANDO PESSOA (1933): "Datilografia". In *Obra poética*. Ed. Maria Aliete Galhoz. Rio de Janeiro, 1976, p. 389.

MACHADO DE ASSIS (1882): "Eterno!". In *Contos*. Vol. 2. São Paulo, 1998, pp. 361-2.

175

CÍCERO: *Tusculanarum disputationum*. Livro I (seção XXXIX, 93).

SCHOPENHAUER (1851): "On the different periods of life". In *Parerga and paralipomena*. Trad. E. F. J. Payne. Vol. 1. Oxford, 1974, pp. 485-6.

176

CHARLES COLTON (1821): *Lacon or many things in few words: addressed to those who think*. Nova York, 1921, p. 43.
EMERSON (1870): "Old age". In *Complete works*. Ed. A. C. Hearn. Edimburgo, 1907, p. 486.
EMERSON (1870): "Old age". In *Complete works*. Ed. A. C. Hearn. Edimburgo, 1907, p. 463.
HÖLDERLIN (1801): "Lamentos de Ménon por Diotima". In *Poemas*. Trad. Paulo Quintela. Coimbra, 1959, p. 191.

177

CÍCERO: *De senectude*, citado em David Hume, *Dialogues concerning natural religion*. Ed. John Valdimir Price. Oxford, 1976, p. 226n10.
DAVID HUME (1779): *Dialogues concerning natural religion*. Ed. John Valdimir Price. Oxford, 1976, p. 226.
NIETZSCHE (1882): *A gaia ciência*. Trad. Paulo César de Souza. São Paulo, 2001, § 341, p. 230. Ver também Nietzsche, "On the uses and disadvantages of history for life" (1874). In *Untimely meditations*. Trad. R. J. Hollingdale. Cambridge, 1983, p. 65.

178

GOETHE (1826): *Maxims and reflections*. Trad. Elizabeth Stopp. Londres, 1998, § 992, p. 128.
GOETHE (1830): Epígrafe da segunda parte das memórias de Goethe. In *Poesia e verdade*. Trad. Leonel Vallandro. Vol. 1. Porto Alegre, 1971, p. 169.
LA ROCHEFOUCAULD (1665): *Maxims*. Trad. Leonard Tancock. Harmondsworth, 1967, § 461, p. 95.
LEON TROTSKI (1929): *Diary in exile*, citado em Tom Kirkwood, *Time of our lives*. Oxford, 1999, p. 52.

III.4. A ansiedade do tempo

179
TEOFRASTO: Citado em Diogenes Laertius, "Theophrastus" (v, 40). In *Lives of eminent philosophers*. Trad. R. D. Hicks. Vol. 1. Cambridge, Mass., 1925, p. 487.
WILLIAM BLAKE (1789): "The fairy". In *The complete poems*. Ed. Alicia Ostriker. Harmondsworth, 1977, p. 153.
MATTHEW HENRY (1706): *The worth of the soul*, citado em R. H. Tawney, *Religion and the rise of capitalism*. Londres, 1938, p. 218; e Weber, *The Protestant ethic and the spirit of capitalism*. Trad. Talcott Parsons. Londres, 1992, p. 261n14.
WEBER (1905): *The Protestant ethic and the spirit of capitalism*. Trad. Talcott Parsons. Londres, 1992, pp. 157-8.

180
RICHARD BAXTER (1673): *Christian directory*, citado em Weber, *The Protestant ethic and the spirit of capitalism*. Trad. Talcott Parsons. Londres, 1992, p. 261n14.
FRANCIS BACON (1625): "Of despatch". In *The essays*. Londres, 1906, p. 60.
BENJAMIN FRANKLIN (1748 & 1751): "Advice to a young tradesman written by an old one"; e "The way to wealth". In *Norton anthology of American literature*. Ed. N. Baym. Vol. 1. Nova York, 1990, p. 214.

181
ATRIBUÍDO A JEAN AGASSIZ (1873): Citado em *Oxford dictionary of scientific quotations*. Ed. W. F. Bynum e Roy Porter. Oxford, 2005, p. 5.
JOSÉ VIEIRA COUTO DE MAGALHÃES (1880): *Diário íntimo*. Org. Maria Helena P. T. Machado. São Paulo, 1998, pp. 56-9.
MADAME DE STAËL (1814): "Do espírito de conversação". In *A arte de conversar*. Trad. Edmir Missio e Maria Ermantina Galvão. São Paulo, 2001, p. 119.
GARY BECKER (1993): "Nobel lecture: the economic way of looking at behavior". In *Journal of Political Economy* 101(1993), p. 386.

182
SCHOPENHAUER (1851): "Additional remarks on the doctrine of the suffering of the world". In *Parerga and paralipomena*. Trad. E. F. J. Payne. Vol. 2. Oxford, 1974, p. 292.
DARWIN (1836): Carta a Susan Darwin (4 de agosto de 1836), citada em Robert Wright, *The moral animal*. Nova York, 1994, p. 292.
ÁLVARO DE CAMPOS/FERNANDO PESSOA (1928): "Apostila". In *Obra poética*. Ed. Maria Aliete Galhoz. Rio de Janeiro, 1976, pp. 366-7.

183
PAUL VALÉRY (1935): "The outlook for intelligence". In *The outlook for intelligence*. Trad. Denise Folliot e Jackson Mathews. Princeton, 1989, pp. 142-3.
NIETZSCHE (1887): *Genealogia da moral*. Trad. Paulo César de Souza. São Paulo, 1998, terceira dissertação, § 8, p. 99.
JOSEPH DE MAISTRE (1821): *Les soirées de Saint-Petersbourg* (décimo primeiro diálogo), citado em E. M. Cioran, *Ensayo sobre el pensamiento reaccionario*. Trad. Rafael Panizo. Madri, 1985, p. 40.

184
DALAI LAMA (1998): *The art of happiness*. Nova York, 1998, pp. 63-4.
PROUST (1923): *A prisioneira*. Trad. Manuel Bandeira e Lourdes Souza de Alencar. São Paulo, 1998, p. 264.
E. M. CIORAN (1973): *The trouble with being born*. Trad. Richard Howard. Nova York, 1976, p. 52.
THOMAS DE QUINCEY (1840): "Richard Bentley", citado em Alexander H. Japp, *Thomas de Quincey: his life and writings*. Londres, 1890, p. 477.

185
JOAQUIM NABUCO (1900): *Minha formação*. Rio de Janeiro, 1999, pp. 55-6.
NIETZSCHE (1878): *Humano, demasiado humano*. Trad. Paulo César de Souza. São Paulo, 2000, § 282, pp. 190-1.

186
SÊNECA: "Ad serenum de tranquilitate animi" (seção 12). In *Minor dialogues*. Trad. Aubrey Stewart. Londres, 1889, p. 277.
NIETZSCHE (1878): *Humano, demasiado humano*. Trad. Paulo César de Souza. São Paulo, 2000, § 285, p. 192.

NIETZSCHE (1882): *A gaia ciência*. Trad. Paulo César de Souza. São Paulo, 2001, § 329, p. 218.

187
JOAQUIM NABUCO (1900): *Minha formação*. Rio de Janeiro, 1999, pp. 140-1.

188
PAUL VALÉRY (1932 & 1935): "Politics of the mind" e "The outlook for intelligence". In *The outlook for intelligence*. Trad. Denise Folliot e Jackson Mathews. Princeton, 1989, p. 112 e p. 141.
THEODOR ADORNO (1951): *Minima moralia*. Trad. Luiz Eduardo Bicca. São Paulo, 1992, § 91, p. 121.

189
CARLOS DRUMMOND DE ANDRADE (1944): *Confissões de Minas* ("O cotovelo dói"). In *Poesia completa e prosa*. Rio de Janeiro, 1977, p. 789.
ÁLVARO DE CAMPOS/FERNANDO PESSOA (1914): "Ode triunfal". In *Obra poética*. Ed. Maria Aliete Galhoz. Rio de Janeiro, 1976, p. 311.

III.5. O bálsamo da inconsciência e o elogio do sono

190
MENANDRO: Citado em Sêneca, "Ad serenum de tranquilitate animi" (seção 17). In Sêneca, *Sobre a tranqüilidade da alma*. Trad. José Rodrigues Seabra Filho. São Paulo, 1994, p. 73.
NIETZSCHE (1878): *Humano, demasiado humano*. Trad. Paulo César de Souza. São Paulo, 2000, § 31, p. 38.
IRIS MURDOCH (1973): *The black prince*. Londres, 1983, pp. 223-4.

191
NIETZSCHE (1881): *Aurora*. Trad. Paulo César de Souza. São Paulo, 2004, § 376, pp. 208.
GOETHE (1828): *Conversations with Johann Peter Eckermann*. Trad. John Oxenford. Oxford, 1998, p. 253.

CARLOS DRUMMOND DE ANDRADE (1940): *Sentimento do mundo* ("Elegia 1938"). In *Poesia completa*. Ed. Gilberto Mendonça Teles. Rio de Janeiro, 2002, p. 86.
EMERSON (1876): "Inspiration". In *Complete works*. Ed. A. C. Hearn. Edimburgo, 1907, p. 689.

192
BAUDELAIRE (1865): *Proyectos de prólogos para "Flores del mal"*. Trad. Roger Pla. Buenos Aires, 1944, p. 74.
THOMAS MANN (1909): "Canto ao sono". In *Mário e o mágico*. Trad. Cláudio Leme. Rio de Janeiro, 1975, p. 102.

193
GOETHE (1820): *Máximas e reflexões*. Trad. Afonso Teixeira da Mota. Lisboa, 1987, § 99, p. 45.
SÊNECA: "Ad serenum de tranquilitate animi" (seção 17). In Sêneca, *Sobre a tranqüilidade da alma*. Trad. José Rodrigues Seabra Filho. São Paulo, 1994, p. 73.
LIEU LING: "Elogio del vino". In Octavio Paz, *Versiones y diversiones*. Barcelona, 2000, pp. 520-1.

194
HAFIZ: "Nothing". In *Drunk of the wine of the beloved: 100 poems of Hafiz*. Trad. Thomas Rain Crowe. Boston, 2001, p. 60.

195
BAUDELAIRE (1869): *Pequenos poemas em prosa* ("Embriagai-vos"). In *Poesia e prosa*. Trad. Aurélio Buarque de Holanda Ferreira. Rio de Janeiro, 1995, p. 322.
MAIAKOVSKI (1926): "A Sierguei Iessienin". In *Poemas*. Trad. Augusto e Haroldo de Campos. Rio de Janeiro, 1976, p. 89.
FERNANDO PESSOA (SEM DATA): "Sono". In *Obra poética*. Ed. Maria Aliete Galhoz. Rio de Janeiro, 1976, p. 724.

196
WALT WHITMAN (1881): "Song of myself" (linhas 685-92). In *The complete poems*. Ed. Francis Murphy. Londres, 1986, pp. 94-5.

NIETZSCHE (1873): *Unpublished writings from the period of "Unfashionable observations"*. Trad. Richard T. Gray. Stanford, 1995, pp. 286-7. Uma versão modificada dessa passagem aparece em Nietzsche, "On the uses and disadvantages of history for life" (1874). In *Untimely meditations*. Trad. R. J. Hollingdale. Cambridge, 1983, pp. 60-1.

197
E. M. CIORAN (1973): *The trouble with being born*. Trad. Richard Howard. Nova York, 1976, p. 121.
SHAKESPEARE (1604): *Hamlet*. Ato III, cena 1, linhas 56-69.
SCHOPENHAUER (1844): *The world as will and representation*. Trad. E. F. J. Payne. Vol. 2. Nova York, 1958, p. 575.

198
DOSTOIEVSKI (1864): *Notes from the underground*. Trad. Jessie Coulson. Harmondsworth, 1972, p. 41.
KANT (1790): *The critique of judgement*. Trad. James Creed Meredith. Oxford, 1952, p. 201.

III.6. Amor, sexo, amizade

199
PLATÃO: *Banquete*, 180b.
ERASMO DE ROTTERDAM (1511): *Elogio da loucura*. Trad. Maria E. G. Gomes Pereira. São Paulo, 1990, pp. 88-9.

200
PROPÉRCIO: *Elegias*. Livro 2, § 15, linha 40.
STENDHAL (1822): *Do amor*. Trad. Roberto Leal Ferreira. São Paulo, 1999, p. 10.
STENDHAL (1822): *Love*. Trad. Gilbert e Suzanne Sale. Londres, 1975, p. 99 e p. 66n1.
GOETHE (1830): *Poesia e verdade*. Trad. Leonel Vallandro. Vol. 1. Porto Alegre, 1971, p. 320.
PUBLILIUS SYRUS: *Sententiae*, § 22. Citado em *The concise Oxford dictionary of proverbs*. Ed. John Simpson. Oxford, 1982, p. 140.

DEMÓCRITO: Fragmento 72 (classificação Diels-Kranz).
IRIS MURDOCH (1973): *The black prince*. Londres, 1983, pp. 235-6.

201
STENDHAL (1822): *Do amor*. Trad. Roberto Leal Ferreira. São Paulo, 1999, p. 7.

202
GOETHE (SEM DATA): *Máximas e reflexões*. Trad. Afonso Teixeira da Mota. Lisboa, 1987, § 849, p. 207.
OSCAR WILDE (1891): *The picture of Dorian Gray* (cap. 4), citado em Dalai Lama e Howard C. Cutler, *The art of happiness*. Nova York, 1998, p. 111.
SHAKESPEARE (1600): *Midsummer night's dream*. Ato I, cena 1, linha 134.
MANUEL BANDEIRA (1948): *Belo belo* ("Arte de amar"). In *Estrela da vida inteira*. Rio de Janeiro, 1974, p. 202.
HENRI DE RÉGNIER (1928): *Lui ou les femmes et l'amour*, citado em *Il libro degli aforismi*. Org. Federico Roncoroni. Milão, 1989, p. 295.
ADAM SMITH (1790): "Of the external senses". In *Essays on philosophical subjects*. Ed. W. P. D. Wightman, J. C. Bryce e I. S. Ross. Oxford, 1980, p. 165.

203
SCHOPENHAUER (1844): *The world as will and representation*. Trad. E. F. J. Payne. Vol. 2. Nova York, 1958, p. 511.
KANT (1782): *Lectures on ethics*, citado em Simon Blackburn, *Lust*. Oxford, 2004, p. 93.

204
SHAKESPEARE (1622): *Othello*. Ato III, cena 4, linhas 104-7.
GILBERTO FREYRE (1933): *Casa grande & senzala*. Brasília, 1963, p. 75. O adágio, relata Freyre, foi registrado pelo historiador alemão Heinrich Handelmann em sua *História do Brasil* (1860).
HAROLD THOMPSON (1939): *Body, boots & britches*, citado em *The concise Oxford dictionary of proverbs*. Ed. John Simpson. Oxford, 1982, p. 50. A origem do provérbio remonta ao século XVI.
FREUD (1930): *O mal-estar na civilização*. Trad. José Octávio de Aguiar Abreu. Rio de Janeiro, 1974, p. 64.
LA METTRIE (1747): *Machine man and other writings*. Trad. Ann Thomson. Cambridge, 1996, p. 10.

205
JOHN STUART MILL (1848): *Principles of political economy*. Ed. Donald Winch. Harmondsworth, 1985, pp. 125-6.
MONTAIGNE (1592): "An apology for Raymond Sebond". In *The complete essays*. Trad. M. A. Screech. Londres, 1991, pp. 547-8.
BAUDELAIRE (1867): "Escritos íntimos". In *Poesia e prosa*. Trad. Fernando Guerreiro. Rio de Janeiro, 1995, p. 545.
HORÁCIO: *Epodos*. Poema 8, linhas 17-8.
GEORGES BATAILLE (1949): *A parte maldita*. Trad. Julio C. Guimarães. Rio de Janeiro, 1975, p. 51.

206
SHAKESPEARE (1599): *Romeo and Juliet*. Ato II, cena 6, linhas 9-11.
SÃO JERÔNIMO: *Letters of St Jerome*, citado em Simon Blackburn, *Lust*. Oxford, 2004, p. 54.
NIETZSCHE (1881): *Aurora*. Trad. Paulo César de Souza. São Paulo, 2004, § 76, pp. 59-60.

207
MONTAIGNE (1592): "Of affectionate relationships". In *The complete essays*. Trad. M. A. Screech. Londres, 1991, pp. 208-9.

208
ARISTÓTELES: *Ética a Nicômaco*, 1155a5-9 e 1155a29-31.
EMERSON (1860): "Behaviour". In *Complete works*. Ed. A. C. Hearn. Edimburgo, 1907, p. 540.
LA ROCHEFOUCAULD (1665): *Maxims*. Trad. Leonard Tancock. Harmondsworth, 1967, § 473, p. 97.

209
EPICURO: *Epicurus: the extant remains*. Trad. Cyril Bailey. Oxford, 1926, p. 115 e p. 119.
CÍCERO: *Tusculanarum disputationum*. Livro IV (seção 34, linhas 73-4).

III.7. A vida plena e o medo de ser feliz

210

HENRY THOREAU (1854): *Walden*. Ed. Michael Meyer. Harmondsworth, 1983, p. 134.

BAUDELAIRE (1867): "My heart laid bare". In *Intimate journals*. Trad. C. Isherwood. San Francisco, 1983, p. 87.

211

EDWARD YOUNG (1745): *The complaint or night thoughts* (primeira noite). In *Works*. Vol. 2. Londres, 1802, p. 234.

EMERSON (1850): "Montaigne; or, the sceptic". In *The complete essays*. Trad. M. A. Screech. Londres, 1991, p. 778.

BAUDELAIRE (1869): *Pequenos poemas em prosa* ("O convite à viagem"). In *Poesia e prosa*. Trad. Aurélio Buarque de Holanda Ferreira. Rio de Janeiro, 1995, p. 297.

GOETHE (1828): *Conversations with Johann Peter Eckermann*. Trad. John Oxenford. Oxford, 1998, p. 267.

212

BERNARDO SOARES/FERNANDO PESSOA (1932): *Livro do desassossego*. Ed. Richard Zenith. São Paulo, 1999, § 319, p. 299.

EPITETO: *Encheiridion*, § 5. In *Epictetus*. Trad. W. A. Oldfather. Vol. 2. Cambridge, Mass., 1978, p. 487.

MONTAIGNE (1592): "That the taste of good and evil things depends in large part on the opinion we have of them". In *The complete essays*. Trad. M. A. Screech. Londres, 1991, p. 52.

MOZART (1777): Carta a Leopold Mozart (29 de novembro de 1777). In *Mozart: the man and the artist revealed in his own words*. Trad. H. Krehbiel. Nova York, 1965, p. 80.

FONTENELLE (1680): *Nouveaux dialogues des morts* ("Mary Stuart et Rizzio"), citado em Christopher Robinson, *Lucian*. Londres, 1979, p. 155.

213

LA ROCHEFOUCAULD (1665): *Maxims*. Trad. Leonard Tancock. Harmondsworth, 1967, § 61, p. 45.

NOTAS

DAVID HUME (1742): "The sceptic". In *Essays: moral, political and literary*. Ed. E. F. Miller. Indianápolis, 1985, p. 168.
NIETZSCHE (1881): *Aurora*. Trad. Paulo César de Souza. São Paulo, 2004, § 7, pp. 16-7.
ADAM SMITH (1759): *The theory of moral sentiments*. Ed. D. D. Raphael e A. L. Macfie. Oxford, 1976, p. 45.

214
JOHN STUART MILL (1863): *Utilitarianism*. Londres, 1891, pp. 18-9.
SCHOPENHAUER (1844): *The world as will and representation*. Trad. E. F. J. Payne. Vol. 2. Nova York, 1958, pp. 573-4.

215
DAVID HUME (1779): *Dialogues concerning natural religion*. Ed. John Valdimir Price. Oxford, 1976, pp. 228-9.
HUGH BLAIR (1777): "On the proper estimate of human life" (sermão 22). In *The Scottish Enlightenment: an anthology*. Ed. Alexander Broadie. Edimburgo, 1997, p. 187.

216
ADAM SMITH (1759): *The theory of moral sentiments*. Ed. D. D. Raphael e A. L. Macfie. Oxford, 1976, p. 140.
DAVID HUME (1779): *Dialogues concerning natural religion*. Ed. John Valdimir Price. Oxford, 1976, p. 229.

217
SCHOPENHAUER (1819): *The world as will and representation*. Trad. E. F. J. Payne. Vol. 1. Nova York, 1958, p. 164.
SHAKESPEARE (1600): *The merchant of Venice*. Ato II, cena 6, linhas 8-9.
KANT (1789): Citado em Albert O. Hirschman, *Shifting involvements*. Oxford, 1982, p. 11.
BERNARD SHAW (1903): *Man and superman*. Ato IV, final.

218
OSCAR WILDE (1895): *An ideal husband*, citado em George Ainslie, *Picoeconomics*. Cambridge, 1992, p. xi.

PROVÉRBIO ÁRABE: Citado em George Ainslie, *Picoeconomics*. Cambridge, 1992, p. xi.
BERTRAND RUSSELL (1925): Carta a Ottoline Morrell (21 de agosto de 1925), citada em Ray Monk, *Bertrand Russell: the ghost of madness*. Londres, 2001, p. 58.
SHAKESPEARE (1600): *As you like it*. Ato v, cena 2, linhas 41-3.
JOHN STUART MILL (1873): *Autobiography*. Londres, 1989, p. 118.
FERNANDO PESSOA (1932): "Inéditas 1919-1935". In *Obra poética*. Ed. Maria Aliete Galhoz. Rio de Janeiro, 1976, p. 560.

219
HERÓDOTO: *Guerras persas*. Livro I (seção 5). In *The Greek historians*. Trad. George Rawlinson. Vol. 1. Nova York, 1942, p. 5.
NIETZSCHE (1878): *Human, all too human*. Trad. R. J. Hollingdale. Vol. 1. Cambridge, 1986, § 471, p. 170.
HEGEL (1830): *The philosophy of history*. Trad. J. Sibree. Nova York, 1956, p. 26.
DOSTOIEVSKI (1864): *Notes from the underground*. Trad. Jessie Coulson. Harmondsworth, 1972, pp. 37-8.

220
EPITETO: *Encheiridion*, § 5. In *Epictetus*. Trad. W. A. Oldfather. Vol. 2. Cambridge, Mass., 1978, p. 489.
ARISTÓTELES: *Ética a Nicômaco*, 1177a11-3 e 1179a23-32.

221
NIETZSCHE (1881): *Aurora*. Trad. Paulo César de Souza. São Paulo, 2004, § 550, p. 274.
JOHN STUART MILL (1863): *Utilitarianism*. Londres, 1891, p. 12 e p. 14.

222
LINEU (1748): *De curiositate naturali*, citado em Knut Hagberg, *Carl Linnaeus*. Trad. Alan Blair. Londres, 1952, p. 185.
DESCARTES (1637): *Discourse on method* (terceira parte). In *The philosophical works of Descartes*. Trad. Elizabeth S. Haldane e G. R. T. Ross. Vol. 1. Cambridge, 1931, p. 98. Essa passagem de Descartes foi usada por Nietzsche, "à guisa de prefácio", na primeira edição de *Humano, demasiado humano* (1878), sendo, porém, suprimida na edição de 1886.

ROUSSEAU (1782): *Reveries of the solitaire walker* (segunda caminhada). Trad. Peter France. Londres, 1979, p. 36.

223
BILL EVANS (1968): Encarte do CD *Alone*.
PADRE ANTÔNIO VIEIRA (1641): *Sermão da terceira dominga post-epiphaniam*.

III.8. *Vanitas vanitatum, et omnia vanitas*

224
HUGH BLAIR (1777): "On the proper estimate of human life" (sermão 22). In *The Scottish Enlightenment: an anthology*. Ed. Alexander Broadie. Edimburgo, 1997, p. 195.
CARLOS DRUMMOND DE ANDRADE (1952): *Passeios na ilha* ("Do homem experimentado"). In *Poesia completa e prosa*. Rio de Janeiro, 1977, p. 850.
MALEBRANCHE (1674): *La recherche de la verité*, citado em Arthur O. Lovejoy, *Reflections on human nature*. Baltimore, 1961, p. 133.

225
PASCAL (1662): *Pensées*. Trad. A. J. Krailsheimer. Harmondsworth, 1966, p. 35.
LA BRUYÈRE (1696): *Les charactères*, citado em Arthur O. Lovejoy, *Reflections on human nature*. Baltimore, 1961, p. 144.
JUAN DE MARIANA (1599): *De rege*, citado em Arthur O. Lovejoy, *Reflections on human nature*. Baltimore, 1961, pp. 131-2.
SCHOPENHAUER (1851): "On the different periods of life". In *Parerga and paralipomena*. Trad. E. F. J. Payne. Vol. 1. Oxford, 1974, p. 494.

226
JOHN LOCKE (1704): Segundo relato em Maurice Cranston, *John Locke*. Oxford, 1985, p. 480.
LA ROCHEFOUCAULD (1665): *Maxims*. Trad. Leonard Tancock. Harmondsworth, 1967, § 609, p. 120.
LA ROCHEFOUCAULD (1665): *Maxims*. Trad. Leonard Tancock. Harmondsworth, 1967, § 200, p. 62.
NIETZSCHE (1886): *Human, all too human*. Trad. R. J. Hollingdale. Vol. 2. Cambridge, 1986, § 38, p. 224.

227
ISAAC DEUTSCHER (1967): *Stalin*. Trad. José L. de Melo. Vol. 2. Rio de Janeiro, 1970, p. 555.
NIETZSCHE (1886): *Human, all too human*. Trad. R. J. Hollingdale. Vol. 2. Cambridge, 1986, § 46, p. 225.
M. O'C. DRURY (1976): "Some notes on conversations with Wittgenstein". In *Recollections of Wittgenstein*. Ed. Rush Rhees. Oxford, 1981, p. 77.
SAMUEL JOHNSON (1781): "Alexander Pope: 1688-1744". In *Lives of the English poets*. Vol. 2. Londres, 1925, p. 146.

228
MACHADO DE ASSIS (1878): "Elogio da vaidade" (seção 3). In *Obras completas*. Vol. 15. Rio de Janeiro, 1957, pp. 232.
THOMAS MORE (1516): *Utopia*. Ed. George Logan e Robert M. Adams. Cambridge, 1989, p. 6.
PASCAL (1662): *Pensées*, citado em Jacob Viner, "A modest proposal for some stress on scholarship in graduate training". In *Essays on the intellectual history of economics*. Ed. Douglas A. Irwin. Princeton, 1991, p. 389.
NIETZSCHE (1878): *Humano, demasiado humano*. Trad. Paulo César de Souza. São Paulo, 2000, § 170, p. 130.

229
FERNANDO PESSOA (1923): "Da literatura européia". In *Obras em prosa*. Ed. Cleonice Berardinelli. Rio de Janeiro, 1986, p. 312.
MALEBRANCHE (1674): *The search after truth*. Trad. Thomas M. Lennon e Paul J. Oslcamp. Cambridge, 1997, p. 290.

230
ADAM SMITH (1759): *The theory of moral sentiments*. Ed. D. D. Raphael e A. L. Macfie. Oxford, 1976, p. 50.

231
SAMUEL JOHNSON (1763): Citado em James Boswell, *The life of Samuel Johnson*. Vol. 1. Londres, 1906, p. 272.

232
ADAM SMITH (1776): *An inquiry into the nature and the causes of the wealth of nations*. Ed. R. H. Campbell e A. S. Skinner. Vol. 1. Oxford, 1976, p. 190.
JOHN STUART MILL (1874): *Nature and utility of religion*. Ed. George Nakhnikian. Indianápolis, 1958, p. 57.
ADAM SMITH (1759): *The theory of moral sentiments*. Ed. D. D. Raphael e A. L. Macfie. Oxford, 1976, p. 259.

233
NIETZSCHE (1886): *Human, all too human*. Trad. R. J. Hollingdale. Vol. 2. Cambridge, 1986, § 50, p. 226.
DAVID HUME (1777): *My own life*. In *Essays: moral, political and literary*. Ed. E. F. Miller. Indianápolis, 1985, p. xxxi.

III.9. A inconstância dos homens

234
CARLOS DRUMMOND DE ANDRADE (1952): *Passeios na ilha* ("Reflexões sobre o fanatismo"). In *Poesia completa e prosa*. Rio de Janeiro, 1977, p. 828.
MONTAIGNE (1592): "Da incoerência de nossas ações". In *Ensaios*. Trad. Sérgio Milliet. São Paulo, 1972, p. 163 e p. 165.
BENTHAM (1789): *An introduction to the principles of morals and legislation*. Ed. J. H. Burns e H. L. A. Hart. Londres, 1970, p. 14.

235
DAVID HUME (1742): "Of polygamy and divorces". In *Essays: moral, political and literary*. Ed. E. F. Miller. Indianápolis, 1985, p. 188.
CONRAD MEYER (1871): Citado em Gabriel Cohn, *Crítica e resignação: fundamentos da sociologia de Max Weber*. São Paulo, 1979, p. 104.
WALT WHITMAN (1881): "Song of myself" (linhas 1325-7). In *The complete poems*. Ed. Francis Murphy. Londres, 1986, p. 123.
ATRIBUÍDO A FREUD: Citado (sem referência precisa) em Vernon Bogdanor, *The monarchy and the constitution*. Oxford, 1995, p. 309.
MACHADO DE ASSIS (1891): *Quincas Borba*. São Paulo, 1997, p. 171.
MONTAIGNE (1592): "Da incoerência de nossas ações". In *Ensaios*. Trad. Sérgio Milliet. São Paulo, 1972, pp. 164-5.

236
ROUSSEAU (1747): *Le persifleur*, citado em Maurice Cranston, *The early life and work of Jean-Jacques Rousseau 1712-1754*. Londres, 1983, p. 219.
CONFÚCIO: *The analects of Confucius* (livro VIII, § 12). Trad. Arthur Waley. Nova York, p. 135.

237
EMERSON (1860): "Considerations by the way". In *Complete works*. Ed. A. C. Hearn. Edimburgo, 1907, p. 571.

238
PASCAL (1662): *Pensées*. Trad. A. J. Krailsheimer. Harmondsworth, 1966, p. 49.
OSCAR WILDE (1885): "The relation of dress to art". In *Miscellanies*. Ed. David Price. Londres, 1908, p. 35.
CHAUCER: *A ballad sent to King Richard* (tradução de Anna Amelia de Queiroz Carneiro Mendonça).
SHAKESPEARE (1604): *Hamlet*. Ato III, cena 2, linhas 181-90.
SHAKESPEARE (1609): Soneto 138.

239
SHAKESPEARE (1623): *The tempest*. Ato IV, cena 1, linhas 52-3.
SANTO AGOSTINHO: *Confessions* (livro VIII, seção 7). Trad. R. S. Pine-Coffin. Harmondsworth, 1961, p. 169.
CARLOS DRUMMOND DE ANDRADE (1979): *Boitempo* ("Depravação do gosto"). In *Poesia completa*. Ed. Gilberto Mendonça Teles. Rio de Janeiro, 2002, p. 1146.
SHAKESPEARE (1623): *Julius Caesar*. Ato I, cena 2, linha 309.
NIETZSCHE (1878): *Humano, demasiado humano*. Trad. Paulo César de Souza. São Paulo, 2000, § 629, p. 299.

240
HÖLDERLIN (1797): *Hipérion ou o eremita na Grécia*. Trad. Erlon José Paschoal. São Paulo, 2003, p. 14.
GOETHE (1797): *Faust*. Parte I, "Diante dos portões da cidade", linhas 1110-7. Trad. Walter Kaufmann. Nova York, 1963, p. 145.

241
ATRIBUÍDO A BISMARCK: Citado (sem referência precisa) em Ian Steedman e Ulrich Krause, "Goethe's *Faust*, Arrow's possibility theorem and the individual decision-taker". In *The multiple self*. Ed. Jon Elster. Cambridge, 1986, p. 197.
NOVALIS (1798): "Observações entremescladas". In *Pólen*. Trad. Rubens Rodrigues Torres Filho. São Paulo, 1988, p. 61.

IV.1. *Auri sacra fames*

245
SÓLON: Fragmento 1 (classificação Diehl), citado em Luigi Zoja, *Growth and guilt*. Trad. Henry Martin. Londres, 1995, p. 57.
SÓFOCLES: *Antígona*. Linhas 295-301.
CÍCERO: *De officiis*. Livro 1, seção 68.

246
VIRGÍLIO: *Eneida*. Livro III, linhas 56-7.
LUCRÉCIO: *De rerum natura*. Livro V, linhas 1114-7.
HORÁCIO: *Epistulae*. Livro I, epístola 1, linhas 65-6.
JUVENAL: *Saturae*. Sátira 1, linhas 46-7.
PETRÔNIO: *Satiricon*. Parte IV, § 88.

247
SÃO PAULO: "Primeira carta a Timóteo". In *The writings of St. Paul*. Ed. Wayne A. Meeks. Nova York, 1972, p. 141.
SÃO JERÔNIMO: Citado em Jacob Viner, "Early attitudes toward trade and the merchant". In *Essays on the intellectual history of economics*. Ed. Douglas A. Irwin. Princeton, 1991, p. 40.
COLOMBO (1503): Carta aos reis da Espanha, citada em Sérgio Buarque de Holanda, *Visão do paraíso*. São Paulo, 1992, p. 14; e Karl Marx, *Capital*. Trad. Ben Fowkes. Vol. 1. Londres, 1976, p. 229.

248
LUTERO (1524): *An die pfarrherrn*, citado em Karl Marx, *Capital*. Trad. Ben Fowkes. Vol. 1. Londres, 1976, p. 740n22.

CORNELIUS AGRIPPA (1530): *Incertitudine et vanitate scientiarum et artium*, citado em Vilfredo Pareto, *A treatise on sociological theory*. Trad. Andrew Bongiorno e Arthur Livingstone. Vol. 2. Nova York, 1935, p. 881.

249
SHAKESPEARE (1623): *Timon of Athens*. Ato IV, cena 3, linhas 26-45.
MANUEL BANDEIRA (1937): "Casanova". In *Crônicas da província do Brasil*. Rio de Janeiro, 1937, p. 239.

250
SAMUEL JOHNSON (1763): Citado em James Boswell, *The life of Samuel Johnson*. Vol. 1. Londres, 1906, p. 272.
MCCULLOCH (1830): *Principles of political economy*. Londres, 1830, p. 179.
THOMAS CARLYLE (1839): "Chartism". In *Selected writings*. Ed. A. Shelston. Harmondsworth, 1971, p. 195.
JOHN STUART MILL (1848): *Principles of political economy*. In *Collected works*. Ed. J. M. Robson. Vol. 2. Toronto, 1965, p. 171.

251
JOHN RUSKIN (1862): "The veins of wealth". In *Unto this last*. Londres, 1862, p. 38.
BAUDELAIRE (1867): "My heart laid bare". In *Intimate journals*. Trad. C. Isherwood. San Francisco, 1983, p. 89.
MARX (1867): *O capital*. Trad. Reginaldo Sant'Anna. Vol. 1. Rio de Janeiro, 1975, p. 147 e p. 172.

252
DOSTOIEVSKI (1876): *The diary of a writer*. Trad. Boris Brasol. Haslemere, 1984, pp. 187-9.
NIETZSCHE (1881): *Daybreak*. Trad. R. J. Hollingdale. Cambridge, 1982, § 204, p. 123.

253
WEBER (1920): "Introdução". In *The Protestant ethic and the spirit of capitalism*. Trad. Talcott Parsons. Londres, 1992, p. 17 e p. 57.
BERTRAND RUSSELL (1930): *The conquest of happiness*. Londres, 1930, p. 49.

JOHN MAYNARD KEYNES (1930): "Economic possibilities for our grandchildren". In *Essays in persuasion*. Nova York, 1963, p. 369.

254
NIETZSCHE (1882): *A gaia ciência*. Trad. Paulo César de Souza. São Paulo, 2001, § 21, p. 71.

IV.2. Ricos, pobres e remediados

255
FRANCIS BACON (1620): *The new organon* (livro I, § 129). Ed. Lisa Jardine e Michael Silverthorne. Cambridge, 2000, p. 100. A sentença entre aspas na citação é atribuída a Caecilius Comicus.
JOHN LOCKE (1698): *An essay concerning the true original, extent, and end of civil government* (cap. 5). In *Two treatises of government*. Ed. Peter Laslett. Cambridge, 1967, p. 315.
BERNARD DE MANDEVILLE (1714): *The fable of the bees; or, private vices, publick benefits*. Ed. F. B. Kaye. Vol. 1. Oxford, 1924, p. 169.

256
SAMUEL JOHNSON (1753): *The adventurer* (nº 67), citado em Donald Winch, *Riches and poverty*. Cambridge, 1996, p. 57.
ADAM SMITH (1763): *Lectures on jurisprudence*. Ed. R. L. Meek, D. D. Raphael e P. G. Stein. Oxford, 1978, p. 339.
ADAM SMITH (1776): *An inquiry into the nature and the causes of the wealth of nations*. Ed. R. H. Campbell e A. S. Skinner. Vol. 1. Oxford, 1976, p. 23.

257
WILLIAM PALEY (1785): *The principles of moral and political philosophy*. Vol. 1. Londres, 1814, pp. 108-9.
JOHN MAYNARD KEYNES (1919): *The economic consequences of the peace*. Londres, 1920, p. 9.

258
JOSEPH SCHUMPETER (1942): *Capitalismo, socialismo y democracia*. Trad. José Diaz Garcia. Madri, 1971, p. 102.

NOTAS

ROBERT FOGEL (2000): *The fourth great awakening and the future of egalitarianism.* Chicago, 2000, p. 170.
STEVEN PINKER (1997): *Como a mente funciona.* Trad. Laura Teixeira Motta. São Paulo, 1998, p. 412.

259
NASSAU SENIOR (1849): *Journal*, citado em *The mind of economic man.* Ed. Denis Thomas. Kent, 1970, p. 51.
HUGH BLAIR (1777): "On the proper estimate of human life" (sermão 22). In *The Scottish Enlightenment: an anthology.* Ed. Alexander Broadie. Edimburgo, 1997, p. 192.
ADAM SMITH (1759): *The theory of moral sentiments.* Ed. D. D. Raphael e A. L. Macfie. Oxford, 1976, p. 185.

260
SOAME JENYNS (1757): *A free enquiry into the nature and origin of evil.* Londres, 1757, pp. 63-4.
ALFRED WALLACE (1853): *Viagens pelos rios Amazonas e Negro.* Trad. E. Amado. Belo Horizonte, 1979, p. 84.

261
GILBERTO FREYRE (1933): *Casa grande & senzala.* Brasília, 1963, pp. 493-4.
JOAQUIM NABUCO (1883): *O abolicionismo.* In *Intérpretes do Brasil.* Ed. Silviano Santiago. Vol. 1. Rio de Janeiro, 2000, p. 33 e p. 114.

262
TOCQUEVILLE (1840): *Democracy in America* (parte II, cap. 10). Trad. Harvey C. Mansfield e Delba Winthrop. Vol. 1. Chicago, 2000, p. 304.

263
ALFRED WHITEHEAD (1954): *Dialogues of Alfred North Whitehead as recorded by Lucien Price.* Londres, 1954, p. 248.
CONFÚCIO: *The analects of Confucius* (livro VIII, § 13). Trad. Arthur Waley. Nova York, p. 135.
LOYAL RUE (1994): *By the grace of guile.* Oxford, 1994, p. 151.

264
MONTAIGNE (1592): "On the art of conversation". In *The complete essays*. Trad. M. A. Screech. Londres, 1991, p. 1059.
DAVID HUME (1740): *A treatise of human nature*. Ed. L. A. Selby-Bigge. Oxford, 1978, p. 357, p. 361 e p. 362.

265
ADAM SMITH (1759): *The theory of moral sentiments*. Ed. D. D. Raphael e A. L. Macfie. Oxford, 1976, pp. 51-2.
SHAKESPEARE (1623): *Julius Caesar*. Ato II, cena 2, linhas 30-1.

266
BAUDELAIRE (1869): *Pequenos poemas em prosa* ("As viúvas"). In *Poesia e prosa*. Trad. Aurélio Buarque de Holanda Ferreira. Rio de Janeiro, 1995, p. 290.
ADAM SMITH (1776): *An inquiry into the nature and the causes of the wealth of nations*. Ed. R. H. Campbell e A. S. Skinner. Vol. 1. Oxford, 1976, p. 190.
PETRÔNIO: Citado em Arthur O. Lovejoy, *Reflections on human nature*. Baltimore, 1961, p. 213.
HEINRICH VON STORCH (1824): Citado em John Rae, *Statement of some new principles of political economy*. Ed. R. W. James. Vol. 2. Toronto, 1965, p. 272.
LUCIANO: *Saturnalia*. In *Lucian*. Trad. K. Kilburn. Vol. 6. Cambridge, Mass., 1959, p. 125 e p. 129.

267
PARTHA DASGUPTA (1993): *An inquiry into well-being and destitution*. Oxford, 1993, p. vi.
BAUDELAIRE (1869): *Pequenos poemas em prosa* ("As viúvas"). In *Poesia e prosa*. Trad. Aurélio Buarque de Holanda Ferreira. Rio de Janeiro, 1995, p. 291.

268
NIETZSCHE (1881): *Aurora*. Trad. Paulo César de Souza. São Paulo, 2004, § 200, p. 144.
WITTGENSTEIN (1931): *Culture and value*. Trad. Peter Winch. Oxford, 1980, p. 19.
SAMUEL JOHNSON (1763): Citado em James Boswell, *The life of Samuel Johnson*. Vol. 1. Londres, 1906, p. 273.

E. M. CIORAN (1973): *The trouble with being born*. Trad. Richard Howard. Nova York, 1976, p. 182.

IV.3. Trabalho alienado

269
CARLOS DRUMMOND DE ANDRADE (1940): *Sentimento do mundo* ("Elegia 1938"). In *Poesia completa*. Ed. Gilberto Mendonça Teles. Rio de Janeiro, 2002, p. 86.
FRANK KNIGHT (1923): "The ethics of competition". In *The ethics of competition*. New Brunswick, 1997, p. 51.
ADAM SMITH (1776): *An inquiry into the nature and the causes of the wealth of nations*. Ed. R. H. Campbell e A. S. Skinner. Vol. 2. Oxford, 1976, p. 782.

270
HEGEL (1804): Citado em Georg Lukács, *El joven Hegel*. Trad. Manuel Sacristán. Barcelona, 1976, p. 328.

271
ENGELS (1845): *A situação da classe trabalhadora em Inglaterra*. Trad. Conceição Jardim e Eduardo Lúcio Nogueira. Lisboa, 1975, p. 240.

272
MARX (1844): "Economic and philosophical manuscripts". In *Early writings*. Trad. Rodney Livingstone. Harmondsworth, 1975, pp. 326-7.
JOHN STUART MILL (1848): *Principles of political economy*. In *Collected works*. Ed. J. M. Robson. Vol. 3. Toronto, 1965, p. 766.

273
MARX (1867): *O capital*. Trad. Reginaldo Sant'Anna. Vol. 2. Rio de Janeiro, 1975, pp. 748-9.
ENGELS (1873): "Sobre a autoridade". In Karl Marx e Friedrich Engels, *Textos*. Vol. 2. São Paulo, 1976, p. 120.

274
NIETZSCHE (1881): *Aurora*. Trad. Paulo César de Souza. São Paulo, 2004, § 206, p. 151.

275
MARX (1867): *Capital*. Trad. Ben Fowkes. Vol. 1. Londres, 1976, p. 736.
JOHN STUART MILL (1848): *Principles of political economy*. Ed. Donald Winch. Harmondsworth, 1985, pp. 126.
HENRY MAYHEW (1862): *London labour and London poor*, citado em *The mind of economic man*. Ed. Denis Thomas. Kent, 1970, p. 80.

276
DEMÓCRITO: Fragmento 241 (classificação Diels-Kranz).
NIETZSCHE (1882): *A gaia ciência*. Trad. Paulo César de Souza. São Paulo, 2001, § 42, p. 85.
THEODOR ADORNO (1951): *Minima moralia*. Trad. Luiz Eduardo Bicca. São Paulo, 1992, § 84, p. 114.

277
NIETZSCHE (1888): *The anti-Christ*. Trad. R. J. Hollingdale. Harmondsworth, 1968, § 11, p. 122.
NIETZSCHE (1881): *Aurora*. Trad. Paulo César de Souza. São Paulo, 2004, § 173, p. 126.

278
FREUD (1930): *O mal-estar na civilização*. Trad. José Octávio de Aguiar Abreu. Rio de Janeiro, 1974, p. 37n1.

279
FREUD (1910): Carta a Oskar Pfister (3 de junho de 1910), citada em *Oxford dictionary of scientific quotations*. Ed. W. F. Bynum e Roy Porter. Oxford, 2005, p. 231.
JAMES LOVELOCK (2000): *Homage to Gaia*, citado em *Oxford dictionary of scientific quotations*. Ed. W. F. Bynum e Roy Porter. Oxford, 2005, pp. 400-1.
EMERSON (1860): "Worship". In *Complete works*. Ed. A. C. Hearn. Edimburgo, 1907, p. 552.

IV.4. Consumo, lazer e tempo livre

280
SAMUEL JOHNSON (1753): *The adventurer* (nº 119). In *Selected essays*. Ed. W. J. Bate. New Haven, 1968, p. 262.
DEMÓCRITO: Fragmento 223 (classificação Diels-Kranz).
EPICURO: *Epicurus: the extant remains*. Trad. Cyril Bailey. Oxford, 1926, p. 99.

281
CAMÕES (1595): "A D. Antônio de Noronha, sobre o desconcerto do mundo". In *Lírica*. Ed. Massaud Moisés. São Paulo, 1976, pp. 169-70.
PLATÃO: *Leis*, 736.
ARISTÓTELES: *Retórica*, 1389b34-5.
MACHADO DE ASSIS (1883): "Anedota pecuniária". In *Contos: uma antologia*. Ed. John Gledson. Vol. 2. São Paulo, 1998, p. 117.
LUCRÉCIO: *De rerum natura*. Livro V, linhas 1095-7.

282
SAMUEL JOHNSON (1753): *The adventurer* (nº 119). In *Selected essays*. Ed. W. J. Bate. New Haven, 1968, pp. 265-7.
HORÁCIO: *Epistulae*. Livro II, epístola 2, linhas 146-8.
DEMÓCRITO: Fragmento 219 (classificação Diels-Kranz).

283
MONTAIGNE (1592): "On one of Caesar's sayings". In *The complete essays*. Trad. M. A. Screech. Londres, 1991, pp. 346-7.
LA ROCHEFOUCAULD (1665): *Maxims*. Trad. Leonard Tancock. Harmondsworth, 1967, § 439, p. 93.
LUCRÉCIO: *De rerum natura*. Livro III, linhas 1050-69.

284
HOBBES (1651): *Leviathan*. Ed. M. Oakeshott. Oxford, 1955, p. 63.
SÊNECA: "Ad serenum de tranquilitate animi" (seção 12). In *Minor dialogues*. Trad. Aubrey Stewart. Londres, 1889, p. 277.

285
HORÁCIO: *Saturae*. Livro I, sátira 1, linhas 108-9.
ROBERT FRANK (1997): "The frame of reference as a public good". In *Economic Journal* 107 (1997), p. 1840.
JOHN RUSKIN (1862): "Ad valorem". In *Unto this last*. Londres, 1862, p. 73.
DAVID MYERS & ED DIENER (1995): "Who is happy", citado em Steven Pinker, *Como a mente funciona*. Trad. Laura Teixeira Motta. São Paulo, 1998, p. 413.

286
E. J. MISHAN (1966): *The costs of economic growth*. Harmondsworth, 1969, p. 164.
ROBERT FOGEL (2000): *The fourth great awakening and the future of egalitarianism*. Chicago, 2000, p. 82 e p. 178.

287
NIETZSCHE (1881): *Aurora*. Trad. Paulo César de Souza. São Paulo, 2004, § 179, p. 130.
JOHN MAYNARD KEYNES (1927): "Clissold". In *Essays in persuasion*. Nova York, 1963, p. 354.
MARX (1857): *Grundrisse: foundations of the critique of political economy*. Trad. Martin Nicolau. Londres, 1973, p. 173.
ARISTÓTELES: *Metafísica*, 982b23-5.
WILLIAM GODWIN (1801): *Thoughts occasioned by the perusal of Dr Parr's "Spital sermon"*. Londres, 1801, p. 73.
PAUL LAFARGUE (1880): *O direito à preguiça*. São Paulo, 1980, pp. 32-3.

288
HANNAH ARENDT (1958): *The human condition*. Chicago, 1958, p. 133.

289
JOHN MAYNARD KEYNES (1930): "Economic possibilities for our grandchildren". In *Essays in persuasion*. Nova York, 1963, p. 367.
T. H. HUXLEY (1893): *Aphorisms and reflexions*. Ed. Henrietta A. Huxley. Londres, 1911, § 107, p. 12.
NIETZSCHE (1878): *Humano, demasiado humano*. Trad. Paulo César de Souza. São Paulo, 2000, § 283, p. 191.
NIETZSCHE (1882): *A gaia ciência*. Trad. Paulo César de Souza. São Paulo, 2001, § 329, pp. 218-9.

290
BERTRAND RUSSELL (1930): *The conquest of happiness*. Londres, 1930, pp. 54-6.

291
TIBOR SCITOVSKY (1992): *The joyless economy*. Oxford, 1992, pp. vii-viii.

292
PAUL VALÉRY (1935): "The outlook for intelligence". In *The outlook for intelligence*. Trad. Denise Folliot e Jackson Mathews. Princeton, 1989, pp. 141-2.

293
EMERSON (1860): "Worship". In *Complete works*. Ed. A. C. Hearn. Edimburgo, 1907, p. 546.
BAUDELAIRE (1859): *Proyectos de prólogos para "Flores del mal"*. Trad. Roger Pla. Buenos Aires, 1944, p. 58.
GEORG SIMMEL (1907): *The philosophy of money*. Trad. Tom Bottomore e David Frisby. Londres, 1990, p. 484.

294
OCTAVIO PAZ (1978): "Mexico y Estados Unidos". In *El laberinto de la soledad*. Ed. Enrico Mario Santí. Madri, 2003, p. 465.

295
ATRIBUÍDO A GOETHE: Citado (sem referência precisa) em Max Weber, *The Protestant ethic and the spirit of capitalism*. Trad. Talcott Parsons. Londres, 1992, p. 182.

iv.5. Tecnologias de comunicação: meios e fins

296
ABADE TRUBLET (1735): "Da conversação". In *A arte de conversar*. Trad. Edmir Missio e Maria Ermantina Galvão. São Paulo, 2001, p. 67.
ADAM SMITH (1763): *Lectures on jurisprudence*. Ed. R. L. Meek, D. D. Raphael e P. G. Stein. Oxford, 1978, p. 352.

297
ALFRED MARSHALL (1919): *Industry and trade*. Londres, 1919, p. 810.

298
BERTRAND RUSSELL (1930): *The conquest of happiness*. Londres, 1930, p. 53.
GEORG SIMMEL (1907): *The philosophy of money*. Trad. Tom Bottomore e David Frisby. Londres, 1990, p. 448.
MADAME DE STAËL (1814): "Do espírito de conversação". In *A arte de conversar*. Trad. Edmir Missio e Maria Ermantina Galvão. São Paulo, 2001, p. 110.

299
JONATHAN SWIFT (1712): "Hints towards an essay on conversation". In *A tale of a tube*. Ed. Kathleen Williams. Londres, 1975, p. 252.
E. J. MISHAN (1967): *The costs of economic growth*. Harmondsworth, 1969, p. 10.

300
NIETZSCHE (1876): "Richard Wagner in Bayreuth". In *Untimely meditations*. Trad. R. J. Hollingdale. Cambridge, 1983, pp. 219-20.
GOETHE (1829): *Maxims and reflections*. Trad. Elizabeth Stopp. Londres, 1998, § 479, p. 63.

301
HENRY THOREAU (1854): *Walden*. Ed. Michael Meyer. Harmondsworth, 1983, p. 95.
GEORG SIMMEL (1907): *The philosophy of money*. Trad. Tom Bottomore e David Frisby. Londres, 1990, p. 482.

302
NIETZSCHE (1886): *Human, all too human*. Trad. R. J. Hollingdale. Vol. 2. Cambridge, 1986, § 278, p. 378.
PAUL VALÉRY (1935): "The outlook for intelligence". In *The outlook for intelligence*. Trad. Denise Folliot e Jackson Mathews. Princeton, 1989, p. 141.
HEGEL (1805): "Aphorismen aus Hegels wastebook", citado em Terry Pinkard, *Hegel*. Cambridge, 2000, p. 242; e Jean Hyppolite, *Introdução à filosofia da história de Hegel*. Trad. Hamílcar de Garcia. Rio de Janeiro, 1971, p. 92.

ORRIN E. KLAPP (1978): *Opening and closing: strategies for information adaptation in society.* Cambridge, 1978, pp. 54-5.

303
CARLOS DRUMMOND DE ANDRADE (1978): *Impurezas do branco* ("Ao deus kom unik assão"). In *Poesia completa.* Ed. Gilberto Mendonça Teles. Rio de Janeiro, 2002, pp. 705-8.

304
EMERSON (1867): "Progress of culture". In *Complete works.* Ed. A. C. Hearn. Edimburgo, 1907, p. 670.
GOETHE (1824): *Conversations with Johann Peter Eckermann.* Trad. John Oxenford. Oxford, 1998, p. 32.

305
WERNER HERZOG (2006): Citado em entrevista a Nigel Andrews. In *Financial Times.* Caderno *Weekend*, 29 de janeiro de 2006, p. 7.
CEDRIC PRICE (1979): A frase tornou-se o título de um *audiobook* do arquiteto: *Cedric Price*, Londres, 1979.

IV.6. Identidades nacionais

306
CÍCERO: *Tusculanarum disputationum.* Livro 5 (seção 37, linha 108).
ROGER BROWN (1958): *Words and things.* Londres, 1958, p. 365.
DEAN PEABODY (1985): *National characteristics.* Cambridge, 1985, p. 10.
DOSTOIEVSKI (1871): *Os demônios*, citado em André Gide, *Dostoevsky.* Trad. Arnold Bennet. Londres, 1949, p. 166.

307
E. M. CIORAN (1973): *The trouble with being born.* Trad. Richard Howard. Nova York, 1976, p. 125.
GOETHE (1826): *Maxims and reflections.* Trad. Elizabeth Stopp. Londres, 1998, § 298, p. 35.
FERNANDO PESSOA (1923): Entrevista à *Revista Portuguesa*, citada em Robert

Bréchon, *Fernando Pessoa: estranho estrangeiro*. Trad. Maria Abreu e Pedro Tamem. Rio de Janeiro, 1998, pp. 380-1.

JOHN VON NEUMANN (1957): Comunicação pessoal feita por Nicholas von Neumann no simpósio em homenagem ao irmão realizado no Instituto de Matemática e Estatística da Universidade de São Paulo em 14 de novembro de 1995.

308

ADAM SMITH (1759): *The theory of moral sentiments*. Ed. D. D. Raphael e A. L. Macfie. Oxford, 1976, p. 207.

MONTESQUIEU (1748): *The spirit of the laws*. Trad. Anne M. Cohler, Basia Carolyn Miller e Harold Samuel Stone. Cambridge, 1989, p. 233.

ABADE TRUBLET (1735): "Da conversação". In *A arte de conversar*. Trad. Edmir Missio e Maria Ermantina Galvão. São Paulo, 2001, p. 70.

NIETZSCHE (1886): *Além do bem e do mal*. Trad. Paulo César de Souza. São Paulo, 1996, § 252, p. 160. Não era essa, contudo, a avaliação de Schopenhauer: "Há mais para aprender em cada página de David Hume do que no conjunto das obras filosóficas reunidas de Hegel, Herbart e Schleiermacher" (*The world as will and representation*. Trad. E. F. J. Payne. Vol. 2. Nova York, 1958, p. 582).

309

THOMAS CARLYLE (1825): *The life of Friedrich Schiller*. Londres, 1873, p. 95.

THOMAS MANN (1947): *Doctor Faustus*. Trad. John E. Woods. Nova York, 1999, p. 132.

310

PAUL VALÉRY (1919): "The crisis of the mind". In *The outlook for intelligence*. Trad. Denise Folliot e Jackson Mathews. Princeton, 1989, p. 24.

ENGELS (1877): *Anti-Duhring*. Trad. M. Guedes. Lisboa, 1976, pp. 175-6.

FERNANDO PESSOA (1915 & 1911): "A ternura lusitana ou a alma da raça". In *Obras em prosa*. Ed. Cleonice Berardinelli. Rio de Janeiro, 1986, pp. 335-6; e Robert Bréchon, *Fernando Pessoa: estranho estrangeiro*. Trad. Maria Abreu e Pedro Tamem. Rio de Janeiro, 1998, pp. 138-9.

311
ISAIAH BERLIN (1947): "The man who became a myth". In *The power of ideas*. Ed. Henry Hardy. Londres, 2000, pp. 86-7.

312
TOCQUEVILLE (1840): *Democracy in America* (parte II, cap. 13). Trad. Harvey C. Mansfield e Delba Winthrop. Vol. 2. Chicago, 2000, p. 512.
JOAQUIM NABUCO (1900): *Minha formação*. Rio de Janeiro, 1999, p. 120.

313
PETER DRUCKER (1978): *Adventures of a bystander*. New Brunswick, 1978, p. 324.

314
SÉRGIO BUARQUE DE HOLANDA (1968): *Visão do paraíso*. São Paulo, 1992, p. xvii.
EDUARDO VIVEIROS DE CASTRO (2002): "O mármore e a murta". In *A inconstância da alma selvagem*. São Paulo, 2002, p. 185.

315
OCTAVIO PAZ (1959): *El laberinto de la soledad*. Ed. Enrico Mario Santí. Madri, 2003, p. 232.
RUI BARBOSA (1919): Discurso proferido na campanha presidencial de 1919, citado em Raymundo Faoro, *Os donos do poder*. Vol. 2. Porto Alegre, 1973, p. 612.

316
RUI BARBOSA (1896): *Cartas da Inglaterra*. In *Obras completas*. Vol. 23, tomo 1. Rio de Janeiro, 1946, p. 11.
EUGENIO GUDIN (1961): "Conceito de Lippmann". In *Análise de problemas brasileiros: 1958-1964*. Rio de Janeiro, 1965, p. 95.
GILBERTO FREYRE (1933): *Casa grande & senzala*. Brasília, 1963, p. 114.

317
OSWALD DE ANDRADE (1928): "Manifesto antropófago". In *Obras completas*. Vol. 6. Rio de Janeiro, 1978, p. 13.

PAULO PRADO (1928): *Retrato do Brasil*. Ed. Carlos Augusto Calil. São Paulo, 1997, p. 196.

IV.7. Efeitos morais e intelectuais dos trópicos

318
ARNOLD TOYNBEE (1922): "Ancient Greek civilization as a work of art". In *The legacy of Greece*. Ed. R. W. Livingstone. Oxford, 1922, p. 296.
HIPÓCRATES: *Airs, waters, places*. In *Hippocratic writings*. Trad. J. Chadwick e W. N. Mann. Londres, 1983, pp. 159-60.

319
BENTHAM (1789): *An introduction to the principles of morals and legislation*. Ed. J. H. Burns e H. L. A. Hart. Londres, 1970, p. 67.

320
MONTESQUIEU (1748): *The spirit of the laws*. Trad. Anne M. Cohler, Basia Carolyn Miller e Harold Samuel Stone. Cambridge, 1989, pp. 231-3.

321
FONTENELLE (1686): *Diálogos sobre a pluralidade dos mundos*. Trad. Denise Bottmann. Campinas, 1993, pp. 113-5.

322
KANT (1755): *Universal natural history and the theory of heavens* (parte III). Trad. Stanley L. Jaki. Edimburgo, 1981, p. 189. O editor inglês da filosofia da natureza de Hegel vê um paralelo entre essa passagem de Kant e algumas especulações de Hegel sobre os habitantes de outros planetas (*Hegel's philosophy of nature*. Ed. e trad. M. J. Petry. Vol. 1. Londres, 1970, p. 205 e p. 299).
HEGEL (1830): *The philosophy of history*. Trad. J. Sibree. Nova York, 1956, p. 80.

323
MARX (1867): *O capital*. Trad. Reginaldo Sant'Anna. Vol. 2. Rio de Janeiro, 1975, p. 589. Os versos citados entre aspas por Marx nessa passagem (sem referência à fonte) são de autoria do poeta alemão Friedrich zu Stolberg, e

apareceram numa resenha escrita por Marx em 1850 que foi publicada no primeiro número do *Neue Rheinische Zeitung* (órgão teórico da Liga Comunista editado por Marx).

DAVID HUME (1752): "Of commerce". In *Essays: moral, political and literary*. Ed. E. F. Miller. Indianápolis, 1985, p. 267. O verso latino citado é das *Geórgicas* de Virgílio (1.123).

ALFRED MARSHALL (1919): *Industry and trade*. Londres, 1920, p. 162.

324

MONTESQUIEU (1748): *The spirit of the laws*. Trad. Anne M. Cohler, Basia Carolyn Miller e Harold Samuel Stone. Cambridge, 1989, p. 355.

JOHN STUART MILL (1848): *Principles of political economy*. In *Collected works*. Ed. J. M. Robson. Vol. 2. Toronto, 1965, p. 102.

325

FREDERICK SODDY (1933): *Wealth, virtual wealth and debt*. Londres, 1933, p. 113.

THOMAS MUN (1669): *England's treasure by foreign trade*, citado em Karl Marx, *O capital*. Trad. Reginaldo Sant'Anna. Vol. 2. Rio de Janeiro, 1975, p. 589n4.

NATHANIEL FORSTER (1767): *An inquiry into the present high price of provisions*, citado em Karl Marx, *O capital*. Trad. Reginaldo Sant'Anna. Vol. 2. Rio de Janeiro, 1975, p. 589n4.

326

MALTHUS (1798): *An essay on the principle of population*. Ed. James Bonar. Londres, 1926, pp. 357-8 e p. 367.

THOMAS DE QUINCEY (1844): *The logic of political economy*. Edimburgo, 1844, p. 148.

327

EMERSON (1841): "Prudence". In *Complete works*. Ed. A. C. Hearn. Edimburgo, 1907, p. 81.

ALFRED MARSHALL (1920): *Principles of economics*. Londres, 1920, pp. 602-3.

328
SCHOPENHAUER (1851): "On thinking for oneself". In *Parerga and paralipomena*. Trad. E. F. J. Payne. Vol. 2. Oxford, 1974, p. 492.
MONTAIGNE (1592): "Apologia de Raymond Sebond". In *Ensaios*. Trad. Sérgio Milliet. São Paulo, 1972, p. 232.
VOLTAIRE (1756): *Essai sur les moeurs*.

329
FREUD (1932): "Resposta a Einstein". In *El psicoanálisis frente a la guerra*. Trad. Ludovico Rosenthal. Buenos Aires, 1970, pp. 29-30.

330
ALEXANDER VON HUMBOLDT (1808): *Political essay on the Kingdom of New Spain*. Trad. J. Black. Vol. 2. Nova York, 1966, p. 414, p. 420 e pp. 428-9.

331
NOEL ROSA & KID PEPE (1933): "O orvalho vem caindo", samba originalmente gravado por Almirante e Os Diabos do Céu em novembro de 1933.
SÉRGIO BUARQUE DE HOLANDA (1936): *Raízes do Brasil*. São Paulo, 1995, p. 151.
GASPAR BARLÉU (1647): *História dos feitos recentemente praticados durante oito anos no Brasil*. Trad. Cláudio Brandão. Belo Horizonte, 1974, p. 49.

332
DIDEROT (1772): "Extracts from *Histoire des deux Indes*". In *Political writings*. Trad. J. H. Mason e R. Wolker. Cambridge, 1992, p. 178.
NIETZSCHE (1886): *Além do bem e do mal*. Trad. Paulo César de Souza. São Paulo, 1996, § 197, pp. 95-6.

IV.8. A civilização entristece

334
DIDEROT (1773): *Supplément au voyage de Bougainville*. In *Oeuvres*. Ed. André Billy. Paris, 1951, p. 998.
NIETZSCHE (1887): *Genealogia da moral*. Trad. Paulo César de Souza. São Paulo, 1998, segunda dissertação, § 16, pp. 72-3.

335
FREUD (1930): *O mal-estar na civilização*. Trad. José Octávio de Aguiar Abreu. Rio de Janeiro, 1974, p. 75.
E. M. CIORAN (1973): *The trouble with being born*. Trad. Richard Howard. Nova York, 1976, p. 96.

336
D'ALEMBERT (1759): *Mélanges de littérature, d'histoire et de philosophie* (vol. 4), citado em Maurice Cranston, *The early life and work of Jean-Jacques Rousseau 1712-1754*. Londres, 1983, p. 234.
NIETZSCHE (1881): *Aurora*. Trad. Paulo César de Souza. São Paulo, 2004, § 429, p. 225.

337
OSWALD DE ANDRADE (1953): "A marcha das utopias". In *Obras completas*. Vol. 6. Rio de Janeiro, 1978, p. 190.
CONDORCET (1795): *Sketch for a historical picture of the progress of the human mind*. Trad. June Barraclough. Westport, 1955, p. 24.

338
E. M. CIORAN (1973): *The trouble with being born*. Trad. Richard Howard. Nova York, 1976, p. 140.
ROUSSEAU (1750): *Discourse on the sciences and arts*. In *The Discourses and other early political writings*. Ed. Victor Gourevitch. Cambridge, 1997, p. 8.

339
ATRIBUÍDO A KANT: Citado (sem referência precisa) em Richard Davenport-Hines, *The pursuit of oblivion*. Londres, 2001, p. 35.
GOETHE (1828): *Conversations with Johann Peter Eckermann*. Trad. John Oxenford. Oxford, 1998, p. 253.

340
PAUL VALÉRY (1935): "The outlook for intelligence". In *The outlook for intelligence*. Trad. Denise Folliot e Jackson Mathews. Princeton, 1989, pp. 141-3.

341
WILLIAM HAZLITT (1818): *Lectures on the English poets*. Londres, 1910, pp. 9-10.
EMERSON (1860): "Power". In *Complete works*. Ed. A. C. Hearn. Edimburgo, 1907, p. 496.

342
MALTHUS (1798): *An essay on the principle of population*. Ed. James Bonar. Londres, 1926, pp. 343-4.
BERTRAND RUSSELL (1954): *Human society in ethics and politics*. Londres, 1992, p. 55.

343
FRANK KNIGHT (1922): "Ethics and the economic interpretation". In *The ethics of competition*. New Brunswick, 1997, p. 24.
FREUD (1902): *The origins of psychoanalysis: letters to Wilhelm Fliess: 1877-1902*, citado em Norman O. Brown, *Life against death*. Middletown, Conn., 1970, p. 254.
BAUDELAIRE (1867): "Escritos íntimos". In *Poesia e prosa*. Trad. Fernando Guerreiro. Rio de Janeiro, 1995, p. 541.
OSWALD DE ANDRADE (1928): "Manifesto antropófago". In *Obras completas*. Vol. 6. Rio de Janeiro, 1978, p. 18.
ROUSSEAU (1755): *Discourse on the origin and the foundations of inequality among men*. In *The Discourses and other early political writings*. Ed. Victor Gourevitch. Cambridge, 1997, p. 219.

344
ROBIN HORTON (SEM DATA): Citado em Eduardo Giannetti, *Felicidade: diálogos sobre o bem-estar na civilização*. São Paulo, 2002, pp. 126-7.

345
PROVÉRBIO HAITIANO: Citado em Joseph Campbell, *O vôo do pássaro selvagem*. Trad. Ruy Jungman. Rio de Janeiro, 1997, p. 81.

IV.9. O neolítico moral

346
PLATÃO: *Leis*, 679d-e.
LUCRÉCIO: *De rerum natura*. Livro V, linhas 1006-10.

347
BERTRAND RUSSELL (1949): *Authority and the individual*. Londres, 1949, pp. 123-5.
ROUSSEAU (1750): *Discourse on the sciences and arts*. In *The Discourses and other early political writings*. Ed. Victor Gourevitch. Cambridge, 1997, p. 9.

348
KANT (1784): "Idea for a universal history with a cosmopolitan purpose" (sétima proposição). In *Kant's political writings*. Trad. H. Reiss. Cambridge, 1970, p. 49.

349
JOHN STUART MILL (1833): "Remarks on Bentham's philosophy". In *The collected works of John Stuart Mill*. Ed. J. M. Robson. Vol. 10. Toronto, 1969, p. 15.
THOMAS CARLYLE (1829): "Signs of the times". In *Selected writings*. Ed. A. Shelston. Harmondsworth, 1971, pp. 76-7.

350
MARX (1856): "Discurso pronunciado na festa de aniversário do *People's Paper*". In Karl Marx e Friedrich Engels, *Textos*. Vol. 3. São Paulo, 1976, pp. 298-9.
JOHN RUSKIN (1872): *The eagle's nest*. In *Ruskin today*. Ed. Kenneth Clark. Harmondsworth, 1967, p. 307.

351
EMERSON (1870 & 1836): "Works and days" e "Nature". In *Complete works*. Ed. A. C. Hearn. Edimburgo, 1907, p. 410 e p. 846.
L. P. JACKS (1919): "Moral progress". In *Progress and history*. Ed. F. S. Marvin. Oxford, 1919, p. 135.

352
PAUL VALÉRY (1932): "Politics of the mind". In *The outlook for intelligence*. Trad. Denise Folliot e Jackson Mathews. Princeton, 1989, p. 92.
ARTHUR O. LOVEJOY (1941): *Reflections on human nature*. Baltimore, 1961, p. 8.
W. G. DE BURGH (1942): "Comments". In *Science and ethics*. Ed. C. H. Waddington. Londres, 1942, p. 26.

353
R. W. LIVINGSTONE (1945): *The future in education*, citado em Viscount Samuel, *A book of quotations*. Londres, 1947, p. 21.
ROBERT FOGEL (2000): *The fourth great awakening and the future of egalitarianism*. Chicago, 2000, pp. 8-9 e p. 178.

354
ROGER SPERRY (1983): *Science and moral priority*. Oxford, 1983, pp. 9-10.

355
EDWARD O. WILSON (2002): *The future of life*. Nova York, 2002, p. 23.
BERTRAND RUSSELL (1952): *The impact of science on society*. Londres, 1976, p. 110.

Coda: a arte de terminar

356
BAUDELAIRE (1860): *Proyectos de prólogos para "Flores del mal"*. Trad. Roger Pla. Buenos Aires, 1944, p. 56.
FERNANDO PESSOA (SEM DATA): Citado em Gustavo H. B. Franco, *A economia em Pessoa*. Rio de Janeiro, 2007, p. 17.
DOSTOIEVSKI (1864): *Notes from the underground*. Trad. Jessie Coulson. Harmondsworth, 1972, pp. 39-40.

357
ROUSSEAU (1745): "Idea of the method in the composition of a book". In *The Discourses and other early political writings*. Ed. Victor Gourevitch. Cambridge, 1997, p. 304.

358
NIETZSCHE (1882): *A gaia ciência*. Trad. Paulo César de Souza. São Paulo, 2001, § 281, p. 191.
MARCIAL: *Epigrammaton*. Livro IV, epigrama 89.
PASCAL (1662): *Pensées*. Trad. A. J. Krailsheimer. Harmondsworth, 1966, p. 347.

Glossário de nomes de pessoas

ABADE TRUBLET (1697-1770): ensaísta francês.
ADAM SMITH (1723-90): filósofo e economista escocês.
ADOLPHE THIERS (1797-1877): político e historiador francês.
AGATÃO (séc. V a.C.): dramaturgo grego.
ALEX ROSS (1968): crítico de música norte-americano.
ALEXANDER POPE (1688-1744): poeta inglês.
ALEXANDER VON HUMBOLDT (1769-1859): naturalista e geógrafo alemão.
ALEXANDRE KOYRÉ (1892-1964): historiador da filosofia e da ciência francês.
ALEXANDRE, O Grande (356-323 a.C.): rei da Macedônia de 336 a 323 a.C.
ALFRED MARSHALL (1842-1924): economista inglês.
ALFRED WALLACE (1823-1913): naturalista galês.
ALFRED WHITEHEAD (1861-1947): matemático e filósofo inglês.
ANTERO DE QUENTAL (1842-91): poeta e escritor português.
ANTÍFON (séc. V a.C.): sofista grego.
ANTONIO MACHADO (1875-1939): poeta espanhol.
ANTÓNIO NOBRE (1867-1900): poeta português.
APELES (séc. IV - séc. III a.C.): pintor grego.
AQUINO, Santo Tomás de (1225-74): filósofo e teólogo italiano.
ARCÉSILAS (c. 316-240 a.C.): filósofo grego.

GLOSSÁRIO DE NOMES DE PESSOAS

ARCHIBALD MACLEISH (1892-1982): dramaturgo e poeta norte-americano.

ARIOSTO, Ludovico (1474-1533): poeta italiano.

ARISTÓTELES (384-322 a.c.): filósofo e cientista grego.

ARNOLD SCHOENBERG (1874-1951): compositor austríaco.

ARNOLD TOYNBEE (1889-1975): historiador inglês.

ARTHUR KOESTLER (1905-83): escritor húngaro de língua inglesa.

ARTHUR O. LOVEJOY (1873-1962): filósofo e historiador de idéias norte-americano.

AVICENA (980-1037): médico e filósofo iraniano.

BALFOUR, Arthur James (1848-1930): filósofo e estadista inglês.

BALTASAR GRACIÁN (1601-58): jesuíta e escritor espanhol.

BAUDELAIRE, Charles (1821-67): poeta francês.

BENJAMIN FRANKLIN (1706-90): político, físico, filósofo e jornalista norte-americano.

BENTHAM, Jeremy (1748-1832): filósofo e teórico político inglês.

BERDYAEV, Nikolai (1874-1948): filósofo russo.

BERGSON, Henri (1859-1941): filósofo francês.

BERNARD DE MANDEVILLE (1670-1733): escritor e filósofo holandês.

BERNARD SHAW, George (1856-1950): escritor irlandês.

BERTRAND RUSSELL (1872-1970): lógico e filósofo inglês.

BILL EVANS (1929-80): pianista e compositor de jazz norte-americano.

BISMARCK, Otto von (1815-98): estadista prussiano.

BÖCKLIN, Arnold (1827-1901): pintor italiano nascido na Suíça.

BOUCHER, François (1703-70): pintor francês.

BRIAN PIPPARD, Alfred (1920): físico inglês.

CALVINO, João (1509-64): reformador religioso francês.

CAMÕES, Luís Vaz de (1524-80): poeta português.

GLOSSÁRIO DE NOMES DE PESSOAS

CARL BECKER (1873-1945): historiador norte-americano.
CARL SAGAN (1934-96): astrônomo e escritor norte-americano.
CARLOS DRUMMOND DE ANDRADE (1902-87): poeta e prosador brasileiro.
CASANOVA de Seingalt, Giovanni Giacomo (1725-98): aventureiro veneziano.
CATÃO (234-149 a.C.): político romano.
CEDRIC PRICE (1934-2003): arquiteto inglês.
CELSUS, Aulus Cornelius (c. 25 - c. 50): enciclopedista romano.
CERVANTES Saavedra, Miguel de (1547-1616): escritor espanhol.
CHAMFORT, Sébastien-Roch Nicolas (1741-94): pensador francês.
CHARLES CHAPLIN (1889-1977): ator e cineasta inglês.
CHARLES COLTON (1780-1832): clérigo e escritor inglês.
CHARLES PEIRCE (1839-1914): filósofo e lógico norte-americano.
CHAUCER, Geoffrey (1340-1400): poeta inglês.
CÍCERO (103-46 a.C.): político e orador latino.
COLERIDGE, Samuel Taylor (1772-1834): poeta inglês.
COLOMBO, Cristóvão (1451-1506): navegador italiano.
CONDORCET, Marie-Jean-Antoine-Nicolas de Caritat, marquês de (1743-94): matemático, filósofo, economista e político francês.
CONFÚCIO (551-479 a.C.): filósofo chinês.
CONRAD MEYER (1825-98): escritor suíço.
COPÉRNICO, Nicolau (1473-1543): astrônomo polonês.
CORNELIUS AGRIPPA (1486-1535): astrólogo, alquimista e escritor alemão.
CORREIA DE OLIVEIRA, António (1879-1960): poeta português.
CUETZPALTZIN, Ayocuan (séc. XV): poeta e rei asteca.
DALAI LAMA — Tenzin Gyatso, 14º (1935): líder temporal e espiritual do povo tibetano.

D'ALEMBERT, Jean le Rond, dito (1717-83): escritor, filósofo e matemático francês.

DARWIN, Charles (1809-82): naturalista e biólogo inglês.

DAVID HUME (1711-76): filósofo, historiador e economista escocês.

DAVID MYERS (1942): psicólogo social norte-americano.

DEAN PEABODY: psicólogo norte-americano.

DEMÓCRITO (c. 460 - c. 370 a.C.): filósofo grego.

DESCARTES, René (1596-1650): filósofo e cientista francês.

DIÁGORAS (SÉC. V A.C.): poeta e sofista grego.

DIDEROT, Denis (1713-84): filósofo francês.

DIÓGENES (413-327 a.C.): filósofo grego.

DORPIUS, Martim (1485-1525): teólogo holandês.

DOSTOIEVSKI, Fiodor (1821-81): escritor russo.

DUNS SCOTUS, John (c. 1266-1308): teólogo escocês.

E. A. BURTT (1892-1989): filósofo norte-americano.

EÇA DE QUEIRÓS, José Maria (1845-1900): romancista português.

ECKERMANN, Johan Peter (1792-1854): escritor alemão.

E. C. K. GONNER (1862-1922): economista inglês.

ED DIENER (1946): professor de psicologia norte-americano.

EDUARDO VIVEIROS DE CASTRO (1951): antropólogo brasileiro.

EDWARD O. WILSON (1929): biólogo norte-americano.

EDWARD TELLER (1908-2003): físico norte-americano.

EDWARD YOUNG (1683-1765): poeta inglês.

EINSTEIN, Albert (1879-1955): físico alemão.

E. J. MISHAN (1914): professor de economia inglês.

E. M. CIORAN (1911-95): escritor e filósofo romeno.

EMERSON, Ralph Waldo (1803-82): ensaísta e filósofo norte-americano.

GLOSSÁRIO DE NOMES DE PESSOAS

ENGELS, Friedrich (1820-95): teórico socialista alemão.
EPICURO (342-270 a.C.): filósofo grego.
EPITETO (c. 55-135): filósofo estóico grego.
ERASMO DE ROTTERDAM (c. 1469-1536): filósofo e humanista holandês.
E. R. DODDS (1893-1979): helenista irlandês.
ERNEST GELLNER (1925-95): antropólogo e filósofo inglês.
ERNEST RUTHERFORD, lorde de Nelson (1871-1937): físico inglês.
ERNST CASSIRER (1874-1945): filósofo alemão.
ESPINOSA, Baruch (1632-77): filósofo holandês.
EUGENIO GUDIN (1886-1986): engenheiro e economista brasileiro.
F. A. HAYEK (1899-1992): economista inglês nascido na Áustria.
FERNANDO PESSOA (1888-1935): poeta português.
FIALHO de Almeida, José Valentim (1857-1911): contista e ensaísta português.
FÍDIAS (c. 490-431 a.C.): escultor grego.
F. M. CORNFORD (1874-1943): filósofo e helenista inglês.
FÓCION (c. 402 - 318 a.C.): general e estadista ateniense.
FONTENELLE, Bernard le Bouyer de (1657-1757): filósofo francês.
F. P. RAMSEY (1903-30): filósofo inglês.
FRANCIS BACON (1561-1626): filósofo e político inglês.
FRANCIS CRICK (1916-2004): biólogo inglês.
FRANÇOIS JACOB (1920): biólogo francês.
FRANK KNIGHT (1885-1972): economista norte-americano.
FRANKLIN ROOSEVELT (1882-1945): político norte-americano.
FREDERICK SODDY (1877-1956): químico e físico inglês.
FREUD, Sigmund (1856-1939): psiquiatra austríaco, fundador da psicanálise.
F. W. J. SCHELLING (1775-1854): filósofo alemão.
GALILEU, Galileo Galilei, dito (1564-1642): físico e astrônomo italiano.

GARRET, J. B. da Silva Leitão de Almeida (1799-1854): prosador, estadista e poeta português.

GARY BECKER (1930): economista norte-americano.

GASPAR BARLÉU, ou Kaspar van Baerle (1584-1648): historiador holandês.

GAUGUIN, Paul (1848-1903): pintor francês.

GEORG LICHTENBERG (1742-99): cientista e filósofo alemão.

GEORG LUKÁCS (1885-1971): escritor e filósofo húngaro.

GEORG SIMMEL (1858-1918): sociólogo e filósofo alemão.

GEORGE LEWES (1817-78): crítico e escritor inglês.

GEORGE STIGLER (1911-91): economista norte-americano.

GEORGES BATAILLE (1897-1962): escritor francês.

G. H. VON WRIGHT (1916-2003): filósofo finlandês.

GIACOMO LEOPARDI, conde (1798-1837): escritor italiano.

GILBERT RYLE (1900-76): filósofo inglês.

GILBERTO FREYRE (1900-87): sociólogo e escritor brasileiro.

G. J. WARNOCK (1923-95): filósofo inglês.

G. K. CHESTERTON (1874-1936): escritor inglês.

GOETHE, Johann Wolfgang von (1749-1832): poeta, romancista e dramaturgo alemão.

GOTTHOLD LESSING (1729-81): escritor alemão.

GOYA y LUCIENTES, Francisco de (1746-1828): pintor espanhol.

GUSTAV MAHLER (1860-1911): compositor austríaco.

HAFIZ, Chams al-Din Muhammed (c. 1320 - c. 1389): poeta lírico persa.

HANNAH ARENDT (1906-75): filósofa e socióloga alemã.

HAROLD THOMPSON (1891-1964): escritor norte-americano.

HAYDN, Joseph (1732-1809): compositor austríaco.

H. B. ADKINS (1892-1949): químico norte-americano.

GLOSSÁRIO DE NOMES DE PESSOAS

HEGEL, Georg Wilhelm Friedrich (1770-1831): filósofo alemão.

HEIDEGGER, Martin (1889-1976): filósofo alemão.

HEINE, Heinrich (1797-1856): escritor alemão.

HEINRICH VON STORCH (1766-1835): economista alemão nascido na Letônia.

HENRI DE RÉGNIER (1864-1936): romancista e poeta francês.

HENRY BOLINGBROKE, visconde (1678-1751): estadista inglês.

HENRY MAYHEW (1812-87): escritor, jornalista e sociólogo inglês.

HENRY THOREAU (1817-62): escritor norte-americano.

HERÁCLITO (c. 540-480 a.C.): filósofo grego.

HERDER, Johann Gottfried (1744-1803): escritor alemão.

HERÓDOTO (c. 484 - c. 420 a.C.): historiador grego.

H. G. WELLS (1866-1946): escritor inglês.

HIPÓCRATES (c. 460 - c. 377 a.C.): médico grego.

HITLER, Adolf (1889-1945): ditador alemão.

HOBBES, Thomas (1588-1679): filósofo inglês.

HÖLDERLIN, Friedrich (1770-1843): poeta alemão.

HOMERO (séc. IX ou VIII a.C.): poeta épico grego.

HORÁCIO (65-8 a.C.): poeta latino.

HOUSTON CHAMBERLAIN (1855-1927): escritor alemão nascido na Inglaterra.

HUGH BLAIR (1718-1800): filósofo e pároco escocês.

IMPERADOR JULIANO (331-363): imperador romano.

IMPERATRIZ ANA, Ana Ivanovna (1693-1740): imperatriz da Rússia de 1730 a 1740.

IRIS MURDOCH (1919-99): filósofa e romancista irlandesa.

ISAAC DEUTSCHER (1907-67): historiador e pensador polonês.

ISAIAH BERLIN (1909-97): filósofo inglês nascido na Letônia.

ITALO CALVINO (1923-85): escritor italiano.

GLOSSÁRIO DE NOMES DE PESSOAS

JACOB VINER (1892-1970):economista norte-americano.

JAMES LOVELOCK (1919): cientista inglês.

JAMES MAXWELL (1831-79): físico escocês.

JEAN AGASSIZ (1807-73): geólogo e naturalista norte-americano nascido na Suíça.

JEAN-BAPTISTE BOTUL (1896-1947): filósofo francês.

JEAN PERRIN (1870-1942): físico francês.

JEREMIAS (c. 650 - c. 580 a.C.): um dos quatro grandes profetas de Israel.

JEROME K. JEROME (1859-1927): romancista e dramaturgo inglês.

JOAQUIM NABUCO (1849-1910): político, diplomata e escritor brasileiro.

JOHN DRYDEN (1631-1700): escritor inglês.

JOHN LOCKE (1632-1704): filósofo inglês.

JOHN MAYNARD KEYNES (1883-1946): economista e financista inglês.

JOHN RUSKIN (1819-1900): crítico de arte, sociólogo e escritor inglês.

JOHN STUART MILL (1806-73): filósofo e economista inglês.

JOHN VON NEUMANN (1903-57): matemático norte-americano nascido na Hungria.

JON ELSTER (1940): filósofo norueguês.

JONATHAN SWIFT (1667-1745): escritor irlandês.

JORGE LUIS BORGES (1899-1986): escritor argentino.

JOSÉ VIEIRA COUTO DE MAGALHÃES (1837-98): político, militar e escritor brasileiro.

JOSEPH ADDISON (1672-1719): poeta inglês.

JOSEPH BUTLER (1692-1752): filósofo e teólogo inglês.

JOSEPH DE MAISTRE, conde (1753-1821): escritor e filósofo francês.

JOSEPH SCHUMPETER (1883-1950): economista e sociólogo tcheco-americano.

JUAN DE MARIANA (1536-1624): filósofo, historiador e jesuíta espanhol.

JULIUS ROBERT MAYER (1814-78): físico alemão.

JUNQUEIRO, Abílio de Guerra (1850-1923): poeta português.
JUVENAL (c. 60 - c. 140): poeta latino.
KAFKA, Franz (1883-1924): escritor tcheco.
KANT, Immanuel (1724-1804): filósofo alemão.
KARL JASPERS (1883-1969): filósofo alemão.
KARL KRAUS (1874-1936): ensaísta e poeta austríaco.
KARL POPPER (1902-94): filósofo austríaco.
KENNETH ARROW (1921): economista norte-americano.
KEPLER, Johannes (1571-1630): astrônomo alemão.
KID PEPE (1909-61): compositor brasileiro de origem italiana.
KIERKEGAARD, Sören (1813-55): filósofo e teólogo dinamarquês.
LA BRUYÈRE, Jean de (1645-96): escritor francês.
LAMARCK, Jean-Baptiste de Monet (1744-1829): naturalista francês.
LA METTRIE, Julien Offroy de (1709-51): médico e filósofo materialista francês.
LA ROCHEFOUCAULD, François VI, duque de (1613-80): filósofo moralista francês.
LASSALLE, Ferdinand (1825-64): político e jurista alemão.
LENIN, Vladimir Ilitch Ulianov, dito (1870-1924): revolucionário e estadista russo.
LEON TROTSKI (1879-1940): revolucionário russo.
LEONARDO da Vinci (1452-1519): pintor, escultor, engenheiro, arquiteto e sábio italiano.
LEUCIPO (séc. V a.C.): filósofo grego.
LEWIS THOMAS (1913-93): biólogo, físico e escritor norte-americano.
LIEU LING (221-300): poeta chinês.
LINEU, Carl von Linné, dito (1707-78): naturalista sueco.
LIONEL ROBBINS (1898-1984): economista inglês.

LONGFELLOW, Henry Wadsworth (1807-82): poeta norte-americano.

LOYAL RUE (1973): filósofo norte-americano.

L. P. JACKS (1860-1955): educador e filósofo inglês.

LUCIANO (125-192): poeta latino.

LUCRÉCIO (c. 98-55 a.C.): poeta latino.

LUDWIG VON MISES (1881-1973): economista austro-americano.

LUIGI PIRANDELLO (1867-1936): escritor italiano.

LUÍS XIV (1638-1715): rei da França de 1643 a 1715.

LUTERO, Martinho (1483-1546): teólogo e reformador alemão.

MACAULAY, Thomas Babington (1800-59): historiador e político inglês.

MACHADO DE ASSIS, Joaquim Maria (1839-1908): escritor brasileiro.

MADAME DE STAËL, Germaine Necker Staël-Holstein, dita (1766-1817): escritora francesa.

MAIAKOVSKI, Vladimir (1894-1930): poeta e dramaturgo russo.

MALEBRANCHE, Nicolas de (1638-1715): filósofo francês.

MALLARMÉ, Stéphane (1842-98): poeta francês.

MALTHUS, Thomas Robert (1766-1834): economista inglês.

MANUEL BANDEIRA (1886-1968): poeta e prosador brasileiro.

MARCIAL (c. 40 - c. 104): poeta latino.

MARCONI, Guglielmo (1874-1937): físico e inventor italiano.

MARIO BEIRÃO (1890-1965): poeta português.

MÁRIO DE ANDRADE (1893-1945): poeta, romancista, crítico de arte, ensaísta, epistológrafo e musicólogo brasileiro.

MARK TWAIN, Samuel Langhorne Clemens, dito (1835-1910): escritor norte-americano.

MARTHA NUSSBAUM (1947): filósofa norte-americana.

MARX, Karl (1818-83): filósofo e economista alemão.

GLOSSÁRIO DE NOMES DE PESSOAS

MARY STUART (1542-87): rainha da Escócia de 1542 a 1567.
MATTHEW HENRY (1662-1714): clérigo inglês.
MAYER, Gottlob (1848-1923): teólogo e helenista alemão.
MCCULLOCH, JOHN Ramsay (1789-1864): economista inglês.
MENANDRO (c. 342 - c. 292 a.C.): poeta cômico grego.
MIGUEL DE UNAMUNO (1864-1936): escritor espanhol.
MILTON, John (1608-74): poeta inglês.
M. O'C. DRURY (1907): psiquiatra e escritor inglês.
MONTAIGNE, Michel de (1533-92): ensaísta francês.
MONTESQUIEU, Charles-Louis de Secondat, barão de (1689-1755): escritor e filósofo francês.
MOZART, Wolfgang Amadeus (1756-91): compositor austríaco.
NASSAU SENIOR (1790-1864): economista inglês.
NASSIM TALEB (1960): ensaísta e filósofo libanês radicado nos Estados Unidos.
NATHANIEL FORSTER (1726-90): economista inglês.
NELSON RODRIGUES (1912-80): dramaturgo, romancista e jornalista brasileiro.
NEWTON, Isaac (1643-1727): físico e matemático inglês.
NIELS BOHR, Aage (1922-62): físico nuclear dinamarquês.
NIETZSCHE, Friedrich (1844-1900): filósofo alemão.
NOEL ROSA (1910-37): compositor, letrista e violonista popular brasileiro.
NOVALIS, Friedrich (1772-1801): escritor alemão.
OCTAVIO PAZ (1914-98): poeta e ensaísta mexicano.
ORRIN E. KLAPP (1915): sociólogo norte-americano.
ORTEGA Y GASSET, José (1883-1955): escritor espanhol.
OSCAR WILDE (1854-1900): escritor irlandês.
OSWALD DE ANDRADE (1890-1954): poeta, romancista, ensaísta, teatrólogo e jornalista brasileiro.

GLOSSÁRIO DE NOMES DE PESSOAS

OTTO MARIA CARPEAUX (1900-78): escritor brasileiro nascido na Áustria.

OVÍDIO (43 a.C.-18 d.C.): poeta latino.

PADRE ANTÔNIO VIEIRA (1608-97): orador sacro e escritor português.

PARTHA DASGUPTA (1942): economista inglês nascido na Índia.

PASCAL, Blaise (1623-62): matemático, físico, filósofo e escritor francês.

PASCOAES, Teixeira de, pseudônimo de Joaquim Pereira Teixeira de Vasconcelos (1877-1952): escritor e poeta português.

PAUL LAFARGUE (1842-1911): militante socialista francês nascido em Cuba.

PAUL VALÉRY (1871-1945): poeta e pensador francês.

PAULO PRADO (1869-1943): historiador, sociólogo e escritor brasileiro.

PÉRICLES (495-429 a.C.): estadista e orador grego.

PETER BERNSTEIN (1919): economista e escritor norte-americano.

PETER DRUCKER (1909-2005): economista e escritor norte-americano.

PETER MEDAWAR (1915-87): biólogo inglês.

PETRÔNIO (séc. I): escritor latino.

PFLEIDERER, Edmund (1842-1902): filósofo e helenista alemão.

PITÁGORAS (primeira metade do séc. VI a.C. - início do séc. V a. C.): filósofo e matemático grego.

PLANCK, Max (1858-1947): físico alemão.

PLATÃO (c. 428-348 a.C.): filósofo grego.

PLUTARCO (c. 50 - c. 125): escritor grego.

POLÍCRATES (m. 522 a.C.): tirano da colônia grega de Samos.

PROPÉRCIO (c. 47 - c. 15 a.C.): poeta latino.

PROTÁGORAS (c. 485 - c. 410 a.C.): sofista grego.

PROUST, Marcel (1871-1922): escritor francês.

PUBLILIUS SYRUS (séc. I a.C.): escritor latino.

QUEREFONTE (c. 470 - c. 403): político grego.

RAINHA ISABEL (1533-1603): rainha da Inglaterra e da Escócia de 1558 a 1603.

REI CRESO (m. 560 a.C.): último rei da Lídia.

RICHARD ALEXANDER (1930-80): biólogo evolucionista norte-americano.

RICHARD BAXTER (1615-91): pastor e teólogo inglês.

RICHARD DAWKINS (1941): biólogo inglês.

RICHARD FEYNMAN (1918-88): físico norte-americano.

RICHARD JONES (1790-1855): economista inglês.

RICHARD STRAUSS (1864-1949): compositor alemão.

RICHARD WAGNER (1813-83): compositor alemão.

RILKE, Rainer Maria (1875-1926): poeta e ensaísta austríaco.

ROBERT FOGEL (1926): economista norte-americano.

ROBERT FRANK: economista norte-americano.

ROBERT TRIVERS (1943): biólogo norte-americano.

ROBESPIERRE, Maximilien de (1758-94): político francês.

ROBIN HORTON: antropólogo inglês.

ROGER BROWN (1925-97): sociopsicólogo norte-americano.

ROGER SPERRY (1913-94): neurobiologista norte-americano.

ROLAND BARTHES (1915-80): teórico literário e filósofo francês.

ROUSSEAU, Jean-Jacques (1712-78): escritor e filósofo francês.

RUDOLF CARNAP (1891-1970): filósofo, matemático e físico norte-americano.

RUI BARBOSA (1849-1923): jurisconsulto, escritor, jornalista, orador e político brasileiro.

R. W. LIVINGSTONE (1880-1960): escritor e helenista inglês.

SAINT-MARC GIRARDIN, Marc Girardin, dito (1801-73): político e crítico literário francês.

SALOMÃO: rei de Israel de 970 a 931 a.C.

SAMUEL JOHNSON (1709-84): escritor inglês.

santo agostinho (354-430): filósofo e teólogo cristão.

são jerônimo (c. 347-420): doutor da Igreja latina.

são joão batista (m. 28 ou 29 d.C.): batizou Jesus Cristo e o designou como Messias.

são paulo (c. 10-67): apóstolo e grande propagador do cristianismo.

são tomé (c. 3-53): um dos doze apóstolos de Cristo.

sartre, Jean-Paul (1905-80): filósofo e escritor francês.

schiller, Friedrich von (1759-1805): poeta e dramaturgo alemão.

schopenhauer, Arthur (1788-1860): filósofo alemão.

schuster, Paul (1867-1940): filósofo e helenista alemão.

sénancour, Étienne Pivert de (1770-1846): escritor francês.

sêneca (c. 4 a.C.-65 d.C.): filósofo latino.

sérgio buarque de holanda (1902-82): sociólogo e historiador brasileiro.

shakespeare, William (c. 1564-1616): poeta e dramaturgo inglês.

simone de beauvoir (1908-86): escritora francesa.

soame jenyns (1704-87): escritor inglês.

sócrates (c. 470-399 a.C.): filósofo grego.

sófocles (496-406 a.C.): poeta trágico grego.

sólon (640-558 a.C.): poeta e legislador ateniense.

spengler, Oswald (1880-1936): filósofo e historiador alemão.

stalin, Joseph (1878-1953): ditador soviético.

stendhal, pseudônimo de Henri Beyle (1783-1842): escritor francês.

steven pinker (1954): psicólogo e cientista cognitivo canadense.

stevenson, Robert Louis Balfour (1850-94): escritor escocês.

stuart hampshire (1914-2004): filósofo inglês.

tácito (c. 55 - c. 120): historiador romano.

temístocles (c. 525 - c. 460 a.C.): general e político ateniense.

TEOFRASTO (c. 372 - c. 287 a.C.): filósofo grego.
TERÊNCIO (c. 190-159 a.C.): poeta cômico latino.
TERRY PINKARD: filósofo norte-americano.
THEODOR ADORNO (1903-69): filósofo e musicólogo alemão.
T. H. HUXLEY (1825-95): biólogo inglês.
THOMAS CARLYLE (1795-1881): ensaísta escocês.
THOMAS DE QUINCEY (1785-1859): ensaísta, crítico e economista inglês.
THOMAS EWBANK (1792-1870): viajante inglês.
THOMAS KUHN (1922-96): filósofo da ciência norte-americano.
THOMAS MANN (1875-1955): escritor alemão.
THOMAS MORE (1478-1535): estadista e humanista inglês.
THOMAS MUN (1571-1641): escritor inglês de economia.
THOMAS NAGEL (1937): filósofo norte-americano.
TIBOR SCITOVSKY (1910-2002): economista norte-americano nascido na Hungria.
T. M. KNOX (1900-80): filósofo e tradutor inglês.
TOCQUEVILLE, Charles Alexis Clérei de (1805-59): escritor político francês.
T. S. ELIOT (1888-1965): escritor inglês de origem norte-americana.
TURGOT, Anne Robert Jacques, barão de L'Aulne (1727-81): economista francês.
TZU-LU, Yu (542-480 a.C.): discípulo e seguidor de Confúcio.
ULRICH VON HUTTEN (1488-1523): cavaleiro e humanista alemão.
VESPÚCIO, Américo (1454-1512): mercador e navegador italiano.
VILFREDO PARETO (1848-1923): sociólogo e economista italiano.
VIRGÍLIO (c. 70-19 a.C.): poeta latino.
VISCOUNT SAMUEL, Herbert Louis Samuel, 1º (1870-1963): político inglês.
VOLTAIRE, pseudônimo de François-Marie Arouet (1694-1778): escritor francês.
WALLACE STEVENS (1879-1955): poeta norte-americano.

WALT WHITMAN (1819-92): poeta norte-americano.
WALTER BENJAMIN (1892-1940): filósofo e crítico alemão.
WALTER SCOTT (1771-1832): escritor escocês.
W. B. GALLIE (1912-98): filósofo e teórico político escocês.
W. B. YEATS (1865-1939): escritor irlandês.
WEBER, Max (1864-1920): economista e sociólogo alemão.
WERNER HERZOG (1942): cineasta, roteirista e produtor alemão.
W. G. DE BURGH (1866-1943): filósofo inglês.
W. H. AUDEN (1907-73): poeta norte-americano nascido na Inglaterra.
WILLIAM ALLINGHAM (1824-89): escritor irlandês.
WILLIAM BLAKE (1757-1827): poeta, pintor e gravador inglês.
WILLIAM GODWIN (1756-1836): filósofo político inglês.
WILLIAM HAZLITT (1778-1830): ensaísta e crítico inglês.
WILLIAM JAMES (1842-1910): filósofo e psicólogo norte-americano.
WILLIAM PALEY (1743-1805): teólogo e filósofo inglês.
WILLIAM PETTY (1623-87): economista, cientista e filósofo inglês.
WINSTON CHURCHILL (1874-1965): político inglês.
WITTGENSTEIN, Ludwig (1889-1951): filósofo austríaco radicado na Inglaterra.
XENÓFANES (c. 560 - c. 478 a.C.): filósofo grego.

Índice onomástico*

Addison, Joseph, 152
Adkins, H. B., 117
Adorno, Theodor, 125, 189, 277
Agassiz, Jean, 181
Agatão, *58, 59*
Agostinho, santo, 46, 239
Agrippa, Cornelius, 249
Alexander, Richard, 156
Alexandre, o Grande, *69, 280*
Allingham, William, *192*
Ana Ivanovna, imperatriz da Rússia, *72*
Andrade, Carlos Drummond de, 28, 33, 75, 189, 191, 224, 234, 239, 269, 304
Andrade, Mário de, 10, 55
Andrade, Oswald de, 138, 317, 337, 343
Antífon, *59*
Apeles, *247*
Aquino, santo Tomás de, *47*
Arcésilas, *193*
Arendt, Hannah, 289
Ariosto, Ludovico, *207*

Aristóteles, 59, *69, 74*, 92, 97, 98, *108*, 116, *124*, 157, 169, 208, 221, *281*, 287, *322*, 337
Arrow, Kenneth, 84, 89, 155
Aschermann, maestro, *239*
Assis, Joaquim Maria Machado de *ver* Machado de Assis, Joaquim Maria
Auden, W. H., 16, 75, 173
Augusto, imperador romano, *298*
Avicena, 84

Bacon, Francis, 19, 29, 40, *62*, 63, 68, 85, 96, 107, 115, 142, 161, 180, 255, *299*, *308*
Balfour, Arthur James, *145*
Bandeira, Manuel, 9, 202, 250
Barbosa, Rui, 316
Barléu, Gaspar (Kaspar Van Baerle), 332
Barthes, Roland, 22
Bataille, Georges, 9, 205
Baudelaire, Charles, 11, 23, 45, 62, 76,

* Os números em *itálico* indicam as páginas em que os nomes aparecem citados por outro autor.

ÍNDICE ONOMÁSTICO

91, 192, 195, 205, 210, 211, 251, 266, 267, 293, 343, 356
Baxter, Richard, 180
Beauvoir, Simone de, 95
Becker, Carl, 113
Becker, Gary, 106, 182
Beltrão, Mario, *310*
Benjamin, Walter, 16, 18
Bentham, Jeremy, 32, 127, 234, 320
Berdyaev, Nikolai, *138*
Bergson, Henri, *138*
Berlin, Isaiah, 133, 311
Bernstein, Eduard, *53*
Bernstein, Peter, 84
Bismarck, Otto Von, 240
Blair, Hugh, 216, 224, 259
Blake, William, 122, 179
Böcklin, Arnold, *294*
Bohr, Aage Niels, 36, 99, 121
Bolingbroke, Henry, 109
Borges, Jorge Luis, 18, 22
Botul, Jean-Baptiste, *67*
Boucher, François, *187*
Brown, Roger, 306
Burgh, W. G. de, 353
Burtt, E. A., 131
Butler, Joseph, 159, 165

Calvino, Italo, 42
Calvino, João, 152
Camões, Luís Vaz de, 281, *310*
Carlyle, Thomas, 44, 250, *309*, 350
Carnap, Rudolf, 36
Carpeaux, Otto Maria, 44

Casanova de Seingalt, Giovanni Giacomo, *249-50*
Cassirer, Ernst, 116
Castro, Eduardo Viveiros de, 315
Catão, *177*, *193*
Celsus, Aulus Cornelius, *203*
Cervantes Saavedra, Miguel de, *55*
Chamberlain, Houston, 128
Chamfort, Sébastien-Roch Nicolas, *61*
Chaplin, Charles, 64
Chaucer, Geoffrey, 238
Chesterton, G. K., 140, 154
Churchill, Winston, 122
Cícero, 68, 92, *93*, 175, 177, 209, 245, 306
Cioran, E. M., 21, 38, 81, 170, 184, 197, 268, 307, 335, 338
Coleridge, Samuel Taylor, 104
Colombo, Cristóvão, *124*, 247, *314*
Colton, Charles, 176
Condorcet, Marie-Jean-Antoine-Nicolas de Caritat, marquês de, 338
Confúcio, 79, 97, 236, 263
Copérnico, Nicolau, *56*, *67*
Cornford, F. M., 30, 47, 120
Correia de Oliveira, António, 310
Creso, rei, 168
Crick, Francis, 118
Cuetzpaltzin, Ayocuan, 70

D'Alembert, Jean Le Rond, dito, 336
Da Vinci, Leonardo *ver* Leonardo da Vinci
Dalai Lama (Tenzin Gyatso), 184
Darwin, Charles, 53, 107, 152, 156, 182
Dasgupta, Partha, 267

ÍNDICE ONOMÁSTICO

Dawkins, Richard, 67
Demócrito, 200, *246*, 276, 280, 282
Descartes, René, 93, *102*, *183*, *221*, 222, 337
Deutscher, Isaac, 227
Diágoras, *94*
Diderot, Denis, 45, 76, 113, 332, 334
Diener, Ed, 286
Diógenes, *280*
Dodds, E. R., 47
Dorpius, Martim, *59*
Dostoievski, Fiodor, 161, 198, 220, 252, 307, 357
Drucker, Peter, 314
Drury, M. O'C., 227
Dryden, John, *177*

Eça de Queirós, José Maria, *310*
Eckermann, Johan Peter, 95
Einstein, Albert, 110, 112
Eliot, T. S., 48
Elster, Jon, 87
Emerson, Ralph Waldo, 16, 17, 56, 73, 108, 114, 139, 176, 192, 208, 211, 237, 279, 293, 304, 327, 342, 351
Engels, Friedrich, *53*, 134, *173*, 271, 274, *306*, 310
Epicuro, 209, 281
Epiteto, 162, 212, 220
Erasmo de Rotterdam, 47, 59, 90, 142, 160, 166, *199*
Espinosa, Baruch, *48*, *94*, *112*, *221*
Evans, Bill, 223
Ewbank, Thomas, *331*

Feynman, Richard, 106
Fialho de Almeida, José Valentim, *310*
Fídias, *68*, *247*, *341*
Fócion, *60*
Fogel, Robert, 258, 286, 354
Fontenelle, Bernard Le Bouyer de, 93, 212, 321
Forster, Nathaniel, 325
Frank, Robert, 285
Franklin, Benjamin, 73, *179*, 180
Freud, Sigmund, 125, 204, 235, 279, 330, 335, 343
Freyre, Gilberto, 204, 261, 317

Galileu (Galileo Galilei, dito), 56
Gallie, W. B., 50
Garret, J. B. da Silva Leitão de Almeida, *310*
Gauguin, Paul, *183*, *340*
Gellner, Ernest, 93
Gioglia, *239*
Girardin, Saint-Marc (Marc Girardin, dito), *75*
Godwin, William, 287
Goethe, Johann Wolfgang Von, 9, 28, 37, *39*, 63, 72, 81, 95, 96, 109, 120, 156, 170, 178, 191, 193, 200, 202, 211, 241, 295, *298*, 301, 305, 307, *308*, 339
Gonner, E. C. K., 172
Goya y Lucientes, Francisco de, *187*
Gracián, Baltasar, 21
Guadagnin, *239*
Gudin, Eugenio, 316
Gyatso, Tenzin *ver* Dalai Lama

ÍNDICE ONOMÁSTICO

Hafiz, Chams Al-Din Muhammed, 195
Hampshire, Stuart, 48
Haydn, Joseph, *239*
Hayek, F. A., 26, 137
Hazlitt, William, 341
Hegel, Georg Wilhelm Friedrich, 37, *47*, *49*, 99, 132, *137*, 219, 271, *294*, 302, *308*, 323
Heidegger, Martin, 36, *138*
Heine, Heinrich, 132
Henry, Matthew, 179
Heráclito, *21*, *46*, 58, *183*
Herder, Johann Gottfried, 146
Heródoto, 168, 219
Herzog, Werner, 305
Hipócrates, 319
Hitler, Adolf, *138*
Hobbes, Thomas, *94*, 284, *308*
Holanda, Sérgio Buarque de, 314, 331
Hölderlin, Friedrich, 64, 128, 171, 176, 240
Homero, *69*, *127*
Horácio, *69*, 205, 246, 282, 285
Horton, Robin, 345
Humboldt, Alexander Von, 331
Hume, David, 49, 61, 81, 85, 94, 96, 115, 127, 141, 143, 147, 164, 177, 213, 215, 216, 233, 235, 265, *308*, 323
Hutten, Ulrich Von, 235
Huxley, T. H., 107, 119, 123, 131, 289

Isabel, rainha, *258*

Jacks, L. P., 352

Jacob, François, 83, 108
James, William, 31, *50*, 100, 145
Jaspers, Karl, *37*
Jenyns, Soame, 260
Jeremias, profeta, 152
Jerome, Jerome K., 122
Jerônimo, são, 206, 247
Jesus Cristo, *56*, *75*, *206*
João Batista, são, *75*
Johnson, Samuel, 99, 227, 231, 250, 256, 268, 280, 282
Jones, Richard, *53*
Juan, Don, *249*
Juliano, imperador, 140
Junqueiro, Abílio de Guerra, *310*
Juvenal, 246

Kafka, Franz, *313*
Kant, Immanuel, 25, 49, *132*, 148, 198, 203, 217, *308*, *309*, 322, 339, 349
Kepler, Johannes, 105, 115
Keynes, John Maynard, 54, 136, 254, 257, 287, 289
Kierkegaard, Sören, *57*
Klapp, Orrin E., 303
Knight, Frank, 114, 120, 122, 269, 343
Knox, T. M., 131
Koestler, Arthur, 74
Koyré, Alexandre, 41
Kraus, Karl, 31
Kuhn, Thomas, 51, 56, 82

La Bruyère, Jean de, 225
La Mettrie, Julien Offroy de, 204

ÍNDICE ONOMÁSTICO

La Rochefoucauld, François VI, duque de, 155, 172, 178, 208, 213, 226, 283
Lafargue, Paul, 288
Lamarck, Jean-Baptiste de Monet, *107*
Lassalle, Ferdinand, *46*
Lenin, Vladimir Ilitch Ulianov, dito, *227*
Leonardo da Vinci, *67*
Leopardi, Giacomo, *196*
Lessing, Gotthold, 124
Leucipo, *94*
Lewes, George, 39
Lichtenberg, Georg, 26
Lineu, Carl Von Linné, dito, 222
Ling, Lieu, 194
Livingstone, R. W., 43, 137, 353
Locke, John, 25, 32, 41-2, *156*, 226, 255, *308*
Longfellow, Henry Wadsworth, *74*
Lovejoy, Arthur O., 30, 41, 352
Lovelock, James, 279
Luciano, *142*, 267
Lucrécio, 21, 246, 281, 284, 346
Luís XIV, rei da França, *258*
Lukács, Georg, 138
Lutero, Martinho, *56*, 248

Macaulay, Thomas Babington, *261*
Machado de Assis, Joaquim Maria, 16, 36, 39, 122, 155, 161, 172, 175, 228, 235, 281
Machado, Antonio, 121
Macleish, Archibald, *313*
Magalhães, José Vieira Couto de, 181
Mahler, Gustav, *75*

Maiakovski, Vladimir, 195
Maistre, Joseph de, 183
Malebranche, Nicolas de, 24, 85, 158, 224, 230
Mallarmé, Stéphane, 28, 70
Malthus, Thomas Robert, 53, 134, 326, 342
Mandeville, Bernard de, 255
Mann, Thomas, 193, 309
Marcial, 358
Marconi, Guglielmo, *67*
Mariana, Juan de, 225
Marshall, Alfred, 83, 135, 297, 324, 327
Marx, Karl, 25, *52*, 53, *54*, *87*, 103, 133, *134*, 173, 252, 272, 273, 275, 287, *288*, *289*, 323, 350
Maxwell, James, 118
Mayer, Gottlob, *47*
Mayer, Julius Robert, 115
Mayhew, Henry, 276
McCulloch, John, 250
Medawar, Peter, 85
Menandro, 190
Meyer, Conrad, 235
Mill, John Stuart, 43, 131, 133, 205, 214, 218, 222, 232, 251, 272, 275, 324, 349
Milton, John, 71, *182*
Mises, Ludwig Von, 136
Mishan, E. J., 286, 299
Montaigne, Michel de, 15, 21, 29, 42, 80, 91, 93, 205, 208, 212, 234, 236, 264, 283, 328
Montesquieu, Charles-Louis de Secondat, barão de, 308, 321, 324

More, Thomas, 228
Mozart, Wolfgang Amadeus, 212
Mun, Thomas, 325
Murdoch, Iris, 191, 201
Myers, David, 286

Nabuco, Joaquim, 45, 63, 166, 185, 188, 262, 313
Nagel, Thomas, 110, 143, 166
Neumann, John Von, 307
Newton, Isaac, 56, *81*, 105, *112*
Nietzsche, Friedrich, 11, 18, 20, 21, 23, 25, 27, 28, 30, 33, 34, 36, 37, 41, 50, 58, 61, 64, 71, 72, *75*, 85, 86, 89, 91, 100, 101, 103, 105, 110, 112, 113, 116, 117, 122, 123, 126, 127, *138*, 142, 153, 154, 156, 157, 164, 169, 170, 172, 178, 183, 185, 187, 190, 191, 197, 207, 213, 219, 221, 226, 227, 229, 233, 240, 253, 254, 268, 274, 276, 278, 287, 289, 290, *294*, 300, 302, 309, 333, 335, 337, 338
Nobre, António, *310*
Novalis, Friedrich, 10, 16, 20, 124, 128, 240
Nussbaum, Martha, 66

Ortega y Gasset, José, *138*
Ovídio, 69

Paley, William, 33, 257
Pareto, Vilfredo, 55, 88, *138*
Pascal, Blaise, 88, 157, 160, 166, 225, 228, 238, 358

Pascoaes, Teixeira de (pseudônimo de Joaquim Pereira Teixeira de Vasconcelos), *310*
Paulo, são, *52*, 247
Paz, Octavio, 295, 315
Peabody, Dean, 306
Peirce, Charles, 34, *50*, 74, 100
Pepe, Kid, 331
Péricles, 90, *289*, *341*
Perrin, Jean, *108*
Pessoa, Fernando, 23, 45, 124, 152, 162, 163, 174, 183, 189, 196, 212, 218, 229, 307, 311, 356
Petrônio, 247, 266
Petty, William, *231*
Pfleiderer, Edmund, *47*
Pinkard, Terry, 50
Pinker, Steven, 119, 258
Pippard, Alfred Brian, 119
Pirandello, Luigi, 121
Pitágoras, 56, 309
Pitt, William, *52*
Planck, Max, *116*
Platão, 40, *47*, 59, 66, *69*, 80, *108*, 115, 129, 151, *183*, 199, 221, 281, 346
Plutarco, 66
Polícrates, *218*
Pope, Alexander, *26*, 55, 89, *227*
Popper, Karl, 82, 130, 139
Prado, Paulo, 317
Prates, Nazinha, *239*
Price, Cedric, 305
Propércio, 200
Protágoras, *129*

ÍNDICE ONOMÁSTICO

Proust, Marcel, 184
Publilius Syrus, 200

Queirós, José Maria Eça de *ver* Eça de Queirós, José Maria
Quental, Antero de, *310*
Querefonte, *79*
Quincey, Thomas de, 185, 326

Ramsey, F. P., 147
Régnier, Henri de, 202
Rilke, Rainer Maria, 46
Robbins, Lionel, 51, 135
Robespierre, Maximilien de, *132*
Rodrigues, Nelson, 62
Roosevelt, Franklin, *313*
Rosa, Noel, 331
Ross, Alex, 75
Rousseau, Jean-Jacques, *49*, 91, 94, 95, *132*, 223, 236, 339, 344, 348, 357
Rue, Loyal, 264
Ruskin, John, 251, 285, 350
Russell, Bertrand, 49, 50, 86, 90, 100, 145, 165, 174, 218, 253, 291, 298, 343, 347, 355
Rutherford, Ernest, 106, 117
Ryle, Gilbert, 138

Sagan, Carl, 147
Salomão, rei de Israel, *31*, *159*
Samuel, Viscount (Herbert Louis Samuel, 1º), 15
Sartre, Jean-Paul, 167
Schelling, F. W. J., 93
Schiller, Friedrich Von, 173
Schoenberg, Arnold, *64*
Schopenhauer, Arthur, 27, 62, 69, 72, 103, 110, 130, 143, 169, 171, 175, 182, 198, 203, 215, 217, 226, *294*, *308*, 328
Schumpeter, Joseph, 43, 258
Schuster, Paul, *46*
Scitovsky, Tibor, 292
Scott, Walter, *211*
Scotus, John Duns, *74*
Sénancour, Étienne Pivert de, *73*
Sêneca, 17, 186, 193, *234*, 284-5
Senior, Nassau, 259
Shakespeare, William, 16, *48*, 60, 107, 145, 197, 202, 204, 206, 217, 218, 238, 239, 249, 265
Shaw, George Bernard, 52, 217
Simmel, Georg, *138*, *166*, 294, 298, 302
Smith, Adam, 35, 39, 52, 60, 63, 68, *83*, 93, 98, 102, 159, 172, 202, 214, 216, 231, 233, 256, 260, 265, 266, 270, 297, 308
Sócrates, *40*, *56*, *58*, *59*, *65*, *67*, *79*, *80*, *115*, *129*, *151*, *221*, *280*, *282*
Soddy, Frederick, 325
Sófocles, *108*, 168, 245
Sólon, *168*, 169, *193*, 245
Spengler, Oswald, *138*
Sperry, Roger, 354
Staël, Madame de (Germaine Necker Staël-Holstein, dita), 181, 299
Stalin, Joseph, *227*
Stendhal (pseudônimo de Henri Beyle), 22, 23, 200, 201

Stevens, Wallace, 22
Stevenson, Robert Louis Balfour, *183*, 340
Stigler, George, 52, 90, 118
Storch, Heinrich Von, 266
Strauss, Richard, *75*
Stuart, Mary, *212*
Swift, Jonathan, 20, 140, 299

Tácito, *61*
Taleb, Nassim, 75
Targino, *239*
Teller, Edward, 105
Temístocles, *67*
Teofrasto, 179
Terêncio, 96
Thiers, Adolphe, *316*
Thomas, Lewis, 82
Thompson, Harold, 204
Thoreau, Henry, 62, 210, 301
Tocqueville, Charles Alexis Clérei de, 262, 312
Tomé, são, *315*
Toynbee, Arnold, 318
Trivers, Robert, 155
Trotski, Leon, 178
Trublet, abade, 296, 308
Turgot, Anne Robert Jacques, barão de L'Aulne, *52*
Twain, Mark (Samuel Langhorne Clemens, dito), 157
Tzu-Lu, Yu, *79*

Unamuno, Miguel de, 55, 73

Valéry, Paul, 29, *38*, 39, 183, 188, 292, 302, 310, 340, 352
Vespúcio, Américo, *328-9*
Vieira, Padre Antônio, 223, *315*
Viner, Jacob, *52*
Virgílio, *182-3*, 246
Voltaire (pseudônimo de François-Marie Arouet), *112*, *146*, 167, *198*, *278*, 329

Wallace, Alfred, 261
Warnock, G. J., 38
Weber, Max, 180, 253
Wells, H. G., 117
Whitehead, Alfred, *25*, 99, 111, 139, 263
Whitman, Walt, 196, 235
Wilde, Oscar, 202, 218, 238
Wilson, Edward O., 355
Wittgenstein, Ludwig, 29, 31, 34, 35, 71, 74, 89, 99, 110, 114, 117, 118, 120, 153, 157, 161, *227*, 268
Wright, G. H. Von, 110

Xenófanes, 121

Yeats, W. B., 91
Young, Edward, 15, 171, 211

Sobre o autor

Eduardo Giannetti nasceu em Belo Horizonte, em 1957. Professor do Ibmec São Paulo e PhD pela Universidade de Cambridge. É autor de numerosos artigos e livros, entre eles *Vícios privados, benefícios públicos?* (Companhia das Letras, 1993), *Auto-engano* (Companhia das Letras, 1997), *Felicidade* (Companhia das Letras, 2002), *O mercado das crenças* (Companhia das Letras, 2003) e *O valor do amanhã* (Companhia das Letras, 2005), este último transformado em série de televisão pelo *Fantástico*.

1ª EDIÇÃO [2008]
2ª EDIÇÃO [2008] 2 reimpressões

ESTA OBRA FOI COMPOSTA EM MINION POR OSMANE GARCIA FILHO E
IMPRESSA PELA GEOGRÁFICA EM OFSETE SOBRE PAPEL PÓLEN SOFT DA SUZANO
PAPEL E CELULOSE PARA A EDITORA SCHWARCZ EM DEZEMBRO DE 2008

ISBN 978-85-359-1243-2